大学生
就业创业指导

第二版

姜 辉　金晓晖　主编

化学工业出版社

·北京·

内容简介

《大学生就业创业指导》(第二版)根据大学生的求职就业与创业需要分九章介绍,具体包括绪论、职业生涯规划、求职择业的心理准备与心理调适、求职择业的方法及技巧、创业基础技能、走进大学生创业、毕业生权益保护、如何处理工作中的关系以及走向成功。同时,书中附有国家就业相关政策、文件、通知(以二维码形式呈现),以及大学生就业流程图,供读者参考使用。

本书以大学生求职创业心理指导为主线,自始至终强调学生心理调适在职业规划、岗位目标确立、求职创业方法和技巧运用等方面的重要性,帮助学生正确认识自己、认识职业、认识社会,不断提升学生求职择业能力、创新创业能力、成功迈向社会的能力。

本书适合作为高等职业院校的教材,也可供中职、技工校各专业学生,以及就业创业指导人员、企业人力资源管理人员、社会求职创业人员学习和参考。

图书在版编目(CIP)数据

大学生就业创业指导/姜辉,金晓晖主编. —2版. —北京:化学工业出版社,2021.4(2024.9重印)
ISBN 978-7-122-38345-7

Ⅰ.①大… Ⅱ.①姜…②金… Ⅲ.①大学生-职业选择 Ⅳ.①G647.38

中国版本图书馆CIP数据核字(2021)第017517号

责任编辑:章梦婕 李植峰　　　　　文字编辑:刘 璐
责任校对:王素芹　　　　　　　　　装帧设计:王晓宇

出版发行:化学工业出版社(北京市东城区青年湖南街13号 邮政编码100011)
印　　装:大厂聚鑫印刷有限责任公司
787mm×1092mm 1/16 印张13$\frac{1}{2}$ 字数303千字 2024年9月北京第2版第4次印刷

购书咨询:010-64518888　　　　　售后服务:010-64518899
网　　址:http://www.cip.com.cn
凡购买本书,如有缺损质量问题,本社销售中心负责调换。

定　价:39.80元　　　　　　　　　　　　　　　　　　版权所有　违者必究

《大学生就业创业指导》(第二版)
编审人员

主　编　姜　辉　金晓晖

副主编　王　晶　田雪慧

编写人员（按姓名笔画排序）

　　　　　　王　彬（黑龙江农业经济职业学院）

　　　　　　王　晶（黑龙江农业经济职业学院）

　　　　　　田雪慧（杨凌职业技术学院）

　　　　　　伊　璐（福建生物工程职业技术学院）

　　　　　　刘　丹（黑龙江农业经济职业学院）

　　　　　　李伟威（黑龙江农业经济职业学院）

　　　　　　金晓晖（大连枫叶职业技术学院）

　　　　　　赵　欣（黑龙江旅游职业技术学院）

　　　　　　姜　辉（黑龙江农业经济职业学院）

主　审　丛培鑫（黑龙江农业经济职业学院）

前言

随着高等教育的发展，大学毕业生人数不断增加，因此将面临严峻的就业形势。高校毕业生就业工作是关系到社会经济发展、政治稳定、社会和谐以及实现人民群众根本利益的重大全局性问题，是关系到国计民生的一项重要工作，越来越受到党和政府的高度重视。党的十九大报告指出："就业是最大的民生。要坚持就业优先战略和积极就业政策，实现更高质量和更充分就业；大规模开展职业技能培训，注重解决结构性就业矛盾，鼓励创业带动就业；提供全方位公共就业服务，促进高校毕业生等青年群体、农民工多渠道就业创业。"2020年第十三届全国人民代表大会第三次会议的政府工作报告提到"加大宏观政策实施力度，着力稳企业保就业""千方百计稳定和扩大就业。加强对重点行业、重点群体就业支持。"

为了适应不断发展变化的就业形势，加大就业指导课程教学改革的力度，我们在第一版的基础上对课程内容进行了重组，丰富了创新创业的相关内容。全书涵盖职业生涯规划、求职择业心理准备与调适、求职择业方法与技巧、创新创业、就业权益保护、工作关系处理等相关知识。

本书注重中国传统文化与现代企业文化的融合，注重对学生求职过程中正确人生观和价值观的培养，从学生的价值观形成、能力塑造、技能培养到求职技巧的训练，给予全面指导。

本书由姜辉、金晓晖担任主编，王晶、田雪慧担任副主编，具体分工如下：姜辉编写第一章、第二章前两节、第八章、第九章，金晓晖编写第七章，王晶编写第四章，田雪慧、伊璐编写第三章，王彬编写第五章，李伟威编写第六章，刘丹、赵欣编写第二章第三至五节和附录，最后由姜辉对全书进行统稿。丛培鑫审定了全部书稿。

本书在改版过程中得到了黑龙江农业经济职业学院、大连枫叶职业技术学院、杨凌职业技术学院、黑龙江旅游职业技术学院、福建生物工程职业技术学院有关领导的大力支持，在此表示感谢。

鉴于编者水平有限，加之改版时间仓促，疏漏之处希望读者批评指正，我们深表感谢！

编者

2020年11月

第一章　绪论　/ 001

第一节　职场点拨　明确任务——开课意义　/ 001
　　一、当前大学生就业面临的问题及相关政策　/ 001
　　二、高职生就业形势分析　/ 007
　　三、开展就业指导的意义　/ 008
第二节　职海泛舟　确定方向——课程内容　/ 010
　　一、职业生涯规划　/ 011
　　二、个性化指导　/ 011
　　三、择业心理咨询　/ 012
　　四、就业思想教育　/ 013
　　五、就业政策导向　/ 013
　　六、就业信息服务　/ 013
　　七、求职技巧指导　/ 013
第三节　"职"点迷津　得体得法——就业指导方式　/ 014
　　一、坚持专业学习和就业指导学习相结合　/ 014
　　二、坚持理论与实践相结合　/ 015

第二章　职业生涯规划　/ 016

第一节　规划人生　实现自我——认识职业生涯规划　/ 017
　　一、职业的概念、分类及特征　/ 017
　　二、职业生涯规划　/ 020
　　三、职业生涯规划的意义　/ 021
第二节　认清自己　发挥优势——了解与分析自我　/ 022
　　一、职业兴趣——喜欢干什么　/ 023
　　二、职业能力——能够干什么　/ 026
　　三、职业性格和气质——适合干什么　/ 032
　　四、职业价值观——最看重什么　/ 035

第三节　掌握方法　事半功倍——高职生如何做好职业生涯规划　/ 037
　　一、做好大学三年的规划　/ 038
　　二、撰写一份职业生涯规划书　/ 038
第四节　持续发展　不断努力——新员工的自我发展规划　/ 047
　　一、新员工制订自我发展规划的意义　/ 047
　　二、新员工制订自我发展规划需要了解的内容　/ 048
第五节　有效管理　明确方向——职业生涯管理　/ 048
　　一、用人单位的普遍要求　/ 049
　　二、职业生涯管理的主要内容　/ 049

第三章　求职择业的心理准备与心理调适　/ 052

第一节　转换角色　准确定位——求职择业的心理准备　/ 052
　　一、树立正确的就业观　/ 053
　　二、提升就业竞争力，增强求职信心　/ 056
　　三、大学期间的心理养成　/ 057
第二节　找准问题　靶向击破——求职择业的心理调适　/ 062
　　一、大学生所面临的就业环境　/ 063
　　二、大学生求职择业中的心理问题及调适　/ 064
　　三、正确对待挫折　/ 067

第四章　求职择业的方法及技巧　/ 072

第一节　知己知彼　有备无患——求职择业的准备工作　/ 072
　　一、心理准备　/ 073
　　二、信息准备　/ 074
　　三、材料准备　/ 075
　　四、随身物品准备　/ 078
第二节　审时度势　非你莫属——求职面试基础知识及技巧　/ 078
　　一、面试的内涵　/ 078
　　二、面试的作用　/ 079
　　三、面试的种类　/ 082
　　四、面试的标准程序　/ 086
第三节　实话巧说　突出亮点——求职面试自我介绍技巧　/ 088
　　一、面试自我介绍的原则　/ 089

二、面试自我介绍的内容　/ 090
　　　三、面试自我介绍注意事项　/ 092
　第四节　提前准备　三思后答——求职面试问答技巧　/ 094
　　　一、常见问题回答技巧　/ 095
　　　二、特殊问题回答技巧　/ 097
　　　三、面试问答注意事项　/ 099
　第五节　简约整洁　自然大方——求职服饰及礼仪　/ 103
　　　一、求职服饰　/ 103
　　　二、求职礼仪　/ 106

第五章　创业基础技能　/ 108

　第一节　千里之行　始于足下——高职生创业的背景及意义　/ 108
　　　一、高职生创业的背景　/ 110
　　　二、高职生创业的意义　/ 110
　第二节　了解定义　分析形势——创业定义及当前创业现状分析　/ 112
　　　一、创业的定义　/ 113
　　　二、高职生创业现状　/ 113
　　　三、如何改善高职生创业的现状　/ 114
　第三节　做好准备　熟悉政策——高职生创业的必备条件及政策解读　/ 115
　　　一、自主创业的自身准备　/ 116
　　　二、自主创业的外部条件　/ 116
　第四节　我敢闯　我会创——玩转双创大赛　/ 118
　　　一、"互联网+"创新创业大赛的目的与任务　/ 118
　　　二、大赛的赛道以及赛制设计　/ 118
　　　三、赛道的评审要点　/ 123
　　　四、"互联网+"大学生创新创业大赛的步骤　/ 124

第六章　走进大学生创业　/ 127

　第一节　下沉走访　了如指掌——市场调研的必要性　/ 127
　　　一、做好创业前期的市场调研　/ 128
　　　二、创业前期市场调研的具体内容　/ 128
　第二节　未雨绸缪　深谋远虑——创业计划书的制订　/ 130
　　　一、创业计划书的内容　/ 130
　　　二、创业计划书模板　/ 131

第三节 做好防控 防患未然——大学生创业的风险及其对策 / 143
 一、大学生创业风险 / 143
 二、大学生创业风险防范对策 / 144

第七章 毕业生权益保护 / 146

第一节 熟悉政策 保护权益——就业协议签订 / 146
 一、劳动者的权利和义务 / 147
 二、高校毕业生就业协议与劳动合同 / 149
 三、如何签订和解除高校毕业生就业协议 / 149

第二节 熟悉政策 保护权益——劳动合同介绍 / 154
 一、签订劳动合同的注意事项 / 154
 二、如何解除劳动合同 / 156

第三节 科学防范 提高警惕——警惕求职陷阱 / 163
 一、常见的就业陷阱及防范方法 / 163
 二、毕业生择业时如何防止受骗 / 164

第八章 如何处理工作中的关系 / 166

第一节 学以致用 体现价值——与工作的关系 / 166
 一、工作的意义 / 167
 二、怎样理解工作 / 168
 三、怎样去工作 / 169
 四、工作的分类及指导意义 / 170

第二节 唇亡齿寒 荣辱与共——与单位的关系 / 172
 一、个人与工作单位之间的关系 / 172
 二、怎样处理好个人与单位之间的关系 / 173
 三、单位的分类 / 173
 四、单位与个人未来的关系 / 173

第三节 诚挚友谊 服从指挥——与领导的关系 / 175
 一、领导对自己的意义 / 176
 二、领导的分类 / 176
 三、把握与领导相处的分寸 / 177

第四节 虚心学习 相互配合——与老员工的关系 / 178
 一、老员工对自己的意义 / 178
 二、老员工的分类 / 179

三、老员工与你的未来 / 179
　　四、如何让老员工接受你 / 180

第九章　走向成功 / 182

　第一节　运用理论　总结经验——理论知识与能力和社会经验的关系 / 182
　　一、运用理论知识发挥个人能力 / 183
　　二、利用外界环境 / 189
　　三、总结社会经验 / 190
　　四、理论知识与社会经验的关系 / 191
　第二节　扎实理论　提升技能——理论知识与技能的关系 / 192
　　一、知识的积累 / 192
　　二、知识积累和个人发展 / 194
　　三、能力和技能 / 195
　　四、理论知识与技能的关系 / 195
　第三节　夯实基础　厚积薄发——离校前的准备 / 197
　　一、完成学业 / 197
　　二、修补缺陷 / 197
　　三、研究用人单位资料 / 198
　　四、办全离校手续 / 198
　第四节　提前谋划　事半功倍——缩短适应期 / 198
　　一、报到注意事项 / 199
　　二、缩短适应期 / 199
　　三、培养职业兴趣 / 199
　　四、走向成功 / 200

附录 / 203

　附录一　国家就业相关政策、文件、通知 / 203
　附录二　大学生就业流程图 / 204

参考文献 / 205

第一章

绪论

本章数字资源

> **学习要点**
>
> 如何将自身的特点和社会的需要相结合,选择最能发挥自己能力的职业,实现个人的人生价值和社会价值?大学生应该如何树立正确的就业观?当前的就业环境是怎样的?大家关心的这些问题都将在"大学生就业创业指导"这门课程中找到答案。

第一节 职场点拨 明确任务——开课意义

学习目标

1. 了解当前的就业环境。
2. 了解就业指导的意义及内容。

一、当前大学生就业面临的问题及相关政策

(一)当前就业面临的问题

1. 突发事件影响

2020年,高校应届毕业生达到了874万人,再创历史新高,其中高职毕业生约为385万人。而2020年又遭遇疫情,这对餐饮业、旅游业、交通运输业、零售业、娱乐业、民航业

等行业冲击较大。有些企业因受影响较大而破产，有些企业为继续运转而不得不裁员、减薪、缩招。国内疫情暴发期间，企业停工停产既影响自身也影响全球；海外疫情也影响我国经济的恢复发展。疫情之下很多企业推迟复工，劳动密集型企业除了必须支付人力薪酬而承受成本压力之外，还会因人力不足而影响生产进度，对多个环节造成冲击。

疫情使用人单位对人才的需求量下降。据某招聘平台发布的数据显示：2020年针对高校应届毕业生的新增岗位同比下降49%。用人单位对应届毕业生需求的降低成为2020年高校应届毕业生就业形势异常严峻的直接原因。

但是危中必有机会。互联网大数据、远程医疗、人工智能、电子商务、移动支付等在疫情防控和复工复产中都发挥了巨大作用，为疫情防控提供了重要支撑与保障。"云办公""在线教育"等越来越被大家接受。人工智能训练师、网约配送员、共享员工等在新冠肺炎疫情期间诞生的新职业，给大学生提供了就业的新机会。

2. 高校扩招

近年来，我国高校连续大规模扩招导致大学毕业生人数大量增加，而在现有经济发展条件下，毕业生数量的增幅超过了部分地区同期经济发展速度，社会对毕业生的总需求增长速度相对缓慢，这就导致了部分地区人才的需求失衡。

3. 大学生个人因素

许多大学生存在择业观念误区，无视市场经济的严酷性，不愿意从基层做起，这与大学生自我认识不全面有关，有些学生自我评价过高，导致期望值太高。另外，部分大学生的职业规划太过理想化，追求完美主义，总想一步到位，从而导致了很多大学毕业生隐性失业。

（二）相关政策

党中央、国务院高度重视高校毕业生就业工作，及时做出了一系列重要决策部署。

1.《教育部关于应对新冠肺炎疫情做好2020届全国普通高等学校毕业生就业创业工作的通知》

2020年3月，教育部发布了《关于应对新冠肺炎疫情做好2020届全国普通高等学校毕业生就业创业工作的通知》，其中提到以下内容。

组织网上就业大市场。要充分利用"部、省、校"三级联通的就业网络体系以及社会招聘网站，联合举办"2020届高校毕业生全国网络联合招聘——24365校园招聘服务"活动。

强化线上就业创业指导。充分利用国家、省和高校各类教育资源，开发、共享一批线上就业创业精品课程和就业创业讲座视频。

各地各高校要积极配合有关部门组织好"特岗计划""大学生村官""三支一扶""西部计划"等基层项目以及事业单位、国有企业招聘，并及时发布调整后的笔试面试时间等信息。聚力服务脱贫攻坚和乡村振兴战略，引导毕业生到中西部地区、东北地区、艰苦边远地区基层，到现代农业、社会公共服务等领域就业创业。

落实好基层就业学费补偿贷款代偿、考研加分等优惠政策。建立校企合作对接平台，在重点区域、重大工程、重大项目、重要领域中加强人才供需对接。

深入挖掘互联网、大数据、人工智能和实体经济深度融合创造的就业机会，充分利用平台经济、众包经济、共享经济等新经济形态平台，支持毕业生以新就业形态、灵活多样方式实现多元化就业。

落实大学生创业优惠政策，加强创业平台建设，举办中国"互联网+"大学生创新创业大赛，鼓励和支持更多毕业生自主创业。

积极引导大学毕业生参军入伍。各地各高校要深入贯彻落实习近平总书记给南开大学新入伍大学生回信精神，配合兵役机关落实好国务院、中央军委关于今年征兵工作部署，针对毕业生群体开展精准宣传动员和重点征集。

加大高校毕业生补充教师队伍力度。各地教育部门要积极会同有关部门，通过挖潜创新、统筹调剂等多种方式加强编制配备，招录更多高校毕业生到中小学、幼儿园特别是到急需教师的高中和幼儿园任教，落实应届公费师范生全部入编入岗，补齐缺口满足发展需要。

增加毕业生升学深造机会。扩大今年普通高等学校专升本规模，主要由职业教育本科和应用型本科高校向产业升级和改善民生急需的专业招生，向电子信息类、计算机类、生物医学工程类和预防医学、健康服务与管理、应急管理、养老服务管理、护理等专业倾斜。

适当延长毕业生择业时间。各地各高校可视情况适当延长就业签约时间，及时为已落实工作单位的毕业生办理就业手续。要配合有关部门引导用人单位推迟面试和录取时间，对延迟离校应届毕业生推迟报到、落户等时限。要与人力资源社会保障部门做好离校未就业毕业生信息衔接和服务接续工作，为离校未就业毕业生持续提供就业服务。对离校时未落实工作单位的高校毕业生，可按规定将户口、档案在学校保留两年，并为落实单位的毕业生按应届毕业生身份及时办理就业手续。

2.高校毕业生就业创业工作领导小组第一次会议

2020年4月23日，教育部召开高校毕业生就业创业工作领导小组第一次会议，部署推进高校毕业生就业创业工作。教育部领导强调，党中央、国务院把高校毕业生就业作为就业工作的重中之重。教育部党组对做好今年毕业生就业工作高度重视，调整高校毕业生就业创业工作领导小组，以加强对高校毕业生就业创业工作的组织领导和统筹协调，加快推进有关工作，确保今年高校毕业生就业大局总体稳定。

当前是高校毕业生就业的关键时期，各有关单位要提高站位、群策群力，化危为机、狠抓落实，切实做好今年高校毕业生就业各项工作。

要积极推进升学扩招，尽快落实硕士研究生和专升本扩招计划，做好考试录取工作，实现高质量扩招。

要努力开拓就业渠道，努力扩大"特岗计划"等基层项目规模，鼓励更多高校应届毕业生应征入伍，充实基层教师队伍，积极推动城乡社区吸纳毕业生等。

要创新开展"就业+互联网"服务，加大网上招聘力度，加强就业指导。

要加大对重点群体就业帮扶，统筹做好52个未摘帽贫困县和"三区三州"深度贫困地区、建档立卡贫困家庭、零就业家庭、少数民族毕业生等重点群体的就业帮扶，支持湖北高校毕业生就业等。

要加大就业工作宣传力度，发挥好主流媒体、新媒体作用，向毕业生宣传报道就业政策、就业形势和就业信息，宣传各地各高校的好做法好经验，为促进做好毕业生就业工作营造良好舆论氛围。

要严格落实就业工作"一把手"责任，将毕业生就业工作纳入对各地各高校督导重要内容，纳入干部考核指标体系，加强经费保障，明确目标要求，逐级压实责任，推动形成促进毕业生就业创业的强大合力。

[以上信息选自教育部政务新媒体"微言教育"（微信号：jybxwb）]

3. 政府工作报告

2020年5月22日的政府工作报告中提到，2020年要优先稳就业保民生，千方百计稳定和扩大就业。加强对重点行业、重点群体就业支持。今明两年职业技能培训3500万人次以上，高职院校扩招200万人，要使更多劳动者长技能、好就业。

这种扩招可以缓解就业压力，还将为现代制造业、现代服务业、现代农业等产业一线输送更多高素质的技术技能人才。无论从经济社会发展对高素质技能人才的大量需求，还是从当前如何稳就业、促就业来看，都十分必要，意义重大。高职扩招进一步凸显了职业教育在国民教育体系中的位置，凸显了高素质劳动者和技术技能人才对经济社会发展的作用。对国家而言，解决高素质技术技能人才供给需求之间的结构性矛盾，要加快发展现代职业教育、优化人才结构、扩大有效供给，为促进经济社会发展和提高国家竞争力提供人力和人才支撑。

4. 全国普通高等学校毕业生就业创业工作电视电话会议

2020年6月3日，全国普通高等学校毕业生就业创业工作电视电话会议在北京召开。会议强调，今年就业形势复杂严峻，要全面强化就业优先政策，加大全方位就业支持和服务，切实维护就业大局稳定。要把高校毕业生就业作为稳就业工作重中之重，积极组织好各类招聘活动，引导企业扩大招用规模，支持新增投资向高校毕业生就业带动强的项目和领域倾斜，鼓励国有企业、事业单位显著增加高校毕业生招聘岗位。要提供针对性的职业技能培训，扩大就业见习规模，多措并举提升就业创业能力。要加强户籍地、求职地、学籍地之间的政策和服务协同，着力解决高校毕业生就业中的重点难点和突出问题，加大对湖北毕业生、贫困家庭毕业生等各类困难毕业生就业帮扶力度。

会议指出，要把高校毕业生就业作为重中之重，抢抓离校前的关键期，开展"百日冲刺"行动，把党和政府的关心传递给高校毕业生。要千方百计稳定和扩大就业岗位，通过税费减免、创业贷款、补贴等政策支持创新创业，实施好基层就业项目，引导毕业生到城乡社区就业创业、到军营建功立业。要推动大学教育供给侧改革，深化专业结构调整，大力发展职业教育，高质量完成扩招任务，提高学生实践能力和创新意识，破解就业结构性矛盾。要加强建档立卡贫困家庭毕业生就业帮扶。要强化就业管理、服务和指导，引导毕业生树立正确就业观、增强就业信心。

5. 2020届普通高校毕业生就业创业"百日冲刺"十大专项行动简介

为全力做好2020届普通高校毕业生就业创业工作，以更大决心、更强力度、更实举措对冲疫情影响，教育部、人力资源和社会保障部、工业和信息化部、国资委、中央广播电视总台、共青团中央等6部门和单位共同实施"百日冲刺"行动。从5月份到8月中旬，重点组织开展十大专项行动。

一是升学扩招吸纳行动。教育部已经安排硕士研究生扩大招生规模18.9万人、普通专升本扩招32.2万人。

二是充实基层专项计划行动。"特岗教师"计划将增加招募规模5000人，今年招募规模将达到10.5万。适当扩大"三支一扶""西部计划"等中央基层项目实施规模。将招收40多万毕业生补充中小学和幼儿园教师队伍，采取"先上岗、再考证"的举措，进一步加强中小学和幼儿园教师配备。

三是扩大毕业生参军入伍行动。今年将加大力度推进精准征兵、精准动员，进一步落实好毕业生参军入伍的优惠政策。

四是大力开拓科研、社区、医疗等基层岗位行动。努力开发适合毕业生的科研助理岗位。有关部门将推动全国城乡社区和基层卫生部门新增岗位优先招录毕业生。

五是推进企业稳岗扩就业行动。国有企业今明两年将连续扩大高校毕业生招聘规模。有关部门将落实一次性补贴、返还失业保险等优惠政策，鼓励中小微企业吸纳更多高校毕业生。

六是持续开展网上就业服务行动。进一步开展好"24365校园网络招聘服务""百日千万网络招聘专项行动"、央企"抗疫稳岗扩就业""国聘行动""千校万岗"线上招聘会等，为企业和毕业生提供全天候不断线、不打烊的就业服务。同时，在高校开学后，有序恢复校园现场招聘活动。

七是推进创业带动就业行动。实施高校毕业生创业支持计划，开展大学生创新创业教育，办好第六届中国国际"互联网+"大学生创新创业大赛，引领大学生投身"双创"。

八是开展重点帮扶支持湖北行动。教育部会同有关部门制定了"中央+地方"促进湖北高校毕业生就业创业的"十个一批"政策，将实现全国高校与湖北高校就业创业"一帮一"行动的全覆盖。

九是助力脱贫攻坚行动。对全国建档立卡家庭毕业生、52个未摘帽贫困县毕业生，将实行分类帮扶和"一人一策"动态服务。设立"建档立卡家庭贫困生专升本专项计划"，单独进行录取。

十是狠抓责任落实行动。将毕业生就业纳入对地方政府和高校的督导考核内容，高校要落实"一把手"工程，发动全国5万余名毕业班辅导员，逐一压实责任，同时让更多的专业教师都行动起来，群策群力帮助毕业生顺利毕业、尽早就业。

6.《人力资源社会保障部办公厅 财政部办公厅关于做好2020年高校毕业生"三支一扶"计划实施工作的通知》

人社部、财政部印发《关于做好2020年高校毕业生"三支一扶"计划实施工作的通知》。通知明确，为更好发挥高校毕业生基层服务项目示范引领作用，引导和鼓励更多高校毕业生到基层工作，2020年全国拟选拔招募3.2万名高校毕业生到基层从事支教、支农（水利）、支医、扶贫等相关领域服务。

（三）2020年应届毕业生春招求职报告

猎聘大数据研究院发布《2020应届毕业生春招求职报告》，据其中数据显示，今年应届毕业生就业有如下几个特点。

1. "考公务员"成热门选择之一

此次报告根据猎聘大数据显示，2020应届毕业生在选择出路时不再像2019届那么从容淡定，但依然有大量应届毕业生选择了直接找工作，其占比高达76.66%；而2019年，仅三分之一的大学生选择了毕业后立刻工作。

值得注意的是，"考公务员"成了2020届应届毕业生热门的选择之一，国企也成为应届毕业生的择业优选，选择外企、私企的则相对较少。

在应届毕业生选择工作最关键的因素中，"收入"和"稳定"分别排在前两位，其占比高达76.92%和68.7%。可见，当下应届毕业生更加现实和求稳。除了公司是否能提供稳定的工作环境和令人满意的薪水外，应届毕业生也有其他重要的衡量因素——"成长""兴趣"和"专业"。在他们眼中，工作被赋予了除谋生之外的更多意义，它可以是展示自己兴趣和才华的舞台，也可以是自我实现的途径。

2. 对首份工作月薪"理性估价"

当谈及第一份工作月薪时，77.46%以上的大学生期望月薪在8000元以下，其中42.44%的应届毕业生对第一份工作的期望薪资在3000～5000元之间，33.69%的应届毕业生期望薪资为5000～8000元。由此可见，当代大学生虽然看重经济收入，但他们对自身的认知比较清醒，会理性评估自身价值，并不会漫天要价。

猎聘相关负责人介绍，对比2019年、2020年应届毕业生对第一份工作的月薪要求，发现比例最高的均在3000～5000元和5000～8000元两个薪资段，而2020年3000～5000元的比例比2019年高了4.98个百分点，2020年5000～8000元的比例比2019年下降了3.45个百分点。

3. 互联网新增应届毕业生职位占比超21%，领跑全行业

从各行业新增的应届毕业生职位需求分布来看，互联网行业应届毕业生新增职位占比最高，以21.32%的占比遥遥领先其他行业。即便在疫情期间，互联网行业对应届毕业生的需求仍然较高。

值得注意的是，服务业和消费品行业新增的应届毕业生职位需求位居前四，占比分别为11.51%和10.91%。疫情期间，人们的外出受到限制，对服务业及日用消费品的依赖较高，因而也促进了相关行业人才需求的增长。

4. 销售/客服第一，制药医疗、教育培训两大职业跻身前十

从2020年1月1日至2020年3月15日猎聘平台新增的应届毕业生热招职业TOP20来看，销售/客服以21.53%的占比位居第一。疫情期间，企业的第一目标是活下去，而销售/客服是能够帮助公司进行变现的职位，因而这个职位的应届毕业生需求相对最旺盛。位居第二至第五的是人力/财务/行政、互联网+技术、生产/制造/研发、房地产/建筑/物业，其占比分别为12.69%、9.12%、6.88%、5.57%。

值得注意的是，制药/医疗器械/医疗护理位居第八，其新增应届毕业生职位占比4.56%；教育/培训位居第九，新增应届毕业生职位占比4.25%。疫情期间，制药医疗行业的重要性更加突出，也推动了该行业对人才的需求。此外，在当前经济环境下，一方面大众更注重自身的沉淀和成长，在线教育培训等满足了人们的学习热情；另一方面中小学延迟开学使得在线教育一时火爆，因而带动了社会对教育培训人才的需求。

5. 46.67%的企业表示2020年月薪比往年高

根据调研数据，七成以上企业月薪主要集中在3000～8000元，其中42.67%的企业表示愿意给应届毕业生提供的薪资区间为5000～8000元，31.33%的企业愿意给应届毕业生提供的薪资区间为3000～5000元。另外，有19.33%的企业给出的薪资超过8000元，薪资低于3000元的企业仅为6.67%。

猎聘相关负责人介绍，与往年薪资相比，46.67%的企业表示给应届毕业生提供的起薪提高了，只有两成左右的企业降低了起薪。这表明虽然受疫情影响，但企业对校招重视程度更高了，对于能够满足严苛要求的优秀应届毕业生，企业愿意开出更高薪水。

通过以上介绍，我们知道了目前就业的整体环境，虽然即将毕业的学生们面临各种压力和难题，但我们也了解到国家出台了多项利好政策，积极地支持着毕业生们，如加强网上就业服务，适当延长择业时间，对离校时未落实工作单位的高校毕业生可按照规定将户口、档案在学校保留两年，等等。要相信国家和社会的力量，相信党中央的果断决策和正确领导，相信在国家各项配套政策的支持和鼓励下，就业环境会逐渐好起来，同时更要相信自己。毕业生们要保持良好心态，确定合适的求职目标，积极参加"线上双选会"、远程视频面试等，抓住机遇，创造未来。

二、高职生就业形势分析

1. 高职高专的特点

"高职高专"是我国高等职业教育、高等专科教育的简称，于20世纪90年代初开始出现。它是实现高等教育大众化的重要途径，是高等教育的一个重要类型和组成部分。高职高专教育人才培养模式的基本特征是以培养高素质技术技能型专门人才为根本任务，以适应社会需要为目标，以培养技术应用能力为主线；设计培养方案，提高学生的知识水平、能力和素质，使毕业生具有基础理论知识适度、技术应用能力强、知识面较宽、素质高等特点。

2. 近几年高职学生就业被看好的原因

《2019年中国大学生就业报告》（就业蓝皮书）显示，2018届高职高专就业率稳中有升，高职高专毕业生就业率为92.0%，且近两届高职高专毕业生就业率高于同届本科生。2018届高职高专毕业生的月收入为4112元，比2017届（3860元）增长了252元，比2016届（3599元）增长了513元。从就业去向来看，民营企业或地级城市及以下地区等依然是高职学生的主要就业去向，2014至2018届高职高专毕业生在民营企业就业的比例从65%上升到68%。

高职生较强的职业能力、专业对口人才的紧缺等是高职生高就业率的主要原因。另外，高职生就业率的提升与近年来部分高职院校办学能力的大幅提升也有关系。不少高职院校进行"订单式培养",不仅为企业输送了大批急需的人才,也提升了毕业生的就业针对性。最近几年来,高职"订单生"的需求市场迅速升温,甚至出现了部分专业毕业生供不应求的局面。

"高等、专精的职业化定向培训正成为高职生与本科生竞争时的优势。"部分教育专家指出,高职生就业率反超本科生很大程度上是人才培养与企业需求得到了良好结合的结果。而部分企业直言,大多数高职生都具有良好的潜质和上升空间,其务实进取的心态更符合企业的用人准则。由此可见,部分高职院校通过专业、师资建设,与企业实现紧密的对接服务,实现了就业率和就业质量的提升,而这种现象的出现,对于普通本科院校的发展,无疑具有积极的借鉴意义。

三、开展就业指导的意义

综合国力的竞争归根到底是人才的竞争。大学生是我国人力资源的重要组成部分,是社会主义现代化建设的重要力量,是国家宝贵的人才资源,是我国在新时代实现跨越式发展的重要力量。然而当前,随着高校毕业生就业形势的变化,大学生就业难的问题日益突出,就业形势日益严峻。

如果不能解决好这一问题,势必会造成人力资源的浪费,对国家发展和社会稳定都产生不利的影响。所以高校积极做好大学生就业创业指导工作,引导和帮助大学生顺利就业、正确就业、成功创业,是解决大学生就业难的一个重要途径,也是帮助大学生实现全面发展、提高我国综合国力的重要手段。

开展就业指导、建立发展性职业生涯辅导模式、开设就业指导课程、开展必要的就业技能培训等,要正确处理好大学生的学业、就业、职业和事业的关系,以学业为基础、以就业为导向、以职业为载体、以事业为目标,统筹兼顾、协调一致,使大学生的专业能力和就业能力得到和谐发展,使大学生的个人劳动能力能得到有效发挥。第一,学业不仅包括专业学习,还包括思想道德素质培养、文化知识技能掌握、个人综合素质等各方面的提高。学业是就业、职业、事业发展的基石。学业不好,就难以就业。第二,就业是实现学业、职业与事业联结的桥梁。一方面,大学生了解了就业市场导向,就会更自觉地提升自己的学业,促进学业进步;另一方面,如果顺利实现了就业,就为获得职业和最终通向事业成功铺平了道路。为了成就事业,就要顺利就业;而为了顺利就业,首先要提升学业。职业是大学生赖以生存的载体,也是大学生认识自己、调整自己、发展自己、实现自己事业理想的载体。通过就业指导,可以帮助大学生尽早地了解职业发展方向,培养职业发展能力和素质,规划职业发展战略和道路,有助于大学生尽可能找到适合自己发展的职业,减少职业寻找过程中的盲目性。

具体说来,开展大学生就业指导的意义如下。

1.有助于大学生顺利就业

大学生能否顺利就业主要取决于社会的需求和自身的素质。大学生就业指导课程虽难以直接影响和瞬间转变这两个因素,但可以帮助大学生用正确的价值观、道德标准和行为规范参与求职择业活动;可以为大学毕业生提供必要的社会需求信息和就业形势分析;可以向大学生介绍求职面试的方法和技巧,帮助他们提高展现自我的能力;还可以给大学生提供心理咨询和辅导,帮助大学生缓解就业压力带来的心理负担。总之,这门课程可以实实在在地为大学生提供有关就业的各方面帮助,使学生增强就业竞争力,从而顺利实现就业。

2.有助于大学生的发展和成才

毕业生自主择业,直接面对就业市场,所要面对的竞争实际上是毕业生自身素质的竞争。就业指导课程可以因势利导,把就业指导工作前移。在新生入学后,就要对他们进行职业意识教育,让学生了解自己所学的专业,了解将来可能从事的职业范围和将要担当的社会角色,并根据个人的性格特点、兴趣爱好和专长优势来规划自己,从而确立一个职业目标或职业理想。明确的目标会极大地激发学生的学习积极性,使他们富于创造性地学好专业知识、专业技能,塑造自我。把早期的素质训练和后期的具体辅导结合起来,就业指导工作在人才的培养中就会起到促进作用。

择业是人生的关键选择之一,它直接影响到个人的前途和发展,如果处理不好,会使学生在心理上产生巨大压力。大学生不能顺利就业,甚至会影响社会安定。因此,大学生对职业的选择既是对未来发展道路的选择,更是对人生幸福的选择。

职业选择如此重要,但对初入社会的大学生来说,总是困惑重重。因为一般说来,大学毕业生涉世不深,经验不足,职业目标不确定,容易在选择职业的过程中犹豫不定,走弯路,甚至找不准自己的发展道路。而大学生就业指导恰好可以为大学生提供这样的帮助,像就业指导中的职业生涯指导能够帮助大学生正确了解自我、规划职业。在促进就业的同时,大学生在就业指导过程中也会使自身的知识与技能、思想道德素质等各个方面得到改善,从而使个人的综合素质得到提高。

3.有利于社会人才资源的合理配置

在人才市场中,一方面是大批毕业生面临找工作困难的问题,另一方面却是一些地区和单位缺乏大量人才;社会一方面需要大量技术人才,另一方面大量高校毕业生又找不到合适的工作。因此,在市场经济下如何合理配置人才资源,已成为我们面临的突出问题。就业指导通过对行业形势进行分析,对就业趋势进行预测,为广大毕业生提供科学合理的就业指南;同时保持与用人单位的沟通和联系,了解他们的需求信息,再把信息传递给毕业生,使得供需信息畅通,解决供需不相匹配的问题。

大学毕业生自主择业是在国家方针政策指导下,在一定范围内毕业生与用人单位的相互选择。如何使这种选择更科学、合理,使毕业生人尽其才,才尽其用,实现人才与岗位的最佳配置,发挥人才的最大效能,信息的传播便显得十分重要。就业指导一方面可以通过向有关企事业单位及政府机关部门发函,收集各单位对毕业生的需求情况及拟招对象的要求条件等,为毕业生提供就业信息;另一方面,可以把有求职意向的学生的思想表现、学习成绩等情况提供给用人单位,并向用人单位介绍、推荐合适的毕业生人选。

4.有利于学校的教学改革

随着社会就业压力的增大,如何能在激烈的人才竞争中占有一席之地成为大学生主要关注的问题。在大学生就业之前进行有效的指导是必要的。就业指导不仅是简单地将大学生推向社会,让他们顺利找到工作,还要为大学生走向社会后的职业稳定、职业发展提供必要的指导服务，要将学生个人的长远发展与学校和社会的发展协调起来，使学生、用人单位、学校三方受益。同时，有效的就业指导也会反过来促进高校的教育模式和专业的发展，使学校适应社会生产力的发展，发挥科学技术对生产力的促进作用，发挥好高校的人才培养作用，不断提高人才培养的质量。毕业生树立正确的择业观，掌握了一定的择业技巧并了解了一定的人才需求信息后，接着便是与用人单位正面接触，即供需见面。这个阶段，实际上是对学生各种能力的考验。就业指导在这个阶段起着一种桥梁纽带作用。首先，要为学生及用人单位精心组织、安排面试提供便利，力求毕业生与用人单位之间有一个良好的互动。其次，沟通学校与社会的联系。通过就业指导，学校要向社会介绍所设专业的应用方向，让社会了解学校培养的各种类型的专门人才，并向社会推荐。最后，将用人单位对毕业生的要求及使用情况反馈给学校，便于学校改进教学和育人工作。这样，有利于克服学校的教育培养与社会实际需求相脱节的现象，增强教育对社会经济发展的促进作用。

5. 为企业提供岗前培训

就业指导课程中所涉及的内容不仅包括对学生如何择业进行培训，同时也对学生如何提高职业能力进行指导，对学生在知识与技能、品德与素质等方面进行培训。这些能力和技能是作为企业员工所必须具备的素质。在学生进入社会和企业之前，使他们具备这样的能力和素质，对学生更好地适应企业要求、达到企业岗前培训目标起到了促进作用，更有助于节省社会资源、提高劳动者的劳动效率。

课后思考与训练

1. 分析一下当前整体的就业形势。
2. 结合当前就业形势谈谈自己的职业规划。

经典推荐

电视求职节目《非你莫属》 2018年第6期

第二节 / 职海泛舟　确定方向——课程内容

学习目标

1. 了解课程的内容。
2. 树立正确的就业观。

大学生就业指导的内容在不同的学习阶段应该有不同的侧重点，大学一年级的侧重点是引导学生对自己进行职业生涯规划，了解社会就业形势和国家的就业政策和制度；大学二年级重点开展专业基础知识的课程，全面提高学生综合素质和各项社会能力；大学三年级重点是帮助学生科学正确求职定位，讲授求职择业技巧、途径和大学生就业的相关法律法规等。从整个过程来看，就业指导大致有以下几个方面的内容。

一、职业生涯规划

虽然目前学生对报考学校的专业有了自主权，高校录取时也尽量尊重学生的志愿，但由于学生在中学阶段对各种职业并不十分清楚，对大学的专业设置也并不十分了解，大部分学生都是在临近高考的时候根据当前社会上的热门职业选择专业，这就给进入大学后的学习及毕业后的职业选择带来了障碍。职业和大学的专业设置并不是一一对应关系，进入大学后，学生们需要了解这方面的知识。老师对学生进行相关的专业介绍，帮助其掌握处理所学专业与将来所从事职业的关系，是大学生确定职业发展方向的重要环节。学生对职业的认识是一个连续的过程，在大学前的教育中，学生的职业意识是朦胧的，进入大学后逐渐变得清晰起来，并把职业意识转化为自我意识加以表达，而理想的实现是通过职业的发展来完成的。因此，根据自己的身心特点，充分考虑社会需要，科学地制订职业发展计划是大学生就业准备的核心。有效的职业生涯规划必须是在充分并且正确地认识自身条件与相关环境的基础上进行，对自我及环境的了解越透彻，越能做好职业生涯规划。各种专业的就业前景不同，某一专业的学生如何通过自身的努力加以拓宽专业领域，扩大就业面，对学生来说是难以做到的，而且盲目性较大，他们往往赶热潮、追时尚、盲目从众，这无论是对学生还是对社会都是不利的。因此，把就业指导同学生的专业结合起来进行有效的指导，帮助学生较科学地设计职业发展计划，避免盲目性和随意性，是就业指导的中心环节。

二、个性化指导

选择职业要把握两个关键环节：一个是对职业的认识与评价，要树立正确的择业标准；一个是对自身的评价。正确、客观地评价自己、认识自己，明确自身优势是选择职业、获得发展的重要因素。自我意识就是自己对自己的认知，其内容包括对自己的生理状况（生理自我）、心理特征（心理自我）及自己与他人的关系（社会自我）的认识是意识的核心部分。自我意识与个人行为的关系极为密切，意识支配行为，行为反映意识，自我意识对个人行为具有极大地支配作用。我们每个人的心中都有一幅自我画像——我属于哪种人，你把自己想象成什么人，你就会按照那种人的行为行事。例如，有的同学把自己想象成不公正的牺牲品，认为自己是注定要失败的人，他就会不断地寻找各种证据来证实自己的观点。就业指导运用心理学的基本理论，利用心理测量技术，采取标准化、非标准化的方式，对学生进行个体性的、集体性的评价活动，使其认识自己的职业适应性，确定职业适应范围，进行合理的选择。

三、择业心理咨询

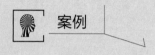

（一）

小新是一个本科生，大学里学的是令人羡慕的国际贸易专业，曾梦想做个走遍世界的大牌商人，毕业后认为到北京更有发展前途，更能"与世界接轨"，于是放弃了父母为其找好的工作，与同学结伴来到北京。北京的工作机会果然多极了，但找工作的人也是数不胜数。刚开始，小新和同学比赛要找到一个更接近理想的单位，一个多月过去了，简历投出20多份，有回音的只有两份，面试后又无音信。面对着强手如林的职场、眼花缭乱的招聘单位，小新有些着急了。难道找工作真这么难吗？当初那么令大家羡慕、令父母骄傲的专业就这样被冷落了吗？回到家乡，如何面对亲戚朋友？不回家在北京能漂到什么时候？小新的问题是典型的过于自信导致的。由于对自己的优势估计过高，对自己的劣势估计不足而在择业中受挫。

（二）

小佳是个腼腆的女孩，每次去应聘，都是输在面试上，见了面试官就紧张，手脚不知往哪放，头不敢抬，眼睛也不敢看人，低着头在那等过关，本来平时都回答得上来的问题，面试时脑子一片空白，还出现所答非所问的现象，回来后懊悔不已，自惭形秽。越是这样，就越是严重影响下次面试的心态，小佳产生了自卑心理，形成恶性循环，慢慢就失去了信心。

小佳的问题源于自卑畏怯、信心不足。所以第一步要解决的是心态问题，要让自己充满信心地参加面试。要有一个好的心态，心态决定思维，思维决定行动，行动改变结果。

（案例选自学信网）

择业中的大学生，心理往往是不稳定的，充满着矛盾冲突，从众、攀比、自负、自卑心理表现得较为明显。当前比较突出的一种是就业期望值过高，求高待遇而不客观分析个人付出和能力，求舒适的工作环境而缺少艰苦奋斗的精神，求稳定而缺乏竞争意识；另一种是抗挫折能力过弱，对目前严峻的就业形势估计不足，依赖心理严重，求职被拒后不能客观分析原因而是悲观失望、怨天尤人。甚至有些同学在经历一次又一次的打击之后找不到合适的工作，产生自我怀疑、恐惧社会的心理，表现出多疑、害羞、孤僻、自卑、嫉妒等问题。学校要针对择业中的大学生心理问题提供心理咨询，及时地消除大学生择业中的心理障碍、减轻其心理压力、增强战胜挫折的能力，做好经受失败的心理准备，帮助学生以健康的心理状态迎接挑战，参与竞争。

四、就业思想教育

学生职业价值观的建立是就业指导的应有之义。职业价值观是人们对职业的看法和态度，择业标准、择业行为是受人的思想支配的。大学生选择职业要把事业放在第一位，要考虑自身的素质及特长，要同社会需要有机地结合，要到祖国最需要的地方去，要勇于从基层做起，敢于挑战艰苦恶劣的工作环境。引导鼓励高校毕业生面向基层就业是摆在当前教育战线面前的一项重大任务，也是解决毕业生就业结构性矛盾的根本途径。同时，大学生选择职业要注重诚信意识，要客观真实地向用人单位介绍自己的基本情况，要在诚实守信的基础上和用人单位进行交流与合作。大学生要选择能够发挥自己特长和潜能的职业，而不要以金钱为准则。大学生选择职业要放眼未来，而不要仅以眼前利益决定职业的选择。职业发展的好与坏，与一个人的职业道德水平有直接的关系。学校要培养大学生良好的职业道德，择业的大学生要遵守择业道德规范，不弄虚作假，实事求是，通过正当行为选择职业。

五、就业政策导向

政策导向是毕业生就业工作的基础。一方面，我们需要了解劳动人事制度，包括用工聘用制度和劳动合同制度；另一方面，我们还需要较为详细地了解就业政策。毕业生就业政策是毕业生就业权利行使和约束条件的结合，是择业行为规范的法规性要求。我们要在法律法规的约束下进行求职择业，一旦违背就必须承担应有的责任。同时毕业生要了解就业政策，明确哪些是应该的，哪些不应该的，自己有什么样的权利，有什么样的限制，纠正择业"误区"，少走弯路，为顺利就业奠定良好的基础。

六、就业信息服务

掌握社会需求信息，是毕业生进行自主择业的关键环节。没有信息，意味着就没有选择的机会；信息的多或少，意味着选择机会的多或少。学校通过就业指导机构，为毕业生就业架桥铺路，通过各种形式特别是像网络邮箱、QQ群、校友录等快捷的方式同社会用人单位建立广泛的联系，掌握需求信息，包括专业需求、数量需求、层次需求、用人要求等，向学生及时公布。学校不仅依靠就业指导机构收集就业信息，而且要调动学校的一切力量，积极拓宽就业渠道。学校还要积极和各级政府人事主管部门和社会人才中介力量开展合作和交流，多方面全方位地为毕业生收集就业信息。同时要指导学生掌握主动搜集求职信息的方法，拓宽信息渠道，学会筛选有价值的信息，有针对性地进行职业选择。

七、求职技巧指导

掌握择业技巧是毕业生选择职业不可忽视的问题。指导学生掌握正确的择业技巧也是就业指导的重要内容之一。通过对毕业生的择业技巧指导，使毕业生掌握应聘、入职程序，掌握自荐方式和面试的有关礼仪，掌握适合本人的形象设计和外表包装，掌握与人交谈时表达有声语言和体态语言的正确方法。面临择业的毕业生，由于思想准备不充分、心理压力大，出现不知所措、语无伦次、词不达意的现象是比较普遍的。加强择业技巧方面的指导，可以使学生避免由于方法不当而带来的求职择业障碍。

课后思考与训练

1. 大学生应该树立怎样的就业观？
2. 获取就业政策和信息的途径有哪些？

经典推荐

电视节目《新时代青春之歌》2019年7月期

第三节 "职"点迷津 得体得法——就业指导方式

学习目标

1. 了解本门课程的学习方式。
2. 掌握理论与实践相结合的方法。

一、坚持专业学习和就业指导学习相结合

就业指导是一门综合性的课程，涉及方方面面的知识和能力。比如，在讲到学习某一门类或学科的同学应如何进行职业规划时，就需要大量的具体学科的知识，结合所学专业知识制订具体的规划方案。专业学习与就业指导是相辅相成、互相影响的。教师只有了解了本专业的主要内容和教学目标才能按照专业特点进行职业生涯规划以及就业指导；对学生而言，就业指导的学习也有助于其在专业课学习中树立明确的学习目标、增强学习兴趣。

理论对实践有巨大的指导作用。就业指导的课堂学习是将就业指导科学化、系统化的重要方式，通过课堂教学才能把就业工作的各方面知识、技能及操作规范传授给学生，以便于学生将理论和实践相结合。

二、坚持理论与实践相结合

就业指导不是空洞的说教,在进行就业指导的课堂教学之外,还有很多其他的方式,比如边学边练,可在实践中更好地掌握就业方面的知识,提高学生竞争力。

第一,对以往毕业生就业过程中具有代表性的个案进行分析,通过总结前人的失败与成功的经验,找出原因,供学生借鉴。

第二,学校通过开展主题讲座或座谈的形式,解决学生就业及职业生涯规划方面的困扰以及关心的问题。

第三,进行面试及职场模拟训练。对面试过程、环境以及可能出现的一些问题进行模拟,帮助学生适应面试环境,训练灵活应变和运用各种技巧的能力,以克服临场紧张和恐惧心理,提高成功的概率。

第四,定期组织访问或实践,学生要多参与社会实践,了解用人单位的用人要求,工作所需的素质,以适应工作环境。

第五,根据所学的求职技巧、职业生涯规划方法等,制订个人的求职计划以及职业生涯规划。使职业生涯发展有计划性,求职过程具有条理性,避免盲目求职。在此过程中,学校要对其制订的计划进行监督和指导,保证计划是可行的、有效的。

第六,坚持学校与家庭相结合。在择业过程中,学校要多与父母及亲友联系,主动征求他们的意见,接受他们的指导。家人对学生的个性、能力非常了解,能够帮助他们制订正确的职业规划,能在具体问题上进行指导。

课后思考与训练

1. 大学生就业如何做到将理论和实践相结合?
2. 如何学好本门课程?

经典推荐

电视求职节目《非你莫属》2015年第11期

第二章

职业生涯规划

本章数字资源

学习要点

一份清晰的职业生涯规划能够助力毕业生在职场取得成功。职业是什么？高职生如何制订职业生涯规划？职业生涯规划对于我们有什么意义？我喜欢做什么？适合做什么？能够做什么？看重什么？如何管理自己的职业生涯？认真学完以下内容，你会越来越清晰自己前进和努力的方向。

> 凡事预则立，不预则废。
>
> ——《礼记·中庸》

什么样的选择决定什么样的生活。今天的生活是由三年前我们的选择决定的，而我们今天的抉择将决定我们三年后的生活。所以我们每个人都应该在了解自我的基础上确定适合自己的职业方向并制订相应的计划，以避免择业的盲目性，降低择业失败的可能性，为走向职业成功描画最优的路径。

 案例

姓名：李某

性别：男

毕业时间：2010年7月

毕业专业：会计电算化

毕业院校：黑龙江某职业学院

参加工作时间：2010年9月

现工作单位：彝良县某小学

工作地点：彝良县某村

年薪：10万

职业：小学教师（村校长）

对学弟学妹的寄语：

大学是一个小社会，现在的社会是学习型的社会，所以在大学生活中可以多读书，多实践操作，找准自己的人生目标。首先要确定自己喜欢什么，自己能做什么，将来要做什么。确定好自己的目标并努力实现。多与同学学习交流，把同学当自己的兄弟姐妹，快乐地和他们度过美好时光。职业教育是个人职业方向的选择，并不低人一等。如果想考取专升本，也是人生的一次再选择而已。我是毕业工作了才考的专升本，所以我觉得能够先找到工作就先工作更好。学历是靠自己慢慢学习得来的，所以要根据自己的实际来选择。我相信今天你们以学校为荣，通过你们的不断努力，将来学校一定会以你们为傲。同时也非常欢迎学弟学妹们到我们学校来学习。

这名同学读书时曾是一个班级的班长。他现在在彝良县某小学担任教师兼校长。刚入学时他因为语言不通一度低落，再加上也不清楚未来的发展方向而感到迷茫，后来经常与老师谈心，老师经常会对他进行职业指导和心理辅导，后来该生为自己制订了一份详细的生涯规划。在规划的指导下，不断努力，大学三年充实而有意义，毕业后顺利走向了理想的工作岗位。

第一节　规划人生　实现自我——认识职业生涯规划

学习目标

1.了解职业的概念、分类及特征。
2.认识职业生涯规划的含义。
3.认识职业生涯发展阶段。
4.认识职业生涯规划的意义。

一、职业的概念、分类及特征

1.职业的概念

职业一词是由"职"和"业"两个字组成的。"职"包含职责、权利、义务的意思，

"业"包含事业、行当、工作的意思。职业是指个人在社会中所从事的作为主要生活来源的工作。

职业是人们利用专门的知识和技能为社会创造价值，同时所得报酬可满足自身物质和精神需要的工作。

心理学家马斯洛提出人有五种最基本的需要，这五种需要从低到高依次是生理需要、安全需要、归属与爱的需要、尊重需要和自我实现的需要。

生理需要是推动人们行动最首要的动力，生理需要包括对水、食物、空气、睡眠等的需要。只有生理需要得到满足，个人才有精力去追求其他需要。

安全需要是指人对自身安全有保障的需要，这可以解释为什么很多人找工作时把稳定放在首位。

归属与爱的需要表现为每个人都需要参与社会活动，获得接纳。

尊重需要是指每个人都希望受到别人的尊重、信赖和认可。

自我实现需要是最高层次的需要，是指个人、理想、潜能和抱负得到充分实现。

每个人都有这五种基本的需要，而需要的满足可以通过职业实现。

2. 职业分类

社会分工是职业分类的依据。在分工体系的每一个环节上，劳动对象、劳动工具以及劳动的支出形式都各有特殊性，这种特殊性决定了各种职业之间的区别。

《中华人民共和国职业分类大典》中将我国职业分为八大类，分别是：一，国家机关、党群组织、企业、事业单位负责人；二，专业技术人员；三，办事人员和有关人员；四，商业、服务业人员；五，农、林、牧、渔、水利业生产人员；六，生产、运输设备操作人员及有关人员；七，军人；八，不便分类的其他从业人员。此职业分类，是参照国际标准职业分类，并从我国的具体实际情况出发，在充分考虑经济发展、进步和结构变化的基础上确定的。目前执行的由国家统计局起草，国家质量监督检验检疫总局、国家标准化管理委员会批准发布的国民经济行业标准细化了行业分类。

这项标准主要按企业、事业单位、机关团体和个体从业人员所从事的生产或其他社会经济活动的性质的同一性分类，即按其所属行业分类，将国民经济行业划分为门类、大类、中类、小类四级。具体门类有：①农、林、牧、渔业；②采矿业；③制造业；④电力、热力、燃气及水生产和供应业；⑤建筑业；⑥批发和零售业；⑦交通运输、仓储和邮政业；⑧住宿和餐饮业；⑨信息传输、软件和信息技术服务业；⑩金融业；⑪房地产业；⑫租赁和商务服务业；⑬科学研究和技术服务业；⑭水利、环境和公共设施管理业；⑮居民服务、修理和其他服务业；⑯教育；⑰卫生和社会工作；⑱文化、体育和娱乐业；⑲公共管理、社会保障和社会组织；⑳国际组织。

根据不同标准对职业有不同的分类方法。如根据在社会分工中出现的先后顺序，可分为第一、第二、第三产业；从工作特点上划分，可分为务实（使用机器、工具和设备的工种）、服务、文教、科研、艺术及创造、计算及数学（财务管理、资料统计）、管理等10多种类型的职业。每一种分类方法，对其职业的特性都有明确的解释，这对我们更好地掌握某一职业的特点，选择适合自身职业有指导作用。

2020年2月25日，人力资源和社会保障部与市场监管总局、国家统计局联合向社会发布了智能制造工程技术人员、工业互联网工程技术人员、虚拟现实工程技术人员、连锁经营管理师、供应链管理师、网约配送员、人工智能训练师、电气电子产品环保检测员、全媒体运营师、健康照护师、呼吸治疗师、出生缺陷防控咨询师、康复辅助技术咨询师、无人机装调检修工、铁路综合维修工和装配式建筑施工员等16个新职业。这是自2015年版《中华人民共和国职业分类大典》颁布以来发布的第二批新职业。

2020年5月11日，中华人民共和国人力资源社会保障部发布了《关于对拟发布新职业信息进行公示的公告》，提到拟新增10个新职业，包括区块链工程技术人员、社区网格员、互联网营销师、信息安全测试员、区块链应用操作员、核酸检测员、在线学习服务师、社群健康助理员、老年健康评估师、增材制造（3D打印）设备操作员。

3. 职业基本特征

根据职业的产生和发展历史及其对人类社会发展的影响，职业具有以下特征。

（1）产业性　一个国家，一个社会，就大的方面可以分为三类产业。第一产业和第二产业都是物质生产部门，第三产业虽然并不生产物质财富，但却是社会物质生产和人民生活必不可少。在传统农业社会，农业人口比重最大；在工业化社会，工作领域中的职业种类和就业人口显著增加；在科学技术高度发达和经济发展迅速的社会，第三产业的职业种类和就业人口显著增加。

（2）行业性　行业是根据生产单位所生产的物品或提供服务的不同而划分的，它是按其所从事的生产或其他社会经济活动性质的同一性来分类。某行业的内部，其劳动条件、工作对象、生产工具、操作内容相同或相近。由于环境的同一，人们就会形成同一的行为模式，有共同的语言习惯和道德规范。不同行业间存在着很大的差异，劳动条件、工作对象、工作性质等都不相同。随着社会的进步和发展，新的职业将会不断出现，各种职业间的差异也会不断变化。

（3）职位性　所谓职位是一定的职权和相应责任的集合体。职权和责任是组成职位的两个基本要素。同一职位职权相同、责任一致。在职业分类中，每一种职业都具有职位的特性。从社会需要角度来看，职业没有高低贵贱之分。

（4）组群性　无论以何种依据来划分职业都带有组群性特点。如科学研究人员中包含哲学、社会学、经济学、理学、工学、医学等，再如咨询服务业包括科技咨询工作者、心理咨询工作者、职业咨询工作者等。

（5）时代性　随着社会的发展和进步，职业种类变化迅速，除了弃旧更新外，同一种职业的活动内容和方式也会发生变化，所以职业的划分带有明显的时代性，不同时代有不同的热门职业。我国曾出现过的"当兵热""从政热"，后又出现"下海热""计算机行业热""教师热"等，都反映出特定时期人们对某种职业的热衷程度。

二、职业生涯规划

1.什么是职业生涯规划

职业生涯规划是指个人在分析自身生理、心理特点及社会环境优劣势因素的基础上，确定职业发展目标，选择职业道路，并为实现目标而确定实施方案及行动时间的过程。它实质上是追求最佳职业生涯的过程。

2.职业生涯发展的阶段

舒伯把职业生涯的发展看成为一个连续渐进的过程，他的生涯发展理论对于高职生制订科学合理的职业生涯规划启示很大。舒伯的理论认为，人的职业生涯发展分为五个阶段。

第一个阶段：成长阶段（0～14岁）

儿童开始辨认自己周围的事物，并逐渐意识到自己的兴趣所在以及与职业相关的一些最基本的技能。这一阶段的发展任务是发展自我概念和对工作的正确态度，并了解工作的意义。

第二个阶段：探索阶段（15～24岁）

青少年开始尝试一些自己感兴趣的职业活动，对自我能力及职业进行探索，发展相关的技能，职业倾向趋向于某些特定的领域，形成一定的职业偏好。

第三个阶段：建立阶段（25～44岁）

个人开始尝试选择适合自己的职业领域。这个阶段的发展任务是个人致力于在适当的职业领域稳定下来，巩固地位，并力求晋升。大部分人在建立阶段处于最具创造力的时期。

第四阶段：维持阶段（45～65岁）

个人通过不断努力来获得职业生涯的发展，并逐渐在自己的领域中占有一席之地。这一阶段的发展任务是维持既有成就和地位。

第五阶段：衰退阶段（65岁以上）

由于生理及心理功能的日益衰退，个人的职业角色逐渐减少，即减少在工作上的投入。开始考虑退休，计划安排退休生活，享受自己的晚年生活。

从舒伯的理论可以看出，高职生正处于职业生涯发展的探索阶段。高职生应该利用在校时间，多参加一些社会实践活动，了解和尝试社会中的各种职业，积累一定的社会工作经验，最终找到适合自身发展的职业。

舒伯在后期提出，在一个人的职业发展过程中，职业发展的五个阶段并不完全和年龄相对应，而是一个循环的过程，这是和当今社会人的职业观相符合的。随着社会的发展和科技的不断创新，人们可能自始至终不会从事一种职业。有关专家认为，21世纪一个人平均每5年就得更换一次工作，原因可能是个人能力不能胜任目前的工作，或者有一些新岗位更适合自己的发展。

3.职业生涯规划在我国及西方国家发展的简要对比

西方发达国家比较重视职业生涯规划的设计。在美国，学生刚上高中时，学校就请专家给学生们做职业兴趣分析。十几岁的孩子的职业兴趣并没有定型，学校通过各种职业日、职业实践活动对其进行引导教育，达到以兴趣定职业的目的。

我国的职业生涯教育起步较晚，一项调查表明：62%的大学生没有对职业生涯做规划，

33%的大学生职业生涯规划不明确，5%的大学生有明确的职业生涯规划。由此可见大部分学生对自己未来的工作与人生发展方向的规划不明确。没有明确的目标规划的学生，在求职择业中会表现出很大的盲目性和迷茫无措。有调查显示：半数人第一次选择工作时是盲目的，有33.2%的人是"先就业后择业"，而16.3%的人"没有太多考虑"就选择了第一份工作。从职业发展的角度看，个人应在充分考虑自己的特点与客观环境的基础上进行职业选择，然而调查中只有11.1%的人根据自身兴趣选择职业。

可见，对就业没有充分的准备将会影响求职择业的进程和未来事业的发展，因此制订一份科学合理的职业生涯规划是高职生就业所必需的。

三、职业生涯规划的意义

一份清晰的职业生涯规划能够帮助我们明确未来的目标，确定努力的方向。

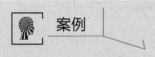
案例

（一）

读幼儿发展与健康管理专业的小欣在刚上大学的时候就立志要在大学做出一些突破和改变。在专业主任的指导下，她给自己制订了一份职业生涯规划书。她计划在大学期间考取普通话证书和教师资格证书，参加各类技能比赛提升专业能力，参加学生社团活动提高自己的综合素养。在清晰的职业生涯规划书的指导下，小欣不断突破自己、勤奋学习，参加了学前教育技能大赛，考取了普通话证书和教师资格证书，担任过节目主持人，参加了职业生涯规划大赛和创新创业大赛。在这些经历中，小欣变得越来越自信。

（二）

小慧在2018年考取了某高职院校的数控技术专业，作为班级里唯一的女生，她曾对自己的处境和未来感到很迷茫。通过与专业老师和就业辅导老师交流，查阅新职业网站、中国大学生就业微信公众号等，她对自己的专业发展前景有了新的认识。她认识到国民经济想要持续稳定发展，必定少不了数控技术的不断进步与应用，因此，对于数控技术专业的技能型人才的需求是不断增加的，可见数控技术专业的就业前景还是很乐观的，这些鼓励了小慧。她还在就业指导老师的帮助下通过测评软件对自身的性格、兴趣有了更多了解，她发现自己的性格偏内向，兴趣方面比较喜欢和机械打交道，这些都很适合学数控技术。于是在老师的进一步指导下，她根据自身特点和未来目标职业要求制订了提升自身能力的计划。她严格执行计划，大二时，在全国技能大赛中获得了二等奖。毕业后，成绩优异的小慧被一家理想单位录用。

通过以上案例，我们发现职业生涯规划就像明灯，指明未来努力的方向，帮助我们实现理想。

课后思考与训练

1. 根据目前所学的专业你可以从事的职业有哪些？
2. 结合舒伯的职业生涯发展理论，谈谈你目前所处的阶段应该做些什么？

 经典推荐

电视节目《经济半小时》20130408期"机器人抢了谁的工作"

第二节 认清自己 发挥优势——了解与分析自我

 学习目标

1. 了解自己的职业兴趣。
2. 了解自己的职业能力。
3. 了解自己的职业性格和气质。
4. 了解自己的职业价值观。

《孙子兵法·谋攻》篇中说："知彼知己，百战不殆；不知彼而知己，一胜一负；不知彼，不知己，每战必败。"在职业生涯规划中，"知己"就是要对自己有一个准确的定位，知彼就是要了解外部环境。

 案例

小明毕业前夕，查阅了一些招聘的网站，再三比较之下，他选择了一家薪资待遇不错、发展前景较好的公司，非常希望被录用。面试时，他向面试官保证，要是公司能录用他，什么职位他都愿意接受。小明真诚的态度打动了面试官，如愿被公司的业务部录用了，他很高兴。可是工作一段时间后，他发现他没有了当初的工作热情，因为性格偏内向一点，他不太愿意与客户打交道，可是每天又不得不联系客户。时间久了，他感到烦躁，工作效率也受到影响，出现了"厌班"情绪。

我们从小学到高中，家长和老师会给我们设定目标，很少有人思考过这些问题，比如我喜欢做什么、我适合做什么、我能做什么、我看重什么及我如何规划我的人生等。对这些问题没有思考清楚的结果就是盲目地选择工作，一旦选择之后若失去热情，不感兴趣了，就会盲目跳槽。

"知人为聪，知己为明，知人不易，知己更难"。这说明了解自己很困难，但是了解自己却很重要。高职生在求职择业的过程中，要清楚了解自己的能力，才能找到最适合自己的工作，才能在工作岗位上发挥自己的最大优势，正所谓"知己知彼，百战不殆"，所以"知己"很关键。只有从自身实际出发，给自己一个明确的定位，才能展现自己的与众不同，形成竞争优势，得到用人单位的认可。

自我认知包括清楚自己的优势和不足、兴趣、特长、个性特征、专业知识储备、综合能力、潜在能力、智商、情商和思维方式等。

以下我们主要介绍一下兴趣、能力、气质性格、职业价值观与职业选择的关系。

 案例

小哲现在所学的专业是农学，可是他对所学专业不太感兴趣，他说他更喜欢参加一些活动主持或者组织管理类的活动。他现在是班级的班长，和老师同学沟通得较好，到目前为止已经主持了很多场系里的大型活动。小哲来到就业指导中心咨询老师，他该怎么办？

老师建议：

了解一下本专业，尝试喜欢它，多和老师及学长沟通，请教如何提高专业技能，如何学好专业知识。认真努力地钻研一下本专业的相关知识。

如果经过努力后，仍然提不起兴趣，可以考虑转到喜欢的专业去，但是转专业之前，一定要通过旁听课程、实习等方式先近距离接触或体验一下，以此确定是否真的是自己感兴趣的专业。

如果经过体验后觉得很好，就可以转到喜欢的专业；如果实在无法转专业，那可以通过以下方式去学习感兴趣的专业，如自学、辅修选修课、听讲座、参加社团活动或者兼职等。

一、职业兴趣——喜欢干什么

> 自我实现者无一例外都是献身于一项身外的事业，某种他们自身以外的东西，他们专心致志地从事某项工作，某项他们非常珍视的事业……他们做这件事，也喜爱这件事。
> ——马斯洛《自我实现及其超越》
>
> 如果你表现得"好像"对自己的工作感兴趣，那一点表现就会使你的兴趣变得真实，还会减少你的疲惫、你的紧张，以及你的忧虑。
> ——戴尔·卡耐基

1. 职业兴趣的重要性

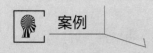

2008年8月17日，2008北京奥运会女子3米跳板跳水决赛在国家游泳中心"水立方"进行。"跳水皇后"郭晶晶以总分415.35分的高分成功卫冕。

作为国内现役运动员的代表，郭晶晶是跳水"梦之队"的领军人物，曾多次获得世界冠军。然而，辉煌的背后是她一步步走过的荆棘之路。郭晶晶5岁练跳水，15岁首次参加奥运会一无所获，1998年参加世锦赛仅获女子3米跳板亚军。在之后的几次赛事中，她始终与奥运会冠军失之交臂，其中包括在悉尼奥运会上取得3米跳板单人、双人亚军。巨大的压力、残酷的现实并没有让她意志消沉、打退堂鼓。相反，基于对跳水运动的喜爱，她依然以坚韧的毅力和不服输的信心艰苦地训练着。2004年，她终于从雅典奥运会拿回2枚金牌。随后她又向2008奥运冠军冲刺，在此届奥运会上她获得了2枚沉甸甸的金牌。

作为一名老运动员，郭晶晶长年经受着伤痛的困扰，在一次次大型比赛中仍取得如此辉煌的骄人战绩，是什么让她征战赛场多年却依然保持着良好的成绩？她成功的背后又有什么经历？是什么动力在一路支撑着她？

郭晶晶说："因为喜欢，才会投入，才会愿意付出。"

可以看出，是对跳水的热爱支持着她战胜种种艰辛、勇往直前。

（案例选自《中国教育报》）

由以上案例可见，兴趣是成功的奠基石，兴趣是影响职业是否能走向真正成功的重要因素。对职业感兴趣能让自己全身心地投入到工作中，不计较得失，更能忍受成功前的寂寞，加快职业生涯发展的步伐。

芝加哥大学心理学教授米哈里·契克森米哈赖首先提出心流理论，该理论认为，当我们真正找到自己喜欢做的事情的时候，会发挥出完全的活力。我们会感觉这就是在享受，这时会产生一种心流的感觉，这是一种理想的专注状态。在我们工作、学习、玩游戏、写作、跑步的时候，可能都有过这样的经验，比如因为沉浸于手上的事情，而忘记了吃饭、忘记了时间的流逝，全神贯注、全情投入到这件事中甚至感觉不到自己的存在。我们常常用"忘我"这个词来形象地形容这种状态，这种状态下会不同程度地感到时间快、效率高。通常当人们做自己热爱的事时更容易产生心流，心流是人们获得幸福的一种途径。

一项研究表明：人们对于自己感兴趣的工作，会全神贯注、积极热情地投入其中并且长时间保持高效率而不感到疲劳，在工作中能发挥全部才能的80%～90%；如果对所从事的工作不感兴趣，那么只能发挥自己才能的20%～30%，这就不太可能在工作中取得成就。所以高职生要了解自己的兴趣，以使自己的优势能在工作中得到充分的发挥，实现个人价值。

2.职业兴趣的类型

著名的职业指导专家提出了职业兴趣理论,该理论认为某一类型的职业会吸引相同人格特质的人,这种人格特质反映在职业上,就是职业兴趣。职业兴趣可以分为现实型、研究型、艺术型、社会型、企业型、事务型(图2-1)。

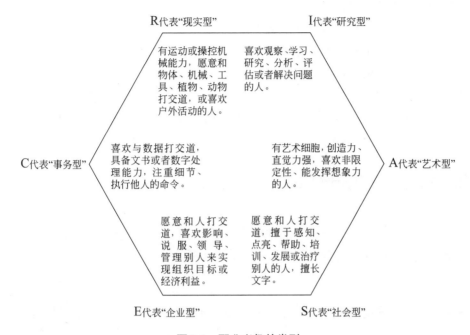

图2-1 职业兴趣的类型

现实型(R型)的人比较乐于与物体(如工具、机器等)接触,与事物相处的能力比与人相处的能力强,相应的职业:园艺师、木匠、汽车司机等。

研究型(I型)的人喜欢探索和研究,喜欢分析和推理;喜欢阅读和讨论与科学有关的书和论题;乐于独立工作,对未知问题的挑战充满兴趣。相应的职业:生物学家、化学家、物理学家、工程设计师等。

艺术型(A型)的人喜欢自我表达,喜欢文学、音乐、艺术和表演等充满创造性和想象力的工作。相应的职业:演员、音乐家、摄影师、漫画家等。

社会型(S型)的人喜欢与人合作、乐于帮助他人。相应的职业:教师、社会工作者、心理咨询师、牧师等。

企业型(E型)的人喜欢组织和领导别人,喜欢管理工作,擅于说服他人或支配他人。相应的职业:行政人员、管理人员、营销商等。

事务型(C型)的人喜欢常规的、有规律和秩序性的活动。相应的职业:文字编辑、会计、打字员、档案管理员、统计员、图书管理员等。

3.发现职业兴趣的方法

可以问自己以下这些问题:

你最喜欢的、愿意为之花费很多时间的爱好和领域是什么?

你最喜欢谈论什么?

你最喜欢读什么主题的文章或杂志？
如果你去书店，哪部分图书你会去看，哪里让你着迷？
什么样的网站会吸引你？什么样的主题能吸引你？
你喜欢看哪类的电视节目？
课程表中，你喜欢哪类的科目？
如果你想写本书，你会写什么主题的书？
通常，能让你专注而忘记时间的事情是什么？
你平时做什么事情时内心是开心快乐的？
你喜欢或向往的职业有哪些？

梳理一下以上问题的答案，你就可以发现自己的职业兴趣，当然，你也可以通过专业的测试来了解自己的职业兴趣。

二、职业能力——能够干什么

> 每一个人都拥有一份与生俱来的才华和天赋，当你打开自己的宝藏之门，开发出自己的潜能，就能实现自己的梦想，并且感到愉悦幸福。
> ——《你自己就是宝藏》
>
> 确保自己不会选错方向的唯一应对之道就是打造和提升自己的"可迁移"能力。
> ——《个体赋能》

案例

晓鹏在高中时就有一个当主持人的梦想，并从高中起就为自己的梦想而努力。他艺考顺利通过，但是高考文化课却没能达到理想学校的分数线。高考失利的晓鹏很快调整了心态，经过筛选和比较，晓鹏选择了省内较好的一所高职学校的新闻采编与制作专业继续自己的梦想。他的目标是成为省广播电台的主持人。为了这个梦想，课上，他努力学好新闻摄影与摄像、新闻采访与写作、广播电视节目编导与制作、播音与节目主持等专业知识；课下，他积极参加各种实践活动，主持学校朗诵大赛、歌咏比赛及迎新晚会的各类活动，同时担任校广播信息部的部长，熟练掌握广播音频器材的使用与音频后期处理技术。毕业后晓鹏顺利被省广播电台录用。

1．能力与技能

（1）能力　能力是一种心理特征，是顺利完成某种活动的心理条件。职业能力是指从事某种职业活动所必需的并能保证职业活动有效完成的心理条件。

一般来说，能力可以分为语文能力、逻辑思维能力、空间能力、肢体动觉能力、音乐能力、人际关系能力和自然观察能力。

语文能力较强的人比较喜欢阅读写作和文字工作，擅长语言表达和沟通，适合做节目主持人、记者、编辑等。

逻辑思维能力较强的人喜欢推理和分析，适合从事与数字、推理相关的职业，如数学家、会计、统计人员、经济学家等。

空间能力较强的人，其空间感、方向感较强，对空间关系等反应灵敏，适合从事建筑、绘画、雕塑等相关行业。适合的职业有美术工作者、室内设计师、服装设计师、航天飞行人员、地理测量工作者等。

肢体动觉能力较强的人擅长从事实操型的工作和体能活动方面的工作。实操型的工作如木匠、雕刻家、园艺师等；体能活动方面的工作如体育教师、运动员等。

音乐能力较强的人对音乐的节奏韵律、音色反应灵敏，对音乐作品及各种乐器都很喜欢，喜欢用音乐表达情感，凡是与音乐相关的工作都是比较适合的职业，如歌手、声乐家、演奏家、调音师、音乐制作人等。

擅长处理人际关系能力的人能与他人保持和谐、融洽的关系，能够站在他人的角度理解别人，能正确处理和化解人际交往中的矛盾和冲突。适合的职业如人事主管、公关、营销、政治领袖等。

自然观察能力较强的人喜欢亲近大自然、欣赏动植物、探索自然界，擅长辨认物种。适合的职业如动物学家、植物学家、矿物学家、海洋学家、登山家、自然探险家。

（2）技能　技能是指由于练习而获得的能顺利完成某种任务的能力。

心理学家辛迪·梵和理查德·鲍尔斯将技能分为三种类型：专业知识技能、自我管理技能和可迁移技能。

专业知识技能是需要经过有意识的、专门的学习才能够获得的，比如化学知识、药学知识、宠物养护知识及幼儿护理知识等。

自我管理技能经常被看作个性品质，比如乐观的、积极的、开朗的、负责任的、细心的等都属于自我管理技能，它是个人完成工作时不可或缺的品质，也是个人最有价值的财产。

可迁移技能是个人最能持续运用和最能够依靠的技能。它可以迁移应用于不同的工作之中，比如合作、沟通、管理、统计、协调等技能。可迁移技能构成了职业技能组合的基础，它们之所以可迁移，是因为你可以将它们从一份工作带入另一份工作，从一家公司带入另一家公司。为什么好多公司要招聘有经验的人，因为有经验的人自带可迁移技能。

美国未来学家雷德蒙曾说过：人类正在进入下一个奇点，很多人都会毫无征兆地被取代。伴随着社会的发展，人类将进入乌卡（VUCA）时代，VUCA指的是易变不稳定（volatile）、不确定（uncertain）、复杂（complex）、模糊（ambiguous）。乌卡时代是变化的时代，这个时代的每个行业都在经历着翻天覆地的变化，如果你不能以最快速度形成自己岗位上的竞争力，就会有极大的可能被快速迭代的市场所淘汰。适者生存，不适者终将被淘汰。如果不具备可迁移技能，做不到知识和技能在不同领域间的迁移，很快就会被淘汰，职场中想不被代替的唯一的应对策略，就是打造和提升自己不可被轻易取代的可迁移能力！未来属于有能力的人，这是在求职市场上成功的基础。求职者的技能优势越突出，他的机会也就越多。

2. 基本职业能力

（1）没有借口　"没有借口"是美国西点军校奉行的最重要的行为准则，它强化的是每一位学员要想尽一切办法去完成任何一项任务，而不是为没有完成任务去寻找借口，哪怕是看似合理的借口。借口是拖延的温床，习惯性的拖延者通常也是制造借口与托词的"专家"。他们每当要付出劳动或是要做出决策时，总会找出一些借口来安慰自己，总想让自己轻松一些、舒服一些。而做事拖延的人、总会有各种借口的人，是不可能让人报以太高期望的。很多借口都是在推卸责任，在责任和借口之间，选择借口还是责任，体现了一个人的工作态度。有了问题，可能会让你不知所措，这时候，有个基本原则是非常简单的，就是永不放弃，永远不为自己找借口。任何借口都是不负责任的，它会给你或他人带来莫大的伤害，真诚对待自己和他人是明智的。有时候，为了寻找借口而绞尽脑汁，不如对自己和他人说声"对不起"。强者从来不为自己找借口，借口有时是软弱的标志。经常找借口是一种不好的习惯，一旦养成了找借口的习惯，工作就会拖沓、没有效率。放弃找借口的习惯，就不会为工作中出现的问题而沮丧，会在工作中学会解决问题的技巧，这样借口就会离我们越来越远，而成功就会越来越近。没有借口是执行力的表现，无论做什么事情，都要记住自己的责任，无论在什么样的岗位上，都要对自己的工作负责。工作就是不找任何借口地去执行。

有一位老人曾经讲过他退休时的感受。他和一位同事是一起进入公司的，最后他自己退休时为他致辞的就是那位同事。上进的同事节节攀升，成为了现在的董事长，不包括种种红利以及其他福利在内，其薪水就是他的10倍。那位老人说："我认为他并不比我聪明多少，他只是能完全投入工作，而我没有做到这一点。"

在老人的一生中，他有很多机会。"是我自己的借口让我错失了公司内外的很多机会。我在公司待了五年后，有一次公司要我去南方掌管分公司，但是我害怕承担责任而拒绝了。后来再有这种好的机会时，我都习惯找一些借口推掉。"这位老人最后得到的就是一笔足够他晚年生活的退休金，而他的那位同事却经营着靠他自己拼搏得来的事业。

（2）勇担责任　上司喜欢最优秀的员工，优秀的员工具有一些共同的特质，他们是具有责任感和团队精神的典范。他们积极主动、富有创造力，他们没有借口。企业都需要这样的员工，他们是企业最宝贵的财富。他们不忘企业的经营理念而虚心学习，有强烈的责任意识，积极主动地工作，几乎没有借口，爱护企业，不自私而能为团队着想，随时随地都具备热情，不墨守成规，经常创新，能做出正确的价值判断，能全力地支持上司的工作，有勇气承担责任。所以我们在工作中要做到以下几个方面。

① 工作就意味着责任。没有责任感的军官不是好军官，没有责任感的员工不是好员工。责任感是简单而无价的。工作就意味着责任，责任意识会让我们表现得更加卓越。

② 负责任的人是成熟的人。负责任、尽义务是成熟的标志。几乎每个人做错了事都会找借口，对于责任不想去主动承担，而对于获益颇丰的好事，邀功领赏之人大有人在。负责任的人是成熟的人，他们对自己的言行负责任，控制自己的行为，做自我的主宰。

③ 全力以赴。不要只知道抱怨单位、抱怨上司、抱怨同事和其他人，却不反省自己。如果我们不是仅仅把工作当成一份获得薪水的职业，而是把工作当作是用生命去做的事，

主动地、充满激情地、全力以赴地去从事它的话，我们可以获得期望的成功。

守纪律是敬业的基础，当企业的员工都具有强烈的纪律意识，在不许妥协的地方绝不妥协，在不许找借口的地方绝不找借口时，工作会进入一个崭新的局面。

3.人工智能时代需要的关键技能

人工智能时代，人该具备哪些技能，才能不被机器替代呢？

《不会被机器替代的人》这本书中提到了几点机器无法替代的关键技能，同理心、团队合作能力和故事力这三种技能尤为重要。

（1）同理心　是指设身处地地理解他人的情绪和情感，知觉、把握与理解别人的感受，发现别人的快乐、愤怒、困惑或者其他精神状态，能够换位思考、将心比心。

未来社会，理解别人思想和情感的能力被证明是极其有价值的，不论那个人是同事、老板、顾客、潜在顾客还是竞争对手等。

（2）团队合作能力　当今世界正处于大融合之中，对未来社会而言，每一个领域都离不开团队合作。一个人的团队合作能力就是他的重要竞争力，与其他人合作的能力不但有助于提高效率，还会使人心情愉悦。

（3）故事力　在未来的世界，机械性、工具性的职业将会衰落，不可避免地被机器替代，现在越来越重要的是具备这样一种故事力。它是能把信息置于某一情境之中，使之具有某种情感冲击力的能力。

能用故事去影响别人，会使我们的工作变得更有价值。比如，面试的时候，面试官问起工作经历，可以给对方讲一个职业成就经历中的闪光故事；当向客户推销产品的时候，可以创造一个具有画面感、能够让客户有购买意愿的故事；当领导一个团队时，可以通过故事来宣扬公司和产品的价值。因为，一个好的故事，能唤醒我们的情感体验。

4.大学生在校期间的能力准备

（1）大学生应具备的知识结构　每一个工作岗位都要求大学生掌握广博的基础知识、扎实的专业知识和其他相关知识。

基础知识是知识结构的根基，大学生以后无论选择何种职业，也不管朝什么专业方向发展，都需要基础知识理论支撑。基础知识一定要广博而宽厚，这就要求大学生在校学习期间一定要拓宽基础知识面，使自己具有宽广的知识视野，一旦职业岗位有变动，也能从容适应新岗位。

专业知识是知识结构的核心部分，是与所从事工作岗位关系最密切的知识。大学生对自己的专业知识一定要深入学习，扎实掌握专业基础理论，了解本专业的发展现状及前景、存在问题及其在社会生活中的作用，还要重点掌握本专业的基本概念、理论体系、研究方法等。

相关知识是指除专业课以外的知识。当今社会没有哪一学科领域的发展是只靠某个单一学科的知识所能完成的，而是对很多学科知识综合应用的结果。所以大学生要利用在校的宝贵时间，学习与专业相关的知识，不断充实完善自己，增加知识的深度和宽度，适应社会对人才的要求。

（2）大学生在校期间要培养的能力　现代社会要求从业人员具备一定的能力，主要包括表达能力、人际交往能力、组织管理能力、适应能力、实践操作能力及开拓创新能力等。

表达能力包括口头表达能力和书面表达能力两种。口头表达能力，即可以清晰地表达自己的想法和观点；书面表达能力主要是指写作能力，即能以书面形式表达自己的观点。表达能力是推荐介绍自己、获得理想职业的重要手段。求职择业中，递给用人单位的简历，表现的是文字表达能力；面试中，开口说话就是口头表达能力的展示。一项对就业困难学生的调查显示：不善于表达自己是学生就业困难的主要原因之一。大学生要想顺利实现就业，走上理想的工作岗位，就必须重视培养自己的表达能力，可以从"听、说、读、写"四个方面来培养。"听"的能力即对信息的迅速理解和接受并及时做出反应的能力。平时与人交谈时要学会倾听，并给予反馈，"倾听"是细心听、用心听。"说"是勇敢地表达自己的观点和见解，锻炼自己的口语表达能力。"读"即经常阅读大量的报刊、书籍，积累丰富的知识作为表达的源泉。"写"是训练自己把所思所想以文字的形式表达出来，从而提高写作能力。

良好的人际交往能力是一个人事业成功的条件，是大学生要自觉培养的一种重要能力。人们发现有些学生在学校里成绩并不是十分优秀，可是他们参加工作后，在工作岗位上却做得不错，重要的原因就是这些学生善于与他人相处，具备极强的人际交往和人际关系协调能力。社会中的人际关系相对复杂，大学生现在就要学习并掌握人际交往的方法和技巧，使自己在走向社会时能有效地处理各种社会关系。一个人的交际能力越强，得到的机会往往越多，同时也能更快更好地展开工作。现代社会中没有任何一项工作是一个人孤军奋战可以完成的，都是在集体成员的共同努力协作下完成的。不会交往、不善于合作就不能很好地完成工作任务。对个人来说，较强的交往能力能提高工作效率、保持心情愉快，从而取得事业的成功；对一个集体或团队来说，良好的人际关系意味着团结、和谐、有力量。

组织管理能力是一种综合能力，它指组织、协调职业活动中人与人之间、人与生产之间的关系的能力。组织管理能力的高低是衡量一项工作、一个部门和一个单位好坏的重要因素。组织管理能力包括策划、决策、指挥、沟通、协调等多种能力。虽然不是每个人毕业后都会从事管理工作，但是实际工作中会不同程度地需要组织协调、管理的才能。如果没有一定的组织管理能力，很多工作将难以完成。

适应能力是指人随外界环境和时代变迁而改变自己的思维方式、想法及行为方式的能力。大学生从学校走向社会，面临着从学生角色向职业角色的转换。受经验阅历的限制，高职生常不能正确全面地分析复杂的社会现象，尤其面对现实中的消极现象常会产生不满情绪而影响工作状态。走入社会的大学生应意识到理想与现实是有差距的，不会完全一致，这要求我们不能用学生时代的思维方式和处事方式来对待工作中的问题。如果改变不了客观环境，就要主动积极地去适应它，只有适应环境、立足岗位、脚踏实地地工作，才能取得事业的成功。

实践操作能力是指大学生在工作中解决实际问题的能力。例如机电焊接专业的学生要具备焊接金属材料的实际操作能力，制药专业的学生要具备药品生产的能力，会计专业的学生应具备基本的计算能力。面对基层第一线的大学生，实践操作能力是就业能力的核心，也是求职择业中的优势所在。大学生要根据自己的专业特点，努力培养操作能力。

开拓创新能力是指善于独立思考、敢于发现和提出新问题，找出解决问题的新方法的能力。它是各种智力因素和能力品质相互作用形成的，是最高层次的能力。

大学生在日常学习和生活中要善于发现问题，敢于质疑，大胆探索，培养自己的创新能力。培养创新能力要做到有理想和抱负、有强烈的创造欲望、有批判精神和坚定的意志和顽强的毅力。

（3）如何提高能力

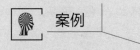

案例

他是一名普通焊工，即便获得了"中华技能大奖"，依然手握焊枪工作在生产一线；他更是"工人院士"，钻研创新破解各种焊接难题，帮助中国高铁储备世界级人才。他是中车长春客车股份有限公司（以下简称"长客公司"）高级技师李万君，他以精湛技艺打造最安全可靠的中国制造高速列车，为中国梦"加速"。

1987年8月，19岁的李万君职高毕业，被分配到长春客车厂电焊车间水箱工段。焊枪喷射着2300℃的烈焰，可瞬间将钢铁融化。穿着厚重的帆布工作服，戴着封闭的焊帽，李万君和工友们在烟熏火燎中淬炼意志；在炎热的盛夏焊着客车上供水的水箱、制动的风缸。车间里火星四溅，烟雾弥漫，声音刺耳，味道呛鼻。

一年后，一起入厂的28个伙伴，25个离了职。李万君也想过换一个轻巧干净的工种，但父亲劝他说，啥活都得有人干，啥活干精了都会有出息。于是李万君留了下来，琢磨着怎么把活干精。半是无奈，半是听话，李万君只有坚持下去。

每天中午，大家都在午休，李万君却在琢磨工艺；下班后，大家回家了，他仍蹲在车间练个不停。练习时没有料，李万君就自己到处捡废铁；把本厂名师拜了个遍，还向其他厂的师傅学。师傅们都说这孩子黏人，问问题问得太细。

厂里要求每人每月焊100个水箱，李万君总会多焊20个；厂里两年发一套工作服，可他一年得磨破四五套。入厂第二年，李万君在车间技能比赛中夺冠。1997年，他首次代表长客公司参加长春市焊工大赛，虽然是最年轻的选手，但是三种焊法、三个焊件，他将三个第一轻松收入囊中。

很快，李万君小有名气了，厂里的尖端活、关键活都找他。有一年，工厂水管冻裂了，水一直"哗哗"地流，生产无法正常进行。可修理的时候，带压焊接一焊就"噗噗"冒气儿，经验丰富的老师傅也没了主意。车间主任找来了李万君，他仔细观察，反复琢磨，在裂口处焊上了一个带螺纹的管座，让气体从中排出，解决了难题。

此后，经常与不同单位焊接高手切磋的李万君技艺越来越高，并顺利考取了碳钢、不锈钢焊接等6项国际焊工（技师）资格证书，成为全能型焊工。他又接连多次代表长客公司参加全市焊工大赛，都拿了第一，创造了新纪录。几年后，他更拿下了中国技能最高奖——中华技能大奖，成为人们眼里的"工人院士"。

作为高级工人技师、公司首席操作师，李万君手中的焊枪已"出神入化"。因为练得勤、钻得深，李万君的"内功"更让工友惊叹，20米外，只要听到焊接声，李万君就能判断出电流电压的大小、焊缝的宽窄、焊接质量如何，绝无差错。

2015年,长客公司试制生产我国具有完全自主知识产权的国产化标准动车组,再次面临焊接难题,动车转向架与侧梁连接处,需要处理4条30度斜坡焊,难度之大,前所未有。李万君带着团队反复试验论证,经常加班到深夜,最终创造性地总结出"下坡焊创新焊接法",填补了我国在这一领域的技术空白,生产效率也由此提高4倍。

在异常艰苦的焊接岗位上,李万君几十年如一日,锲而不舍、勤学苦练,坚守焊接岗位30年,奋力攻克高铁领域的技术难关150多项,获得国家专利20多项。30年来,李万君一直待在一个地方——焊接车间;只做一件事——电焊。李万君庆幸自己一路坚持下来,也为早年离职或改行的工友们惋惜。"他们有的比我焊得还好,却失去了跟着时代进步的机会,失去与中国高铁一起成长的快乐。"

(案例选自《经济参考报》)

李万君是如何练就了一套过硬的焊接本领,在平凡的工作岗位中干出了不平凡,逐步成长为能够撑起中国制造的大国工匠的呢?从他的经历中可以看到李万君能力的提升是和他对焊接技术的不断研究学习,和他不断地勤学苦练,和他的锲而不舍分不开的。

所以同学们要想提高能力、提升技能、实现青春梦想,就要在实践中肯吃苦、多学习、多练习以及多坚持。

三、职业性格和气质——适合干什么

> 生活的真正悲剧并不在于我们每个人没有足够的优势,而在于我们未能使用我们拥有的优势。
> ——《现在,发现你的优势》

1. 气质类型

每个人都有固定的、与众不同的气质,或活泼开朗、或善解人意、或可爱文静、或善于交际或稳重自制。生活中不难发现,有的人选择了教师这一职业,可是却缺乏耐心、脾气暴躁;有的人选择了营销这一行业,却不善交际,与人沟通困难,这些都使理想中的职业失去了原有的色彩,究其原因,并不是这些人能力低下,而是他们的气质与职业要求不相符合。所以高职生要了解自己的气质类型,结合自己的气质类型进行择业,这样才有利于个人潜能最大限度的发挥。

气质类型分为四种,分别为胆汁质、多血质、黏液质和抑郁质。

胆汁质类型的人真诚、热情、坦率、精力旺盛、动作迅速、行动果断、表里如一。一旦认准目标,就希望尽快实现,但若对工作失去信心,情绪会很快低落,自制力差、易感情用事、有时很鲁莽、有不求甚解的倾向。胆汁质类型的人适合的职业有政治家、外交家、记者等。

多血质类型的人活泼、反应敏捷、思维灵活、语言表达力强、善于交际、环境适应能力强；但是注意力易转移、办事多凭兴趣。多血质类型的人适合的职业如外事工作、公关工作、导游、新闻工作者等，不适合做过细的、循规蹈矩的工作。

黏液质类型的人安静、稳重、做事谨慎、善于忍耐，但是灵活性不够。黏液质类型的人适合那些需要长时间集中注意力、埋头苦干、有条不紊的工作，如外科医生、法官、财务会计等，不适合冒险性和创新性的工作。

抑郁质类型的人敏感、能感觉到别人不易察觉的细小事物、好静、行动缓慢、情绪体验深刻、工作细心谨慎；但是易悲观、疲倦、耐受性低。抑郁质类型的人适合于精细、敏锐的工作，如学者、研究人员等。

2.性格分类

> 每个人的性格都有优点和缺点，一味去弥补性格缺点的人，只能将自己变得平凡；而发挥性格优点的人却可以使自己出类拔萃。一个人只有真正了解自己的个性特点，在选择职业时才能称心如意，才会收到事半功倍的效果。
>
> ——《每一种性格都能成功》
>
> 一个人只有充分地了解自己性格的优缺点，才能在职业选择中扬长避短，找准自己人生发展的位置和方向，才能发挥自己最大的优势，获得事业上的成功。
>
> ——《性格决定工作》

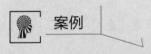

案例

有一个人去面试，他来到经理办公室门前，轻轻地敲了两下门。"请进"，他慢慢地推开门。"抱歉！你能再敲一次门吗？"端坐在沙发转椅上的经理悠闲地注视着他，表情有些冷淡。经理先生的话令他多少有些疑惑，但他并未多想，关上门，重新敲了两下，然后推门走进去。"这次没有第一次好，你能再来一次吗？"经理示意他出去重来。他重新来过，又一次踏进房间。"先生，这样可以了吗？""这样说话不好！"他又一次走出去。"还得再来一次。"当他第十次退出来时，他内心的喜悦和憧憬已消失殆尽，开始有些恼火，心想"这哪是招聘面试呀，分明是在刁难戏弄人"。他生气地转身离开，可刚走了几步又停了下来。不行，我不能就这样离开，即使公司不打算录用我，也得听到他们当面对我说。于是，他稍稍地舒了一口气，第十一次敲响了门。这次他得到的不是拒绝，而是热情欢迎的掌声。他没有想到，这第十一次敲门，叩开的竟是一扇成功之门。原来，公司此次打算招聘的是一名市场调查员，而一名优秀的市场调查员，不仅要具备学识素养，也要具备沉静、温顺及耐心之类的性格特征。这十一次敲门和问候就是考察一个人性格和心理素质的考题。由于各种职业的特点不同，对人们性格特点的要求也不同，每种职业都对性格有着特定的要求。

（案例选自励志故事网）

性格偏好意味着一个人有着以某种方式做事的天生偏好，就像人的左右手，性格与职业的最佳匹配能让我们的工作更高效。一个人只有真正了解自己的性格，才能找到适合自己的职业，在适合自己的职业中，才能够发挥自己的性格优势，才能获得成功。如果性格与职业不相适应，性格就会阻碍工作的顺利进行，工作中会感到被动、缺乏兴趣、倦怠等。

性格有很多分类，在这里主要要介绍一下以内向和外向、理智和情感来建立性格的坐标纬度的性格分类。按照这种分类方法，把人的性格分为四种：活泼型、力量型、完美型、和平型。

活泼型的人可爱，能给很多人带来快乐，他们好运动、爱交友、乐观、充满激情、说话很直接、善于劝导。活泼型的人有时会唠叨，令人烦躁，比较善变，做事马马虎虎，有时粗心大意，适合做文艺主持及销售工作等。

完美型的人善于分析、计划，做事会坚持到底、井井有条，有时间观念，注意细节，舍得付出。他们忠诚、智慧、体贴，很会统筹安排，追求精细，寻求进步，做事认真一丝不苟，追求质量。完美型的人在意别人的评价、优柔寡断、多疑，适合做科研及技术性工作。

力量型的人坚定，做事有恒心、反应快、积极勇敢、独立自信、无畏艰险困难。他们是天生的领导者，善于管理，做事主动积极，做什么都追求成功，喜欢被别人尊重。力量型的人不喜欢被驱动，反感优柔寡断，做事情执行力很强，适合做管理者或销售等工作。

和平型的人含蓄，善于聆听、迁就别人，是很好的倾诉对象，他们实在、随和、有耐心，追求稳定，但生活低调，没有主见，做事情要别人催促，交友很被动。和平型的人是典型的与世无争，不会得罪人的大好人，适合做教师、医生、文职、行政等稳定性强的工作。

《西游记》中唐僧师徒四人正是代表了这四种性格：

唐僧——完美型　细致，敏感，悲观

悟空——力量型　坚定，果断，自负

八戒——活泼型　活泼，热情，多变

沙僧——和平型　平稳，随和，寡言

 案例

小明觉得自己的性格内向，不善于与人打交道。为此，小明很自卑，一想到马上就要工作了，更是担心，不知道哪些工作适合自己。在同学的建议下，他去求教心理辅导老师。

心理老师的分析及建议：

1.性格没有好坏之分

首先要明白，内向性格不是不好的性格，无论内向还是外向的人，都有优点和缺点，要接纳自己的性格。性格内向的人优势在于安静，有独立思考的能力，能把更多精力投入到内心思考上，从内心世界中找到自己存在的意义。

2.扬长避短

大多数性格内向的人都很害怕交往,越害怕越不敢交往,越是这样交往能力越差。所以要充分发挥自己的性格优势,鼓励自己勇敢地与人交往,多参加一些实践活动,适当改善性格中的不足。

3.性格内向的人适合的工作

性格内向的人往往心思缜密、很细心、有耐心、较严谨细致,适合做财务或档案管理等工作。

内向的人习惯独立思考,能够静下心来,比较专注,也适合科研类、技术类岗位。

内向的人比较安静、善于独处,也更富有创造力以及想象力,更倾向于在自己的心中寻找灵感,并准确地将想法反映在作品上。因此,内向的人很适合创作类的工作。

各种性格都会有各自的优势,因此在找工作的时候,可以有针对性地进行职业选择,这样就可以最大限度地发挥出自己的优势。

四、职业价值观——最看重什么

价值观是我们在生活和工作中所坚持的原则和标准。价值观支配人的态度、思想和行为,支配着人的发展方向和自我设计。

人们通常不会在日常工作、生活中谈自己的价值观,但价值观又是实实在在地影响人们的行为、思考问题的角度和选择。而且,很多时候价值观不会在我们的意识层面很清晰地显现,而是像一个"自动导航仪",影响着我们的行为和选择。

当人们根据自己的价值观做决定的时候,内心会有一种满足感、幸福感,我们会感觉到这是一种正确的决定。相反,如果人们的决定与自己的价值观相左或者相违背,则会有一种冲突感、纠结感。

职业价值观就是选择职业和工作时你所坚持的原则和标准。

1.舒伯的15种职业价值观

舒伯总结了15种最为普遍的职业价值观,代表着不同群体在工作中所重视和追求的15个方面。

① 利他主义 能为了他人的福利做贡献的职业,在社会服务方面感兴趣。
② 美的追求 能够制作美丽的物品并将美带给世界的职业。
③ 创造发明 发明新事物、设计新产品或产生新思想的工作。
④ 智力激发 能使人独立思考、了解事物怎样运行和发挥作用的工作。
⑤ 独立自主 能使人以自己的方式去做事,或快或慢随自己所愿地工作。
⑥ 成就满足 能使人有一种做好工作的成功感。重视成就的人喜欢能给人现实可见的结果的工作。
⑦ 声望地位 在别人的眼里有地位、受尊敬,能引发敬意的工作。
⑧ 管理权力 计划并给他人安排任务的工作。

⑨ 经济报酬　报酬高、使人能拥有想要的事物的工作。
⑩ 安全稳定　不太可能失业，即使在经济困难的时候也有工作。
⑪ 工作环境　在怡人的环境里工作。环境或工作的物质条件对某些工作者来说是很重要的，他们对于相应的工作条件比工作本身更加感兴趣。
⑫ 上司关系　希望在一个公平并且能与之融洽相处的管理者手下工作。
⑬ 多样变化　在同一份工作中有机会尝试不同种类的职能。
⑭ 同事关系　能与喜欢的人接触并共事。对某些人来说，工作中的社交生活比工作本身要重要得多。
⑮ 生活方式　工作能使人按照自己所选择的生活方式生活并成为自己所希望成为的人。

2. 职业价值观澄清

（1）价值观选择　参照舒伯的15种价值观，挑选出其中5种对你来说最重要的价值，分别写在5张小纸条上。

我的5种重要的价值观是＿＿＿＿＿＿＿＿＿＿＿＿＿＿＿＿＿＿＿＿＿＿＿＿＿＿

（2）价值观定义　给每一条对你来说很重要的价值下定义，就是写出要达到什么样的水平你才能满意？比如对于"物质保障"的理解，有人希望年入百万实现财务自由；也有人希望进入稳定的单位，过有保障的生活。

我对这5种价值观的定义是＿＿＿＿＿＿＿＿＿＿＿＿＿＿＿＿＿＿＿＿＿＿＿＿

（3）价值观放弃　如果你不得不放弃其中的一条，你会放弃哪一条？继续下去，直到最后一条。

第一次放弃的是＿＿＿＿＿＿＿＿＿＿＿＿＿＿＿＿＿＿＿＿＿＿＿＿＿＿＿＿
第二次放弃的是＿＿＿＿＿＿＿＿＿＿＿＿＿＿＿＿＿＿＿＿＿＿＿＿＿＿＿＿
第三次放弃的是＿＿＿＿＿＿＿＿＿＿＿＿＿＿＿＿＿＿＿＿＿＿＿＿＿＿＿＿
第四次放弃的是＿＿＿＿＿＿＿＿＿＿＿＿＿＿＿＿＿＿＿＿＿＿＿＿＿＿＿＿
第五次放弃的是＿＿＿＿＿＿＿＿＿＿＿＿＿＿＿＿＿＿＿＿＿＿＿＿＿＿＿＿

（4）价值观思考

通过这个活动，你对自己的价值观有什么样的了解和想法？
＿＿＿＿＿＿＿＿＿＿＿＿＿＿＿＿＿＿＿＿＿＿＿＿＿＿＿＿＿＿＿＿＿＿＿＿

你的价值观会对你的职业选择和人生产生什么样的影响？
＿＿＿＿＿＿＿＿＿＿＿＿＿＿＿＿＿＿＿＿＿＿＿＿＿＿＿＿＿＿＿＿＿＿＿＿

在价值观探索中，人会发现对价值观的排序和取舍是一个很艰难的过程，甚至活动结束后仍对自己的选择感到迷茫，发现最终留下的一条价值观也不是自己真正需要的，这是由于你可能还处在个人价值观形成的探索期，混乱是必然的，重要的是对自己的职业和生活进行不断的思考与探索。同时价值观的澄清也不是一劳永逸的，外界环境的变化会导致个人需求也随之变化，从而使人的价值观也在不断变化，这需要在日后的学习与生活中不断探索与反思，不断探索澄清自己的价值观。一个价值观明确的人，往往其职业生涯发展目标也会随之清晰。

课后思考
与训练

1.我们通过一个花图练习（图2-2）来更好地了解自己，了解什么样的工作才是适合自己的工作。想象一下，你就像一朵花，接下来通过七朵花瓣开启对自己的探索吧！

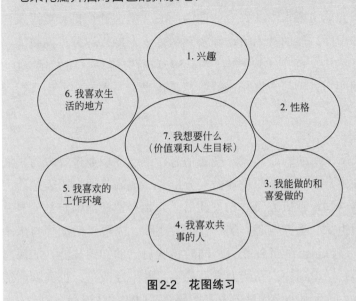

图2-2 花图练习

2.结合目前自身实际情况与目标岗位的需求，谈谈如何提升能力？

经典推荐

电视求职节目《你好，面试官》 2019年第7期

第三节 / 掌握方法　事半功倍——高职生如何做好职业生涯规划

学习目标

1.做好大学三年的规划。
2.撰写一份职业生涯规划书。

一、做好大学三年的规划

1. 第一学年——探索期

要初步了解职业和职位，特别是了解自己未来所从事的职业或与自己所学专业对口的职业所要求的知识和能力要求。学好专业课的同时要掌握计算机和英语及与本专业相关的知识，努力扩大知识面；参加社团活动和实践锻炼，发展兴趣并提高技能，从而进行自我定位，发挥优势和潜能，确定主攻方向；多与人沟通交流，掌握人际交往的技巧和原则，提高人际沟通协调能力；学习查询相关就业招聘信息，主动与毕业生进行交流，了解就业情况。

2. 第二学年——定向期

继续了解未来所从事的职业领域并搜集信息，继续在职业选择方面扩展知识面，考取专业方面的相关证书，为未来求职择业做充分准备。提高英语口语表达能力，增强计算机应用能力，考取英语和计算机方面的相关证书，开始有选择地辅修其他专业的知识充实自己。参加学生社团组织、暑期兼职、实习、社会实践、志愿者活动等与未来职业或本专业有关的工作活动，锻炼自己的各种能力，同时检验自己的知识技能，加深对这些工作的认识，积累工作经验，意识到知识和能力方面的不足并不断改进，提高就业能力。参加招聘会和其他与求职相关的活动来增加对未来工作行业、职业的认识和了解。

3. 第三学年——冲刺期

冲刺期的任务是提高求职技能，搜索相关企业的信息，包括企业的发展现状及前景，企业对员工的知识能力要求等。参加和专业有关的暑期实习锻炼，学会推荐自己，掌握求职择业的方法，并确定自己的发展方向，是要升入本科院校还是直接走向工作岗位。如果你选择的职业需要更高的学位，那么就要准备升本或读研；如果你确定毕业后直接参加工作，那么就要开始与用人单位联系，了解用人单位的用人要求和行业知识，考查用人单位的工作环境、薪酬福利、发展前景、工作氛围及价值观等。同时还要继续学习与专业相关的理论知识，夯实理论基础；继续积累与就业相关的工作经验，掌握工作技能，提高实践操作能力。撰写毕业论文，与老师及时沟通探讨，大胆提出自己的见解和观点，锻炼自己独立解决问题的能力，培养开拓创新精神。

二、撰写一份职业生涯规划书

撰写一份详尽的职业生涯规划书能够帮助我们更了解自我，认清就业环境，更清晰前进和努力的方向。一份详尽的职业生涯规划书一般要包括自我分析、环境分析、确定目标、制订行动计划和采取行动及评估和调整这几个部分。

1. 自我分析

分析自己的兴趣、性格、能力、价值观等。这部分在前面有所介绍，在这里就不再赘述。

2. 环境分析

 案例

  2007年，小强被某高职院校计算机专业录取，来自农村的他深知父母供他读书的艰辛，所以一入学，他就坚定了要好好学习的信念。他每次上课都是第一个来到教室，坐在教室的第一排，上课认真听讲，并与各科专业老师积极沟通，课下认真完成作业，同时一有时间就上网搜索计算机专业的发展前景和国家相关政策，经常向已经毕业的学长了解职业信息及行业的发展趋势等。在了解大量信息的基础上，他为自己定了一个明确的目标，毕业后先就业，积累相关经验后，创办属于自己的电脑公司。确定目标后，他为自己制订了三年的计划。在计划的指引下，小强珍惜大学里的每分每秒，先后考取了相关职业资格证书，获得了奖学金和助学金，同时选修了与市场、法律及创业等相关的课程。毕业后他入职了一家电脑公司，从基层做起，积累经验。2017年，各方面时机成熟了，他果断辞职，创办了电脑公司，实现了自己当初的创业梦想。如今，他的公司由最初的三个人扩大到了十几个人，经营规模逐步扩大。

  环境分析包括：家庭环境分析、学校环境分析、社会环境分析、职业环境分析。每一项的具体内容如下。
  家庭环境分析包括：经济状况、家人期望及家族文化等。
  学校环境分析包括：学校特色、专业技能、实践经验等。
  社会环境分析包括：当前就业形势、就业政策、竞争对手等。
  职业环境分析包括：行业分析、职业分析、企业分析、地域分析等。
  行业分析，指对本行业发展现状及发展趋势的分析。职业分析，指分析职业的工作内容、工作要求、发展前景及人岗匹配情况。企业分析，指分析工作单位的类型、企业文化、员工素质、产品服务及工作氛围。地域分析，指分析工作城市的发展前景、文化特点、气候水土、人际关系等。

3. 确定目标

  目标是在知己知彼的基础上确定的，即以自己的最佳才能、最优性格、最大兴趣、最好的环境信息为依据确定的。目标一般分为短期目标、中期目标及长期目标。对于高职生来说，短期目标可以设置为大学期间所要达到的目标；中期目标指毕业后五年达到的目标；长期目标指毕业后十年或十年以上的目标。短期目标要具体明确，可以具体为日目标、周目标、月目标、年目标。

4. 制订行动计划和采取行动

  "千里之行，始于足下。"确定目标后，就要采取行动，没有行动，再好的目标和理想也是一句空话。所以要采取行动，制订切实可行的行动计划。行动计划包括知识准备、能力准备、经验准备等。
  知识准备，指为了达到自己的目标需要具备的知识。比如你的目标是当一名财务主管，那么就需要学习会计学、管理学、统计学、心理学等方面的知识。同时还要考取与会计从业相关的资格证书，也应该有选择地参加一些管理方面的培训。

能力准备，指根据目标的要求所应具备的职业能力。例如财务主管需要的能力有组织管理能力、人际协调能力、财务核算能力、分析和解决问题的能力等。

经验准备，指为达到目标所积累的经验。为实现成为财务主管这一目标，在校期间学生在认真学习专业及相关知识的同时，要多参加实践活动。比如上好会计实训课，提高专业方面的技能，积累实际操作的经验；课余之时，参加各种社团活动，锻炼组织管理、人际沟通方面的能力，这些活动可为以后个人从事财务主管这一目标积累经验，成为未来发展的宝贵财富。

在行动计划的指引下，个人就要为实现目标采取有效的行动。对于目标的实现，我们要锲而不舍地为之努力，全力以赴地为之奋斗。因为目标的实现之路是没有平坦的大道可走的，只有不畏艰辛和劳苦、矢志不渝、不懈追求的人才能达到光辉的顶点。

5.评估与调整

"计划赶不上变化"，在实现目标的过程中，由于客观情况的变化，我们会发现原来的目标可能变得或高、或低、或过时，出现这种情况应果断调整、及时修订、不断完善。这其中包括：目标的重新探索、职业的重新定位、职业生涯路线的重新选择及具体行动计划的重新制订等。

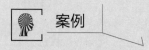

本案例来自黑龙江农业经济职业学院模具设计与制造专业的一名学生。毕业后，这名同学以优异的成绩、较强的专业技能及较高的综合素质，被中国工程物理研究院录用，工作一年后，晋升为钳工组组长兼团支部书记。

一起来看一下他的职业生涯规划。

第一部分　自我分析

1.1　职业兴趣

测试显示：我的职业兴趣以企业型与现实型占主导。

企业型人格特征：企业型的人充满自信，喜欢竞争和冒险。好成为领导者，好支配他人，善辞令，好与人争辩，总试图让别人接受自己的观点。他们不愿从事精细工作，不喜欢需要长期复杂思维的工作。不愿被人支配，不易与人合作。在别人眼中，他们是"敢作敢为的、信心百倍的、乐观的、冲动的、自我显示的、精力旺盛的"。

企业型职业特征：适于从事需要胆略、冒风险和承担责任的活动。主要指管理、决策方面的工作，如经理、推销员、政治家等。

现实型人格特征："安分随流、直率坦诚、实事求是、循规蹈矩、坚忍不拔、勤劳节俭"是对这类人较好的描述。动手能力较强，喜欢与机器、工具打交道，喜欢实际操作，做事喜欢遵循一定的规则。做人很现实，不是个理想主义者，并且追求安定、舒适的生活。

现实型职业特征：需要进行明确、具体分工的，并有一定程序要求的技术型、技能型工作，如机械制造、建筑、渔业、野外工作、工程技术等职业。

测试与我的实际情况基本相符，现实中的我是一个自信乐观、精力旺盛、目标明确、喜欢竞争的人。我也是善于思考，喜欢从事机械方面等技术类的工作。我乐于尝试，喜欢动手操作、钻研设计。

1.2 职业能力

我的职业能力：具备管理能力、动手操作能力、交际能力、解决问题的能力，以及具备相关知识、专业能力并考取证书。

管理能力：在班级担任学习委员，在学校寓管会担任管理部部长一职，能出色地完成班级管理和学校老师安排的各项任务，是老师的得力助手，多次获得"优秀学生干部"称号。

动手操作能力：做事手脚麻利、动作敏捷，具有较强的操作技能。

交际能力：善于交流与沟通，具有较好的人际交往能力。

解决问题的能力：善于解决一些困难的问题，能够制订准确的解决方案。

具备的知识：掌握了社会科学和管理科学知识；计算机基础知识、必要的网络知识、常用软件知识；具有基本的机械基础知识；机械设计理论基础知识、模具材料及成形工艺、模具设计与制造专业知识；模具CAD/CAM基础知识；具有必要的模具维修基础知识。

具备的专业能力：具有一定的自学能力；具有模具工艺设计、工艺实施、技术管理能力；具有模具数控加工编程能力；具有注塑模具、冲压模具设计与制造能力；具有一定的钳工操作能力、模具修配能力；具有良好的计算机基础应用能力和利用计算机进行辅助设计制造及管理的能力；具有熟练运用CAD/CAM软件进行模具造型设计和加工的能力。

考取的技能证书：

2012年12月参加教育部教育管理信息中心组织的办公自动化工程师的认证考试，并于2013年6月取得全国信息技术应用培训教育工程工程师证书；

2013年4月考取IC3证书；

2013年6月取得全国CAD技能等级考试一级证书；

2013年6月代表学校参加第八届CaTICs网络赛，获得个人二等奖；

2013年8月取得工业产品类计算机绘图师岗位证；

2013年10月通过了机修钳工、数控铣工、维修电工的考试。

1.3 性格分析

性格方面我是完美型和力量型的混合。

完美型的人善于分析、计划，做事会坚持到底、井井有条，有时间观念，注意细节，舍得付出。他们忠诚、智慧、体贴，很会统筹安排，追求精细，寻求进步，做事认真一丝不苟，追求质量。完美型的人在意别人的评价，优柔寡断、多疑，适合做科研及技术性工作。

力量型的人坚定，做事有恒心，反应快，积极勇敢，独立自信，无畏艰险困难，是天生的领导者，善于管理，做事主动积极，做什么都追求成功，喜欢被别人尊重。力量型的人不喜欢被驱动，反感优柔寡断，做事情执行力很强，适合做管理者或销售等工作。

生活中的我确实是一个性格外向、待人友好、有原则、意志坚定、讲求效率、做起事来雷厉风行，又很自律、尽职尽责的人；善于制订系统化、结构化的计划，能把事情安排得井井有条，按计划行事；习惯从现实出发，关注细节，重视经验的积累，善于组织。

1.4 职业价值观

从测评结果显示看，我最突出的职业价值观是注重创造和服务。

注重创造：希望用自己的能力去创建属于自己的公司，来生产产品或者提供服务，而且敢于冒险，勇于克服障碍。相信自己，并用实际行动证明自己的创造力。工作中希望有一定的权力和自由，可以不断去创造，同时希望得到公众认可。

注重服务：希望自己所从事的工作能够创造价值，能够帮助他人，改善人们的生活，使生活更美好。

1.5 360°自我分析

评价	优点	缺点
自我评价	热爱生活、积极向上、有独到的见解、喜欢帮助别人、友善、大方	有时在处理一些问题时显得固执和自负，过分敏感，善变
家人评价	懂事、孝顺、独立自主	有时过于主观
老师评价	为人友善、尊敬师长、工作热情、办事效率高、吃苦耐劳、团队意识强	总是充满热情地寻找新鲜事物，但行事缺少稳定的计划和流程，经常依靠临场发挥
亲密朋友评价	有活力、很容易给人带来快乐，可以作为倾诉对象，值得信赖	注意力不集中，对目标的坚持性不够，缺乏足够的耐心，有时不能贯彻始终
同学评价	喜欢帮助他人、办事稳重、做事认真、有原则	比较粗线条，不拘小节，容易感情用事

经过以上测评及分析，我的总结是：我的职业兴趣是企业型和现实型；我的职业能力表现为管理能力、动手操作能力、交际能力及解决问题的能力；我的性格外向，有原则，意志坚定；我的职业价值观为注重创造和服务，渴望得到赞扬和认可。这些

都符合高级技术管理人员的基本要求，综合我的以上特征，我给自己的定位是从基层一线工人做起，力求做到高级技术管理人员的岗位。

第二部分　环境分析

2.1　家庭环境分析

我出生在农村家庭，家庭经济情况一般，家人健康。生在农村的我从小就养成一种能吃苦耐劳、勤俭节约及任劳任怨的性格品质，家人希望我能够实现自己的人生价值，为自己的梦想而拼搏，做一个对社会有用的人。有父母的帮助、支持和鼓励，再加上我自己的不懈努力，我相信我一定能实现自己的梦想！

2.2　学校环境分析

黑龙江农业经济职业学院是经省政府批准、教育部备案、面向全国招生的公办全日制综合性普通高等学校。学校始建于1958年，建校以来，先后被农业部、教育部、省委、省政府评为A等一级学校，是全国100所国家重点建设"高职211"院校之一，是国家示范性高等职业院校建设单位，国家高技能紧缺人才培养基地，享有"管理人才的摇篮、科技专家的沃土"之美誉。学校校园环境优美，管理模式先进，师资力量雄厚。

2.2.1　机电工程学院介绍

模具设计与制造专业是我校机电工程学院开设的一门专业课程，模具设计与制造专业面向模具设计与制造行业，培养从事模具产品开发、模具设计、模具制造等一线技术与管理岗位工作的高素质技能型人才。该专业的毕业生就业前景广阔，深受用人单位的青睐。学院师资力量雄厚，拥有一支结构优化、梯队合理、经验丰富的"双师"素质教师队伍。本专业教学资源一流，实训条件优越，拥有技术先进的校内外实验实训基地，现有数控系统装调与维修实训室、数控仿真加工实训室、机械CAD/CAM实训室、焊接检测实训室、模具拆装实训室、模具CAD/CAE/CAM实训室等17个专业实训室，以及金工实训中心、现代制造技术实训中心、电热力拖动实训中心和汽车驾驶中心等校内实训基地。学院与哈尔滨东安机电公司、上海西门子制造中心有限公司、北京国电四维科技有限公司、上海凌云工业股份有限公司等企业联合建立校外实训实习基地三十多处，力求利用企业的技术资源和设备资源，充分满足学生实习和顶岗实训的需要，全面提高学生的岗位就业适应能力。

近五年，机电工程学院师生共获省级以上各类技能竞赛奖项260余项，其范围涉及数控技术、模具设计、电子设计、机器人制作、焊接技能、3D造型等项目。

2.2.2　专业课程

机械制图、机械设计与基础、冷冲模设计与制造、注塑模设计与制造、数控技术与编程、模具加工机械、电工与电子技术、产品造型技术机械、CAD/CAM等。

2.2.3　就业方向

我校学生毕业后主要面向长三角、珠三角发达城市的机电行业，从事模具设计、加工工艺和数控程序编制、模具制造、安装、调试、维护与管理等工作，也可从事模具生产智能型设备的操作和模具生产车间生产组织与生产调度、车间技术组织与管理、模具类产品的营销和售后技术服务等工作。

2.3 社会环境分析

我们现在有一个非常好的外部环境，社会安定，政治稳定，经济发展迅速，并与全球一体化接轨，法制建设不断完善，文化繁荣，尖端技术、高新技术突飞猛进。

2.4 职业环境分析

模具被称为工业产品之母，所有工业产品都依赖模具才得以规模化生产，被欧美等发达国家誉为"磁力工业"。当前，我国正以巨大的市场空间和丰富的人力资源优势，成为承接发达国家制造业产业转移的重要国家。模具技术已成为衡量一个国家产品制造水平的重要标志之一。模具工业已经成为我国国民经济发展的重要基础工业之一，国家非常需要这方面的人才。

第三部分　确定目标

3.1 SWOT分析

	优势因素（S）	弱势因素（W）
内部环境因素	1.性格开朗、积极乐观、善于沟通 2.人际关系良好 3.上进心责任心较强，组织能力较好 4.做事头脑清醒，有主见 5.有较强的自主学习与善于发现问题的能力 6.爱好广泛，特长鲜明。曾荣获"优秀班级干部"和"三好学生"称号	1.个人主观性较强烈 2.对于生活的观察不够细腻 3.看待事物不够全面，有时会忽略细节问题 4.专业知识的学习不够深入 5.脾气急躁
	机会因素（O）	威胁因素（T）
外部环境因素	1.我院具有精良的教学设备与强大的师资力量 2.横向发展空间广阔 3.学院实行人才培养模式，顶岗实习，积累经验 4.学习培训机会多，有利于成长 5.机电专业的发展前景可观	1.现阶段学历偏低 2.同专业竞争激烈 3.各种培训费用较高而我现在经济条件有限 4.局限于长三角、珠三角等发达地区

3.2 确定目标和路径

职业目标：成为高级技术管理人员。

职业发展策略：通过参加"模具——零部件3D测量与制造"比赛后的招聘会被企业录用。

职业发展路径：从技术到管理的路线。

具体路径：车间一线工人→车间班长→车间主任→高级技术管理人员。

第四部分　制订行动计划

4.1　计划实施表

计划名称	时间跨度	总目标	分目标	计划内容	策略和措施
短期计划（大学计划）	2012～2015年	学好专业知识，积累实践经验	大一要掌握基本的书本内容；大二要对书本内容进行实践，开始考取相关证书；大三积极为专业比赛做准备	学好专业知识，如机械制图、机械设计基础、机械制造基础、产品造型、塑料成型工艺与模具设计等。掌握设备的基本操作方法	大一以适应大学生活及掌握相关的专业知识为主；大二以专业学习和掌握职业技能为主；大三参加比赛
中期计划（毕业后五年计划）	2016～2020年	毕业后第五年时要争取成为车间主任	毕业后第一年要适应职场、积累经验，因为无论什么专业，最需要的就是经验，这是慢功夫。第二年要提高自己的业务能力，要明确短板，继续深造。在第三、四、五年不断提升自己，使自己的业绩更辉煌	第一年在适应职场的同时努力学习掌握技术，获取新的知识，只有不断获取知识才能使自己不断进步，知识和技能是成功的因素，所以短期内需要我学的东西太多了，这是一门探索的学科，我会努力做好	找一份适合自己专业和能力的工作，不断丰富知识，掌握专业技能为
长期计划（毕业后十年或以上计划）	2021～2025年	毕业后十年要争取成为企业高级技术管理人才	毕业后十年，争取成为一名企业高级管理人才	处理好家庭与事业的关系	做好时间管理，高效率工作；合理安排时间与家人做好互动沟通

4.2　详细执行计划

大学期间的具体计划

大学一年级

以适应大学生活为主，同时努力学习书本知识，掌握相关的专业课程。

（1）2012年9月至12月主修的课程有机械制图、计算机辅助设计CAD、电工电子技术、机械设计基础等。

（2）2012年11月初开始实训电工电子课程，识别电子元器件，学习电动机的拆装与接线。

（3）2012年12月参加全国CAD技能等级一级考试。

（4）2012年12月份参加教育部教育管理信息中心组织的办公自动化工程师的认证考试。

（5）2013年1月至3月（除去春节）计划假期打工，锻炼自己的意志。

（6）2013年4月考取IC3证书。

（7）2013年5月初至6月初进行金工实习、焊工、车工、钳工的实训。

（8）2013年6月初开始进行CAD/CAM的技能考试的培训，并为第八届CaTICs网络赛做相关准备。

（9）2013年6月中旬取得全国CAD技能等级考试一级证书和全国信息技术应用培训教育工程工程师证书。

（10）2013年6月代表学校参加第八届CaTICs网络赛。

（11）2013年7月至8月暑期留校，和2011级学生一起进行实训学习。

（12）2013年8月取得工业产品类计算机绘图师岗位证。

大学二年级

（1）2013年9月开始学习主要的专业课程，如数控加工技术、机械制造基础、塑料成型工艺与模具设计、产品造型技术等。

（2）2013年10月认真学习机修钳工、数控铣工、维修电工的相关理论和实践知识，并在月末通过相关考试。

（3）2013年11月至12月为通过全国CAD技能等级二级考试和参加全省职业生涯规划大赛做相关知识储备和学习。

（4）2014年1月至3月进行提前实习，为以后实习做准备。

（5）2014年4月至5月为考取人力资源管理师和营销师做准备。

（6）2014年6月参加人力资源师和营销师考试。

（7）2014年7月至9月留校在车间学习机床操作，为以后工作奠定基础。

大学三年级

我院拥有雄厚的师资力量，完善的实训设备，众多的企业实习基地，所以学校组织学生每年参加各类全国大赛。

（1）2014年9月至11月学习UG软件的应用和数控铣床的操作，积极为12月份比赛做准备。

（2）2014年12月份参加注塑模具CAD设计与主要零部件加工技能比赛。

（3）2015年1月至3月参加UG软件的应用和数控铣床操作的培训。

（4）2015年4月至5月回校在车间实习，进一步完善自己，为比赛做准备。

（5）2015年6月10日至13日参加"模具——零部件3D测量与制造"比赛。

（6）2015年6月15日左右，参加企业招聘会。

（7）2015年7月开始实习。

（8）争取在实习企业学到更多的专业技能，丰富自己的专业知识，争取在毕业时取得一个优秀的成绩。

<h2 style="text-align:center">第五部分　评估调整</h2>

作为一名刚毕业的大学生求职的道路可能不是一帆风顺的，只有一个计划文案不一定会成功，所以我制订了两个备选方案。那就是去哈尔滨的一个公司或浙江的一个企业。通过在公司网站及相关职业访谈中我对两个公司的企业文化及用人标准有了详细的了解。

成功与否唯一的区别在于成功的人可以尝试新的方法但绝不轻易放弃目标；与之相反，不成功的人总是修改目标而不尝试新的方法。事实证明，成就一番事业很大程度上取决于有无恰当的人生目标和计划，所以做事都要有计划。

课后思考与训练

1. 撰写一份个人职业生涯规划书。
2. 谈谈你打算如何去执行你的职业生涯计划？

经典推荐

电视节目《"大国工匠2018年度人物"颁奖典礼》

第四节 / 持续发展 不断努力——新员工的自我发展规划

学习目标

1. 了解新员工制订自我发展规划的意义。
2. 了解新员工制订自我发展规划需要了解的内容。

一、新员工制订自我发展规划的意义

新员工制订自我发展规划有助于激发员工的工作积极性和创造性。无论企业组织还是员工个人，没有目标就没有动力。规划的突出特点就是目标性，它可以使员工为实现目标而不断提升能力水平，充分发挥自己的聪明才智，克服职业活动中的各种困难和挫折，始终朝着规划的既定目标前进。并且，自我发展规划是员工结合自身特点"量身定制"的，它为新员工自身未来发展绘制了一幅"独特的蓝图"，其激励作用是强烈而持久的。

新员工制订自我发展规划有助于员工增强适应新环境的能力和解决困难的能力。新员工自我发展规划是建立在员工个人的兴趣、资质和技能的基础之上的，它可以使员工更了解自身的长处和短处，养成对环境和工作目标进行分析的习惯，又可以使员工合理计划和分配时间与精力去完成既定工作任务，提高业务能力。

新员工制订自我发展规划有助于员工正确处理职业生活和非职业生活的关系。科学的发展规划可以帮助员工从更高的角度看待工作中的各种问题和选择，在服务于职业目标的前提下，把职业生活和非职业生活中的各个要素联系起来，综合考虑、主从有别，正确地处理职业生活同个人追求、家庭目标之间的关系，使职业生活更加充实而富有成效，有利于职业目标的达成。

新员工制订自我发展规划有助于员工自我价值的实现和超越。员工工作的最初目标可能仅仅是为了生存而找一份工作，追求的可能是财富、地位和名望。新员工通过对职业目标的追求可以驱动员工追求更高层次的目标，而不局限于财富和地位。

二、新员工制订自我发展规划需要了解的内容

1. 报以积极的心态，确定志向，进行合理的职业选择。
2. 了解本行业及本企业成功人士的基本特质，拟订自我发展之路。
3. 了解本企业的组织结构和提拔的准则。
4. 确定自己在本企业的发展目标，找准自己的工作岗位。
5. 明确自己的晋升之路。
6. 明确在岗位上如何提高自己的工作能力。
7. 如何出色地完成工作。

课后思考与训练

1. 新员工如何制订自我发展规划？
2. 新员工如何尽快融入工作团队？

经典推荐

电视节目《可凡倾听》 2020-4-11期

第五节 / 有效管理 明确方向——职业生涯管理

学习目标

1. 了解用人单位的普遍要求。
2. 掌握职业生涯管理方法。

一、用人单位的普遍要求

不同行业或者是同行业不同的用人单位对毕业生都有不同的要求，但是不管什么样的用人单位，都有一些要求是相同的。通过调查可以看出，员工具备较好的形象意识、角色意识、敬业精神、团队意识、竞争意识、学习意识等已经成为用人单位的普遍要求。大学毕业生只有在掌握相应的专业知识和专业技能以外，十分熟悉用人单位的普遍要求，在求职的过程中才会比较顺利。如果在大学学习期间不断培养这些方面的意识，才会使你在今后的工作中能够出色地完成工作任务。

二、职业生涯管理的主要内容

职业生涯管理一般包括以下几个方面。

1. 时间管理

人生的每一件事情都跟时间有关。时间管理实际上是把有限的时间投入到你想做成的事。一谈到时间管理，多数人都会想到的是在工作上如何有效地利用时间，在业余时如何有效地利用时间用于学习或工作。其实，这样理解时间管理是错误的。进行时间管理，应该包括健康、工作、心智、人际关系、理财、家庭、心灵思考、休闲等八个方面。尽管我们总觉得时间管理应该主要是与工作相关，但时间分配还是会涉及这八个方面。比如在休息日，我们也许该在健康、家庭上有更多的时间分配，而不是用于工作。

进行时间管理时，要特别注意时间管理与目标设定、目标执行之间是相辅相成的关系，时间管理与目标设定是不可分的。我们的工作、事业、生活中，每个小目标的完成，会让我们清楚知道自己与大目标更近了。在时间管理中，必须学会运用"80：20原则"，要让20%的投入产生80%的效益。时间管理不是说把事情安排妥当或把事做好了就行，我们应该是更长远和更系统地考虑时间的分配和使用效率，在工作和生活学会珍惜时间。评估时间管理是否有效，主要是看目标达成的程度。时间管理最关键的要素是目标设定和价值观；时间管理的关键技巧是养成习惯，时间管理最大的难题是习惯，养成良好的习惯会让我们事半功倍。

2. 团队精神

人在职场，很多的时候，是依靠自己的能力来证明自己的价值，而更多的时候，人是身处在团队当中，属于团队、依赖团队，也在为团队做出自己的贡献，和团队的关系密不可分。

团队协作的本质是共同奉献。这种共同奉献需要一个切实可行、具有挑战意义且让成员能够为之信服的目标。只有这样，才能激发团队的工作动力和奉献精神，使成员之间不分彼此、共同奉献。在一个团队里面，只有大家不断地分享自己的长处优点，不断吸取其他成员的长处优点，遇到问题都及时交流，才能让团队的力量发挥得淋漓尽致。

在竞争日益激烈和对个人能力要求越来越高的当今社会，完成一项工作或者实现一个目标，如果单单靠个人的能力是很难的。一个团队的力量远大于一个人的力量。大家都知道一根筷子轻轻地就被折断，但把很多的筷子放在一起，想要折断是很困难的事。团队合作往往能激发出团体不可思议的潜力，集体协作干出的成果往往能超过成员个人业绩的总和。正所谓"同心山成玉，协力土变金"。

3. 健康管理

有这么一句名言：人生就像一串数字，健康是1，金钱、地位、事业、爱情、家庭等是后面的0，如果没有了这个1，后面有再多0也都没有意义。

第三届国际心理卫生大会也曾给心理健康作了定义："心理健康是指在身体、智能，以及情感上能保持同他人的心理不相矛盾，并将个人心境发展成为最佳的状态。"世界卫生组织对心理健康的定义是："人们在学习、生活和工作中的一种安宁平静的稳定状态。"

如何保持身心健康呢？

（1）增加心理弹性　心理弹性是指人在经历逆境时仍然有良好的特质和能力。增加心理弹性主要是增加保护性因素并减少危险性因素，例如培养良好的心理品质，提升心理健康水平，有意识地培养自信、乐观、坚强等特质。

（2）获得社会支持　社会支持是指亲朋好友等给予个体的精神上或物质上的帮助和支持，家庭和朋友是社会支持系统最重要的组成部分。巩固和改善社会支持系统是维护心理健康、提升生活质量和幸福感的重要途径。

（3）寻求专业人员的帮助　当我们遇到困惑时，寻求专业人员的咨询和帮助也是维护心理健康的重要途径。心理咨询是其中最有效的方式。

（4）选择健康生活方式　均衡营养是健康的保证，对于年轻人来说，要养成吃早饭的习惯，培养良好的午休习惯，也是健康的保证。午休有利于身体健康，养成午休的良好习惯很重要。坚持锻炼身体，也是健康的生活方式。步行是锻炼身体的好方法，长期坚持下去，可以增强体质，另外尽量不熬夜。

4. 学习管理

终身学习是指社会每个成员为适应社会发展和实现个体发展的需要，贯穿于人的一生的、持续的学习过程。这就是我们所常说的"活到老学到老"或者"学无止境"。在特殊的社会、教育和生活背景下，终身学习理念得以产生。

据预测，现在80%的工作，尤其是重复性的工作将会被机器取代。如果不想被淘汰，想跟上时代的脚步，那就只有不断学习快速提升自己，使自己可以胜任更复杂、更有创造性的工作。以前的传统学习方式将无法适应未来的要求，"终身学习"将是明智之选。

知识半衰期也告诉我们，学过的知识会随着时间而过时。十年前的知识，很多放到今天都已经过时，在变化快的领域，去年的知识，今年就已经不能用了。现在每天都会产生新信息和新知识，有大量值得学习的内容。而人的平均寿命也在不断延长，人们的工作时间也会延长。人一生可能会要从事多个职业，可能是你主动的转变，也可能是技术发展的要求。这些都要你学习新的知识，应对新的工作。

不断学习才能不掉队，努力学习才有可能超越他人。"最怕比你优秀的人，还比你努力。"一专多能的人才会是未来企业的重点人才，要想适应复合型工作，就要坚持终身学习，不断提升个人能力，适应变化。

5. 习惯管理

习惯是一种恒常而无意识的行为倾向，是心理或个性中的一种固定的倾向。成功与失败,都与你所养成的习惯有关。我们每个人都受到习惯的束缚,习惯是由一再重复的思想或行为所形成的,许多事情你反反复复做就会变成习惯,人的许多行为习惯都是在做中养成的。对习惯进行管理,简单地说就是用新的良好习惯去取代旧的不良习惯。改掉坏习惯,关键是明确什么是好习惯。

当然,一个好习惯的养成,不是一天两天就行的,这就需要有一个周期。这个周期一般是21天的时间,我们列出我们要养成的习惯,选择其中一个,坚持21天。在这21天里,我们每天都坚持,21天过后你会发现,你已经习惯了这种模式,没有人提醒、没有人催你,你也会自觉地完成某些事情。

> **课后思考与训练**
>
> 1. 如何管理职业生涯?
> 2. 如何做好目标管理?

本章数字资源

第三章

求职择业的心理准备与心理调适

> **学习要点**
>
> 求职的过程，也是一个复杂的心理变化过程，对毕业生来讲，选择职业要有充足的心理准备，调整好心态，树立正确的就业观，勇敢地迎接挑战。如何做好求职择业心理准备，树立正确的就业观？如何克服求职心理障碍？本章将和大家一起探讨。

第一节 转换角色　准确定位——求职择业的心理准备

学习目标

1. 树立正确的就业观。
2. 提升求职能力、增强求职信心。
3. 能够调整好求职择业心理。

 案例

杨艳生，一名土生土长的石林阿黑哥，牧羊是从小陪伴阿黑哥成长的必不可少的事情。

杨艳生有幸从大山中走出来，成为一名云南农业大学的学生。怀揣着对家乡的眷恋，毕业后又回到家乡当起了一名大学生村官。

　　回到家乡的牧羊人，在村民的眼中就是一个不争气、没担当的农村牧羊人。但是，作为有知识、能够迅速响应党的号召的杨艳生却不一样。

　　跟随着党的领导，新时代的"牧羊村官"们来到大山。他们懂农业、爱农村、爱农民；是一支知识型、技能型、创新型人才队伍。最重要的是他们始终跟随党的领导，积极创业，不断创新。

　　而杨艳生只是其中的一员，在党的领导下，他注册成立了石林撒尼沁园养殖家庭农场，一心为当地的经济发展谋划新出路。

　　一次偶然的机会，杨艳生参加全国大学生村官创业富民专题研修班的学习，把沿海地区的竹林功夫鸡创新成石林本土的醉拳功夫鸡，2017年的"抓鸡会"令其得到了村民的信任和支持。

　　带着本土的特色产品，他经常出现在各类比赛的现场，某报社的记者称杨艳生是"不务正业的创业者"，而杨艳生更喜欢自称为"不务正业的村官"。

　　虽"不务正业"，却是一份重要的工作。小河村乃至石林地区奶山羊养殖数量很大，但仅仅依托传统手工艺制作的乳饼往往被经销商限制，难以发展成为有力量的经济支柱。作为一名新时代的牧羊人，杨艳生从中做文章，不仅要当好牧羊人，还要发展新产品。阿黑哥羊奶粉的创新产品、小尖山乳制品厂生产的多种口味的乳饼等为脱贫攻坚交上了一份满意的答卷，助推石林地区养殖奶山羊产业发展。如今，在杨艳生的带领下，村委会成立了农机服务专业合作社、村民小组成立了种植专业合作社……

　　村官生涯让杨艳生深知：蚂蚁虽小，村官不大，但艰苦奋斗，戒骄戒躁，听党指挥，牢记使命，敢于创新，勇于拼搏，脱贫攻坚就能胜利在握。

（案例选自中国青年网）

一、树立正确的就业观

　　改革开放以来，中国发生了翻天覆地的变化，随着社会主义市场经济的发展，人们的思想、观念也随之发生了巨大的改变。在市场经济带给人们物质与精神财富的同时，人们的就业观出现了一些问题。

　　1. 就业观误区

　　（1）注重物质利益，功利色彩浓重　有些大学生受经济利益驱使，价值观发生了变化，在就业上注重选择经济条件较好、生活环境舒适、工作收入较高的发达地区，而较少考虑中西部欠发达地区。据调查发现，很多的大学毕业生将自己的职业选择概括为"新三到"，具体来说是一到国外、二到沿海、三到最赚钱的地方去。他们对职业的选择首先考虑的不是是否符合自己的专业，而感兴趣和关注的是工资、住房、福利待遇等。由此可以看出，部分大学生的价值取向，把追求经济物质利益放在了首位，而很少考虑是否适合自己，是否能够发挥自己的特长，是否能最大限度地发挥自己的潜质。

（2）以自我为中心，个人主义倾向严重　一些大学生在就业时很少考虑国家和社会的利益，没有奉献精神，忽略了到基层偏远地区也是锻炼自身能力的一个途径。

（3）拉关系、找门路，用不正当的手段进行就业竞争　一些人把就业希望寄托在家庭和社会关系上，这种依赖心理使得大学生缺乏自主意识和奋斗拼搏精神。随着社会的发展，这种手段迟早会被社会淘汰。

上述这些不正确的就业观，不利于社会主义现代化建设事业的发展，也不利于大学生的长远发展。

2. 正确的就业观

面对当前大学生就业困难的现实，大学生要做好充分的心理准备，树立正确的就业观。

（1）摆脱传统观念的束缚　"书中自有黄金屋、书中自有颜如玉"等旧观念已与当代社会进步不相适应。当代大学生应该从这个传统的就业观念束缚中摆脱出来。

（2）从实际出发，实事求是，全面衡量自身的综合素质　在走上就业岗位前，对自身素质有多高，专业知识有多少，实际工作能力有多强，自己能干什么、会干什么，在步入职场后如何寻求生存和发展的空间，找到比较理想的位置等，都要做到心中有数。而不应好高骛远，这山看着那山高。一定要对自己有个准确的定位，大学毕业生并不是天之骄子，而是一个普通的劳动者。所以，当代大学生在校期间的当务之急是加强文化知识的学习，不断提高自身的综合素质，培养自己的创新能力，在扎扎实实学好专业知识的同时，熟练地掌握一两项技能。文凭只是个"敲门砖""介绍信"，能不能胜任工作才是最重要的。

3. 如何树立正确的就业观

当代大学生们在就业的道路上要不断提高自己的综合素质，转变就业观念，不断增强自主意识、竞争意识、创新意识。这就需要大学生能正确地认识社会、认识自己，适应时代发展的需要，转变观念、与时俱进，树立正确的就业观，正确地求职择业，迈好人生道路上重要的一步。

（1）树立奋斗的择业观念　大学毕业是人生事业历程的开始，在人生的历程中，没有从天上掉馅饼的美事，人们选择的职业有所不同，但是唯有用汗水浇灌，才能获得丰硕的成果和充实的人生。

（2）树立自主择业的观念　在国家已经完全取消了包分配就业政策的前提下，大学毕业生要自己到劳动市场或用人单位应聘，双向选择已成为大学生就业的普遍方式。因此，大学生应早做准备，只有具备较高的素质、较全面的知识、较丰富的经验和过硬的专业技能，才能在激烈的市场竞争中找到属于自己的岗位。"海阔凭鱼跃，天高任鸟飞""有志者，事竟成"，只要敢于大胆实践，勇于拼搏，就能取得成功。

（3）树立"适合"的择业观念　寻求适合自己的职业是现代社会人们择业的一个重要原则。在择业的标准上，不一定说留在大城市、进入大单位、赚钱最多、级别更高就是最好的，只有适合自己的才是最好的。适合自己，也就是说适合自己的性格、兴趣、价值观、能力，要适当确定自己的期望值，不要好高骛远，也不要妄自菲薄，更不能盲目攀比、盲目跟风。我们提倡大学生在考虑就业问题的时候把眼前利益和长远的发展结合起来，真正找到适合自己兴趣和能力，既被社会需要又有利于自身长远发展的岗位。

（4）树立多渠道、多层次就业的择业观念　大学毕业生要解决就业问题，必须从多渠道入手。要树立无论在什么地方、从事何种职业，只要自己的知识和才智能得以施展就是适合自己的就业观念。

随着我国经济体制改革的不断深化，以及知识经济时代的到来，科技进步周期的不断缩短和传统产业结构的调整，必将引发劳动者在工作岗位上的流动或职业的变化。因此，大学生必须树立终身学习和多层次就业的新观念，努力克服一步到位的思想，在工作中努力锻炼自己，提高自身的综合素质和能力，以求得发展。

2020年疫情期间，一些行业被迫停工，而有一些行业却比往常更忙，出现员工不足的现象。线下餐饮、酒店等服务行业受到冲击；而线上生鲜电商生意火爆，拣货员、打包员、骑手等人手紧缺，由此出现了临时的灵活用工模式——共享员工。共享员工指的是因为原来的工作不能做，而到另一个工作岗位上工作，但是原来的工作岗位还保留着，待疫情结束复工后还可以继续上班的员工。共享员工的方式恰好是不用离职，还可以从事另一份兼职工作，这可以将人们的碎片化时间利用起来。对企业来说，用工更加灵活，员工工作效率也会更高。

（5）树立创业的观念　随着经济体制改革和产业结构的调整，非国有经济在整个国民经济发展中的作用越来越大。非国有经济企业不但已经成为大学毕业生就业的一条重要渠道，而且也为他们的创业提供了广阔的空间。因此，大学生也可以立创业之志、走创业之路、建创业之功、树创业谋职的新观念。大学毕业生不仅是社会现有就业岗位上的工作者，而且也是新的岗位的开拓者；不仅是需要就业机会的人，而且也是能带来就业机会的人。

（6）适应环境，主动出击　随着新的就业体制的建立，需要靠国家计划指标分配学生的情况已经不复存在了。高校的就业政策已经转变为"自主择业，双向选择"，竞争是其内在强大的推动力，它促进和引导着社会的发展，任何人都不能脱离社会而单独存在和发展，也不能完全自由地选择环境。面对外界激烈的竞争环境，要尽可能地适应角色和生存环境的变化，并积极主动地融入其中。竞争的规律是适者生存、优胜劣汰，大学生应主动参与竞争，通过适当的途径和渠道充分展示自己，敢于竞争，善于竞争。大学生要主动出击，提早准备，在全面提高自身素质、增强自我实力的基础上，勇敢地步入职场。

（7）准确定位，积极进取　正确认识自身的优点和不足，包括学习成绩、专业技能、实践经验、个性心理特征、兴趣、爱好、特长等。既要有"天生我材必有用"的自信，也不要过高估计自己。过去那种自以为大学毕业高人一等、傲气十足的择业观念必须要改变。

求职过程中，面临的情况复杂多变，无论出现什么情况，我们始终都要对自己充满信心，并脚踏实地地进取。自信是前进的原动力，21世纪是机遇与挑战并存的时代，大学生在求职过程中受挫在所难免，遇到挫折时不能丧失信心，应理智冷静地分析原因，积极思考对策，并以锲而不舍的态度勇于面对，直至求职成功。

（8）了解形势，规划未来　积极收集就业信息，辩证地认识到就业竞争激烈的客观现实，要正确认识就业形势。根据现今的就业形势，大学生的职业规划可以提前进行，职业规划越早越有利于自身的发展。在制订好职业规划后，要抓紧自身素质的训练，这是求职的关键。除了打好专业理论和专业知识的基础外，特别注意要学会做人、学会关心他人、团结他人、学会与人合作、学会建立良好的人际关系。在专业技能的实践中，多参与社会活动，了解社会，适应社会，培养职业能力。

二、提升就业竞争力，增强求职信心

就业竞争力是指毕业生在就业过程中所表现出来的能力，它不以学生的在校成绩作为唯一的评价标准，而是融合了学生自身条件、个体素质、知识技能等内容，在就业竞争中所体现出来的一种综合能力。

就业竞争力问题主要体现在以下两个方面。一方面，学生对就业形势认知不清，就业期望值过高；另一方面，专业基础不扎实、缺乏实践经验和实际工作能力是现在大学生初涉职场时普遍存在的问题。用人单位愿意招收大学毕业生，是看中了大学生的职业发展潜力，而潜力的衡量标准往往体现在毕业生的专业知识基础和动手能力之上。因此，要从以下几个方面着手，提高就业竞争力。

1. 改变就业观念，主动适应社会的需要

广大毕业生要积极主动寻找各种就业机会，改变传统的就业观念，适时做好自己的职业生涯规划，积极主动地适应社会、适应市场，寻找就业机会，达到充分就业。进行理性的自我评价，对自身的潜在能力作出正确判断，明确自我的发展方向，做到自我反思，正确认识自我、批评自我，明确自己的择业方向、优势和不足。同时还要进行适当的比较，要将自己与其他人做比较，特别是要与自己条件类似的人比较来认识自己，而不是孤立地认识自己。通过自己的行为结果来认识自己；通过其他人对自己的评价来认识自己；通过对自己参加社会活动结果的分析来评价和认识自己，在客观上寻找评价的参照尺度来认识自己。

2. 提高自身的道德文化素质

各用人单位已不再仅仅要求毕业生是个纯专业型人才，而是要求毕业生既要有一定的专业知识技能，又要有一定的社会工作能力，还要有一定的思想道德文化素质、职业道德，要具有敬业精神，最好能有其他专长，甚至希望毕业生是个通用性或复合型的人才。不少单位已经开始对接收应届毕业生持"宁缺毋滥"的态度。因此，那些综合素质好、动手能力强、有敬业精神以及有各种特长的毕业生越来越受欢迎。

3. 重视自己的专业技能

高等职业教育的任务是培养具有创新精神和实践能力的高级专门人才。在这种"高级专门人才"的培养过程中，专业素质尤为重要，它是高职生的立身之本。所以大学生要加强自身专业技能的训练，培养自己的动手能力，为自己今后从事本职工作夯实基础。

4. 提高自己的综合素质

就业能力不单纯指某项技能，而是大学生多种素质和能力的综合表现。大学生要大胆投身社会实践，积极参加实践活动，全面提高自己的综合素质。

据某招聘平台的数据研究显示，企业往往更加看重学生的社交能力、理解力、快速适应环境的能力。表达能力、责任心、分析及解决问题能力是企业最在意的三项素质。

三、大学期间的心理养成

大学生涯对每一位大学生来说，都是一笔丰厚的人生财富。在大学里学生们要开始独立地面对生活，都要独立地解决自己的人生难题。走出大学校园，以极大的热情直面生活、实现自己的理想的时候，他们会发现生活是那么的复杂，有时甚至是那么的难以驾驭。在痛苦的反思之后，有人开始调整目标、重塑信心，以积极的心态去迎接新的生活；有的人则选择了逃避与自暴自弃，以消极的心理与行为去对抗生活。积极的适应和奋斗是美好人生的起点，而消极的对抗则有可能一蹶不振，从此一事无成。人生的路有许多，但关键时候只有几步。进入青年初期的大学生，由于经历相对简单，生活阅历相对较少，基本上是从校门到校门，有人称之为"门内人"。大学是人生非常重要的时期，大学时期，由于脱离父母监护、生活空间扩大，大学生独立感、成人感增强，他们开始重新审视评估自己，并关注他人对自己的态度和评价。一方面他们的自我评价和自我期望进入了一个新的阶段，另一方面又容易出现自我扩张、以自我为中心等自我认识的偏颇。随着大学生活各方面需要的日益增多，大学生的情感日益丰富而强烈。他们一方面对周围事物充满积极情感，另一方面又容易走向极端，出现各种不良或消极情感。他们一方面喜欢求新求异求变，另一方面又容易真伪难辨、是非不清，易产生偏激行为。大学生所要面临的人生转折，既是社会对大学生的考验，也是大学生所处的特殊心理时期所面临的一些考验。

大学生正处在成年初期，此时很可能产生心理转折点。这一时期，自我意识得到了迅速发展，自我同一性的确立促使青年的人生观、价值观趋于稳固，客观地认识自我可以避免心理不适应及其他精神障碍，是成年初期主要的发展任务。

成年初期，是由青年期过渡到成年期的最后阶段，有人称之为"边缘人"，即介于两个群体边界上的人。成年初期的年轻人，特别是大学生，虽然已脱离孩子的群体，但尚不能很好地承担和履行成年人的责任和义务，因此常被排斥于成人行列之外。其典型的心理表现是内心矛盾、抱负水平不确定和易出现极端行为。

成年初期的大学生具体包括以下几个方面特点。

（1）培养大学生的独立意识 大学生开始大学生活并开始步入社会，社会就会把他们当成一个有独立思想和行为的成熟的个体，并要求他们能够承担起社会赋予的责任。同时，大学生们也会意识到，真正走向社会就意味着失去了师长的庇护。这时，往往会感到一些惶恐。许多大学生在走向社会的过程中，出现了各种各样的不适应情况，有很多是与独立性不足有关。大学生正处在人生中的第二次"心理断乳期"，生理与心理的成熟使他们渴望独立，希望能独立地面对生活、学习与工作中遇到的问题，希望自立自强，成为一个有独立见解、能决定自己命运的人。但由于长期的校园生活，他们的社会阅历与经验相对缺乏，当应激事件出现时，又希望亲人、老师、同学能够替自己分忧，还无法做到人格上的真正独立。因此，在大学期间，如何有意识地培养学生的独立意识，形成自尊、自信、有责任感的独立个性就成为一个重要课题。

如何培养大学生的独立意识，有以下几点建议。

① 增强大学生的自我管理能力。独立性差的学生对自我的认识与评价容易受环境和他人评价的影响。学校应多为学生提供宽松自由的环境和社交机会，使他们在社会的交往中逐步树立自尊、自信，正确进行自我评价，认识自我。大学生应努力提高自我教育能力，培养自我控制、自我调节的能力，从而促进独立意识的提高。

② 强化大学生的主人翁意识，树立大学生的自尊心和自信心。普遍开展大学生主体性教育，让学生正确地认识自己的主体地位，在实践中体验主体人格得到尊重的感受，通过实践活动激发学生的主人翁精神。学生独立意识的强弱，不仅影响他们在学校的表现和学业成绩，而且还会极大地影响学生良好品德和健全人格的形成。

③ 注重大学生责任感的培养。责任感属于道德情感的范畴，是主体在一定环境中产生的一种主观感受即情感体验，一个没有"责任感受"体验的人是不可能形成负责的情感态度的。根据责任感形成的心理机制培养大学生责任感，要建立从学习到生活、从教育到教学的教育责任机制，将学生置于责任机制中，要让他们从日常生活的小事做起，培养他们对自己的选择负责、对自己的承诺负责、对自己的行为负责、对社会负责。同时培养他们对自己的过失、错误负责的态度和行为习惯，使"负责"成为大学生的行为准则，培养大学生责任感强，勇于担当的品质。

④ 建立和完善学生自我管理机制，在活动中增强学生的独立意识。鼓励学生积极参与班级和社团活动，让学生在具体的工作中学会自我管理，学会与他人相处，从而增强学生的自我意识和自我管理、自我服务能力，促进学生自主性的发展。对学生的自主及独立意识的培养将会增强大学生的环境适应能力，使他们在激烈的人才竞争中处于优势地位。

（2）建立良好的人际关系　人际关系是人们在生活实践中通过互相交往形成的人与人之间的心理联系。大学生人际关系是大学生人际交往的特殊产物，是其大学生活中一个不可忽视的重要方面。

良好的人际关系与就业和事业成功有着密切联系。据有关调查分析得出结论：15%的人能成功是因为技术熟练、头脑聪慧和工作能力强；85%的人能成功是因为某些个性因素，比如他们具备与人交往的能力。反之，在生活中失败的人，90%是因为不善于与人展开有效交往。

大学生进入学校的那一刻就已决定了其交往需要，交往需要是大学生人际交往的基础，一些大学生由于缺乏交往经验和技巧，会出现各种"交往不适"或"交往综合征"。这给自己、他人、家庭、学校、社会造成了一些不可估量的伤害。

针对当前大学生中普遍存在的人际交往与人际需要的矛盾，学生们可以采取一些措施或方法来缓解或解除这些矛盾，从而学会客观地看待自己，培养接纳自己的意识，懂得完善自己是建立良好人际关系的基础，从而拥有更好的大学生活。归纳起来，要建立良好的人际关系，主要有以下方法策略。

① 自信。自信的人宽容大度，容易相处。自大者令人反感，自卑者易受伤害且容易导致摩擦。有的大学生容貌出众或家境优裕，因此滋生优越感，为人傲慢自大，易令人生厌；而有的因自卑而太过敏感，这都是应该避免的。

② 积极。个性是否受人欢迎，不在于内向、外向，而在于积极、消极。个性积极者乐

观开朗，豁达大度，与之相处，如沐阳光，自然令人感到愉悦畅快；个性消极者悲观阴沉，多疑狭隘，与之相处，如顶乌云，令人感到忐忑压抑。乐观积极的人，如果是外向者，就总是给人带来希望和笑声，其乐观的情绪极富感染力，能让人心境豁然开朗，郁闷的人的愁云也会被一扫而光；如果是内向的人，其温和宽厚的态度，也能给人一种可信可托的安全感，其温柔宁静的劝慰，可以使愤愤不平的人心境平和。前者如炫目的夏日，以热情令人倾倒；后者似和煦的冬阳，以温暖令人心仪，都会有不错的人缘。

③ 平等相待，真诚相处。在学习生活工作特别是在困难面前，应互帮互助。"善大，莫过于诚"，热诚的赞许与善意的批评都能使彼此间愿意了解、信任、倾诉、交心。

④ 主动开放。每个人所隐藏的内心世界，正是别人希望发现的奥秘，一般来说只有敞开自己的内心，才能走进别人的心里。当我们对别人友好，表示支持或接纳他时，对方便会对我们报以相应的友好。善于与人交谈和一起娱乐，能恰当分配时间与人交往、参加集体活动，往往会得到思想上的沟通从而使感情融洽。

⑤ 心理互换与相容。生活中常常会有种种原因导致不能很好地理解别人。但当我们站在别人的位置看问题时，就容易理解别人的所言所行，获得许多从未有过的理解，便会觉得心理上的距离缩短了。另一方面，每个人都有保留自己意见和按照自己意愿去生活的权利，彼此只能用自己的思想去影响别人，而不可能强制改变别人。如果时时处处尊重和理解别人的选择，不过高要求别人，就可以减少误解，从而达到心理相容。

⑥ 合作协助，友好竞争。生活在相同的环境中，彼此间的合作不可避免。当我们设身处地地为别人着想时，彼此合作的契机便已来临。在与他人的竞争中，倡导"公平公开，既竞争又以诚相待，既竞争又合作"。

（3）正确认识自我　国内对自我概念结构研究起步较晚，且对自我概念的分类各异。黄希庭等（1988）把大学生的自我概念分为三类，一是自我肯定型，表现为理想自我概念与现实自我概念通过矛盾争斗达到积极的统一，转化为积极的自我概念；二是自我否定型，表现为否定现实自我概念和放弃理想自我概念；三是自我矛盾型，表现为理想自我概念与现实自我概念难以统一。社会化过程中的各种经验影响个体自我概念的性质，成功的经验形成积极的自我概念，失败的经验形成消极的自我概念。

从个体发展心理来看，大学生正处于自我确认期，在他们脑海里容易把未来设想得过于完美。然而，校园学习生活中的一些客观条件，会妨碍学生的自我实现。面对这一事实，大部分学生能够坦然接受，及时调整自己的心态。但是也有一部分学生因对这一客观事实认识不足，而引起认识上的矛盾，从而严重影响心理状态，企图逃避与现实的矛盾冲突，出现心理上的适应不良，觉得无所适从，最终失去了自我。理想与现实的冲突引发的心理问题在新生中表现得尤为明显。

大一新生除了充满自信，对于刚刚摆脱高中相对桎梏的环境、面对一个全新的学习生活环境，往往表现出强烈的好奇心，对大学充满激情与渴望，各个方面都处于极度兴奋状态，实现理想自我的愿望也是空前高涨，被称为"大一神话"。大一新生对自我的评价是基于高中学习的结果，因此具备较高的自我概念。

经过大一一年的大学学习和生活，学生已经逐渐适应了大学生活，新的环境已经变得不再具有吸引力，高涨的激情变得平静。各种问题也相应出现，主要表现在学习和其他各方面的压力增大，人际关系不适应。在没进入大学之前或者是大一新生时，他们主要关注的是自己的学习成绩，自我评价主要是对自己学习成绩的评价。但是进入大学以后，不仅学习成绩需要关注，大二对学生来讲是最迷茫的、最困惑的一年，他们面对着是否要继续深造、是否能入党等一系列问题，来自各方面的压力比较大，很难正确认识自己，给自己定位，因而大二年级的学生自我概念降到低谷。大三的学生面临毕业走向社会，虽然目前就业的形势比较严峻，学生承受压力很大，但学生还是对能步入社会充满憧憬，对自己的未来充满希望。经历了大三时期的反省和重新定位，其自我概念趋于更为稳定、积极。因而大三学生的自我概念达到一个新的高峰。

那么大学生如何才能做到正确认识自我呢？主要有积极悦纳自我和有效控制自我两个方面。

第一，自我悦纳是对自己持肯定、认可的态度，是自我意识健康发展的关键所在。一个人只有欣然地接受自我，才能有信心去面对真实的我，自尊、自爱，珍惜自己的人格和名誉，注重自我修养，使自己发展到一个较高境界。具体地说，积极悦纳自我就要做到以下几点。

接受自己，喜欢自己，欣赏自己，看到自己身上的闪光点，觉得自己独一无二，有幸福感、自豪感、价值感、愉快感和满足感，不必苛求完美。

性情开朗，对生活乐观，对未来充满憧憬。马克思曾经说过："一种美好的心境，比十服良药更能解除生理上的疲劳和痛苦。"

平静而又理智地看待自己的长处与短处，冷静地对待自己的得与失。每个人都既有长处又有短处，接纳自己的不完美，树立正确的认知观念。人既不会事事行，也不会事事不行，要善于克服自己的缺点，扬长避短，充分地发挥自身潜力。

树立远大的理想，并以此激励自己不断地克服消极情绪；既不以虚幻的自我补偿内心的空虚，也不消极回避漠视自己的现实，更不以怨恨、自责以至厌恶来否定自己。

第二，有效控制自我是健全自我、完善自我的根本途径。一般说来，大学生要有效控制自我就应做到以下几点。

确定合乎自我实际情况的目标，确立合适的理想自我，即面对现实，确定自己的具体奋斗目标，把远大的理想分解成一个个远近高低不同的子目标，由近及远、由低到高，循序渐进，逐步实现。其关键是每个子目标都应适当、合理，经过努力可以实现，否则会丧失信心。

增强自尊和自信，使自己有为实现理想自我而努力的更强大的动力，激励自己不断奋进。在自我意识中以"我行""我能行""我是不错的"暗示自己。

培养顽强的意志和坚强的性格，增强自制力、挫折耐受力，使自己能自觉主动地认清目标，为实现目标而努力排除干扰、克服困难，正确地面对成功与失败。很多大学生为自己树立了远大的目标和理想，在努力的过程中，没有足够的自制能力和意志，经受不住挫折和打击，因而无法实现自我理想。大学生经常说，"我想早起，可就是没有恒心""我想学习，可就是学不进去"。丘吉尔在剑桥大学讲演时曾说关于成功的秘诀有三条：第一，决不放弃；第二，决不放弃；第三，决不放弃。由此可见，培养顽强的意志，增强自制力、挫折耐受力有助于取得成功。

在面临人生转折的时期，大学生要面对很多挑战和挫折，在面对问题的时候应该勇于接受挑战，并积极调适自己的心态，只有这样才能够拥有美好的大学生活，才能够为今后人生的发展打下基础。

（4）学会控制情绪，培养情商　大学生的心理发展正处于不成熟向成熟过渡的时期，会产生各种心理矛盾和冲突，如独立与依赖、自尊和自卑、理想与现实等，这些矛盾与冲突常会打破大学生的心理平衡，引起情绪的波动起伏。

"热血青年""血气方刚""初生牛犊不怕虎"等形容青年人的词语，所描述的正是大学生冲动性情绪的特点。由于大学生对新事物比较敏感，加上精力旺盛，虽然具有一定的理智和自我控制能力，但做事往往不计后果，其冲动爆发的情绪一旦失控，往往造成可怕的结果。大学生在外界刺激下很容易冲动，表现出强烈的情绪体验。这说明大学生富于激情，也表明大学生的情绪易失去控制。一些大学生参与打架斗殴事件大多因小事引起，这是由于大学生的头脑还不够冷静，不能客观地分析问题，还不能很好地约束自我，容易感情用事。

如何控制情绪、培养情商就是一个很重要的问题。情商包括以下几个方面的内容。一是认识自身的情绪，因为只有认识自己，才能成为自己生活的主宰。二是能妥善管理自己的情绪，即能调控自己。三是自我激励，它能够使人走出生命中的低潮，重新出发。四是认知他人的情绪，这是与他人正常交往、实现顺利沟通的基础。五是人际关系的管理，即领导和管理能力。情商主要反映一个人感受、理解、运用、表达、控制和调节自己情感的能力，以及处理自己与他人之间的情感关系的能力。情商主要与非理性因素有关，它影响着人们的认识和实践活动，同时，情商也是对他人情感把握和调节的一种能力。情商是一种创造，又是一种技巧。既然是技巧就有规律可循，就能被掌握，就能熟能生巧。

另外，关于如何控制情绪，美国著名临床心理学家艾里斯创立的"理性情绪疗法"又称为"ABC理论"被广泛应用。ABC理论包括A诱发事件（activating events）；B信念（beliefs），即我们对这一事件的看法、解释和评价；C情绪和行为的结（consequences）。

通常，我们会认为自己的情绪和行为是直接由诱发事件所引起的，即是A引起了C。ABC理论不这样看，它认为，诱发事件A只是引起情绪及行为反应的间接原因，而B才是引起我们的情绪及行为反应的更直接的原因。比如，某些同学害怕找工作，一想到这个问题就觉得很头疼、很痛苦。不愿意面对问题，刻意逃避找工作。而根据ABC理论，引起他不愉快心情以及压力的原因不是找工作本身这一事件，而是他对这一事件的想法，觉得找工作就是一个困难重重的过程，所以才导致情绪上的问题。

由此可以看出，我们的情绪和行为与我们对事情的看法、想法有关，不同的想法导致不同的情绪和行为反应。情绪困扰并不一定由诱发事件直接引起，常常是由经历者对时间的非理性解释和评价引起，如果改变非理性观念，调整了对诱发事件的认识和评价，领悟到理性观念，情绪困扰就消失了。

生活中我们还要学会合理宣泄自己的情绪，也就是将自己内心的痛苦倾诉、表达出来，以达到缓解心理压力的一种方法。毕业生在经历了就业中的挫折后，往往情绪低落，脾气暴躁。此时如果过分压抑自己的情绪反而不利于情绪的调节。不妨把这种情绪合理地宣泄出来，如找父母、老师、朋友倾诉，或采取一些转移注意力的方法，参加一些户外运动、听听音乐、看一本好书等，使不良情绪得以宣泄。在宣泄不良情绪的时候，要采取合理的方式，要注意场合、方式等，不要有破坏性。

课后思考与训练

1. 大学生应该树立怎样的就业观？
2. 如何培养积极健康的心理品质？

经典推荐

电视节目《非你莫属》20181007期

第二节 找准问题 靶向击破——求职择业的心理调适

学习目标

1. 了解求职择业过程中存在的心理问题。
2. 掌握心理问题的调适方法。
3. 能够正确地应对挫折等逆境。

给年轻人的10句话

1. 人生是不公平的，习惯去接受它吧。
2. 这个世界不会在乎你的自尊，这个世界期望你先做出成绩，再去强调自己的感受。
3. 你不会一离开学校就有百万年薪，你不会马上就是拥有移动电话的副总裁，两者你都必须靠努力赚来。
4. 如果你觉得你的老板很凶，等你当了老板就知道了，老板是没有工作任期保障的。
5. 在速食店煎个汉堡并不是作践自己，你的祖父母对煎汉堡有完全不同的定义。
6. 如果你一事无成，不是你父母的错，所以不要只会对自己犯的错发牢骚，从错误中去学习。

7.在你出生前,你的父母并不像现在这般无趣,他们变成这样是因为忙着付你的开销、洗你的衣服、听你吹嘘自己有多了不起,所以在你拯救被父母这代人破坏的热带雨林前,先整理一下自己的房间吧。

8.在学校里可能有赢家和输家,在人生中却还言之过早,学校可能会不断给你机会去找到正确的答案,真实人生中却完全不是这么回事。

9.人生不是学期制,人生没有寒假,没有哪个雇主有兴趣协助你寻找自我,请用自己的空暇做这件事吧。

10.电视上演的并不是真实的人生,真实人生中每个人都要离开咖啡厅去上班。

一、大学生所面临的就业环境

加入世贸组织,不仅对我国的政治、经济、科学、文化产生了巨大而深刻的影响,同时也给我国大学生的就业带来巨大冲击。总体来讲,大学生就业形势是机遇和挑战并存。

加入世贸组织,给大学生就业带来的机遇主要有以下几点:

① 人才竞争的国际化,为我国大学生境外就业提供了机遇。中国企业和跨国公司之间争夺的不是产品,也不是市场,而是人力资本。随着世界各国尤其是发达国家对国际性人才需求的增加以及竞争程度的加剧,我国大学生境外就业的机会必然也相应地增多。

② 第三产业的迅猛发展,为大学生就业拓宽行业领域,对服务贸易的承诺大大加快了我国第三产业的发展。据统计分析,GDP每增长一个百分点,第二产业只能带动17万人就业,而第三产业可以带动85万人就业。第三产业的迅猛发展以及对相关人需求量的大幅增加,为我国大学生的就业提供了契机。

③ 创业机制与环境的不断完善,为大学生实行自主创业创造更好的条件。如今,我国大学生对自主创业方式十分关注,他们中的一些佼佼者已纷纷加入了这一行列。随着对外开放力度的进一步加大,国外金融机构的进入将拓宽非公有制经济的融资渠道,风险投资机制也越加完善。这将大大促进中小科技民营企业的决速成长与发展,在全社会形成鼓励和扶持创业的氛围。这为具有创业意向和创业精神且有志于成为"知本家"的大学生实行自主创业创造了前所未有的大好条件。

④ 高职学生在就业中逐渐占据了重要地位。《教育部关于加强高职高专教育人才培养工作的意见》指出,"高职高专教育是我国高等教育的重要组成部分,培养拥护党的基本路线,适应生产、建设、管理、服务第一线需要的,德、智、体、美等方面全面发展的高等技术应用性专门人才"。随着高级技工的缺乏,以及国家的重视,出现了高职专业走俏、就业形势良好的局面。高职生出现了未毕业就被"抢"光的现象。

同时,大学生就业也面临严峻的挑战:

① 外籍人员、"海外兵团"的回归,对大学生的就业产生"挤占"影响。入世以来,大量跨国公司纷纷涌入我国,他们在带来资金与技术的同时也带来一些生产技术与经营管理

人员。另外,"海外兵团"的大量回归已成一种必然。海外学子对世界经济运行规则、各国法律制度比较了解,在国外多年的锻炼,使他们的社会实践能力及驾驭各国社会文化、政治制度差异的能力较强,竞争力较强。他们的回归创业将对大学生的就业空间,尤其对较深层次领域的就业空间会起到"挤占"影响。

② 随着经济与产业结构的调整与升级,就业弹性系数、就业增长率与经济增长率的比值在缩小,这都给大学生的就业带来较大冲击。伴随这种调整,就业弹性系数在变小。这就意味着经济的增长对就业人口的吸纳能力减弱。就业弹性系数的缩小,使得就业缺口不断扩大,宏观就业形势显得严峻。而为实现我国高等教育大众化,近年来,随着高校的扩招,毕业生人数逐年递增。这就造成了宏观上社会吸纳就业的能力在下降而国家培养的大学生人数在迅猛增长的局面。由此可见,这种人才的社会需求与供给之间呈逆向发展的情况,将会给大学生的就业带来较大冲击。

③ 培养与需求之间的结构性失衡,也对部分毕业生的就业产生不利影响。国际失业与就业委员会与中国国际人才发展交流协会的一项调查测算认为,中国加入世贸组织后国民生产总值会显著提高,就业机会大大增加。但这种机会在不同的产业分布是不均衡的。社会需要的人才更多的是综合素质过硬的复合型高级人才,因而,那些在传统模式培养下的专业面狭窄、知识与能力结构单一、学历层次偏低且缺乏开拓创新的大学生,在今后的就业中也会面临种种困难。

二、大学生求职择业中的心理问题及调适

1. 怕苦心理

现代的大学生大多没有经历过艰苦生活的磨炼,普遍缺乏吃苦耐劳、艰苦奋斗的精神。在求职择业过程中,有些大学生把工作单位定在沿海地区的大中城市,把"薪水高、职位好"作为选择职业的标准,要求单位名气要大、工作条件优越、管理要松等,这些都是典型的贪图享受、怕吃苦的表现。在招聘现场,我们也常会看到一些边远地区的重点行业无人问津,而需求量小的沿海地区却被毕业生挤破门槛的现象。

调适对策:大学生要清楚地给自己定位,明确自己是面向基层一线的人才,需要到生产一线去实践锻炼。越是艰苦的地区越需要人才,也越能磨炼人,也能快速促进我们的成长。到艰苦地区发展是成才的基本条件,条件艰苦的地区缺乏人才,对我们来说也可以施展才华。高职生在艰苦环境中锻炼,将会发现自己的视野变得更开阔、经验也将更丰富,这些都是高职生未来发展的财富和资本。

2. 自卑心理

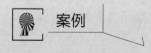

毕业生小王学习成绩和其他方面条件都不错,在就业的初期满怀信心,但由于专业冷门等原因,试过几家单位都碰了壁,结果产生了自卑感。在后来的择业过程中他

表现越来越不如意,陷入恶性循环而不能自拔,以致到了新的面试单位那里,只能被动地问人家"学某某专业的要不要",其他什么话都不敢讲,最终未能落实就业单位。

分析:小王的失败是由于自卑心理在作怪。在择业遭受挫折后一蹶不振,对自己评价过低,丧失了应有的自信心,择业时缺乏主动争取和利用机遇的心理准备,不敢主动、大胆地与用人单位交谈,也就不能很好地表达自己。越是躲躲闪闪、胆小、畏缩,越不容易获得用人单位的好感。这种心理严重妨碍了一部分毕业生正常的就业竞争,使得那些原本在某些方面比较出色的毕业生也陷入"不战自败"的困境。

大学生在求职择业的市场上或者在面试过程中,当看到和自己一起来应聘的有许多条件更为优秀的人时不免产生自卑心理,有的甚至不敢向用人单位展示自我,导致不战而败。还有一部分大学生由于比较内向、不善言辞、成绩一般,他们面对就业问题时也容易产生自卑心理。自卑心理是一种轻视自己、低估自己、自愧不如别人的心理。自卑感强的大学生为了追求一种不使自尊心受到伤害的安全感,他们在求职择业过程中,不敢大胆地展示自己,在有限的机会面前畏缩退让,缺乏竞争的勇气,不敢主动参与就业竞争。即使对自己能胜任的工作也不敢说"我能行",而总是"试试看",以致错失良机。

调适对策:正确认识自己有助于克服自卑。正确认识自己,既要看到自己的优势,也清楚了解自己的短处。对于自己的优势,要充分利用,增强自己的信心;对于自己的短处,可以通过后天努力去改变,那么就要在实践中不断地弥补,做到扬长避短,对于不可改变的,就坦然接受,正确面对。

总之,高职生要积极悦纳自我,乐观地看待自己在就业中的优势。高职生是应用技术型人才,具有实际操作能力强、上手快、肯吃苦的优点。本科生有本科生的优势,高职生同样也有自己精彩的一面。另外,在实践中应不断加强实践技能训练,使自己的竞争优势更突出,增强自己求职择业的信心,提高在就业竞争中取胜的概率。

3. 依赖心理

 案例

毕业生小宇在母亲的陪同下来到招聘会现场,早在招聘会开始前,父母就帮助小宇了解各用人单位的情况。面试过程中,小宇的母亲和招聘人员就薪水、工作地点及发展等讨论得很激烈,而小宇就像一个旁观者,在母亲身边无聊地东张西望。当被问到为什么由母亲来陪同面试,小宇回答自己没单独出来找过工作,再者,母亲怕他碰到招聘骗子。

小宇的案例就是典型的"依赖心理"。

依赖心理即"等现成、靠别人"的心理。一些大学生在当初高考填报志愿的时候就是在老师或者家长的帮助下完成的,临近毕业,又把就业的希望寄托在学校、老师、家长身上。他们希望找到理想的工作,但是惧怕竞争,害怕失败,所以不想凭借自己的力量寻找合适的工作，而是过分依赖他人或社会关系。这是思想缺乏独立性、自主性的表现。

缺乏择业竞争的勇气和能力，在别人的帮助下即使找到了理想工作的大学生，也将难以适应今后更加激烈的竞争，最终可能会被社会淘汰。

调试对策：提高自立意识、增强自主能力是大学生克服依赖心理的关键。大学生平时要有意识地培养自信心、独立思考问题的能力、判断能力、决策力及分析解决问题的能力，同时要对适合自己的职业有清醒的认识，遇到问题时可以听取和参考别人的意见，但不要被其左右，而是自己做决定。

4. 从众心理

从众心理是在社会压力或群体的影响下，个人放弃自己的意见和想法而采取顺从他人行为的心理倾向。

大学生在择业时的从众心理主要表现为缺乏独立的见解，不加分析地接受别人的意见，跟随他人的节奏，即"随大流"。看见别人去大城市，就想办法去大城市；别人去外资企业，也去外资企业应聘；别人不签约，自己也不签约，一切以他人的行动为自己的参考标准，而不是根据自身的特点选择职业。不是从自己的实际情况出发做出的选择，不是最适合自己的选择，即使应聘成功，也会因工作不是自己喜欢的、不能发挥自己的潜能和优势而不能胜任。

调适对策：大学生要培养自己独立分析问题及解决问题的能力，认真分析具体职业的要求，做到人职匹配。求职择业是一件严肃的事情，一定要认真考虑，对自己准确定位，谨慎选择，选择适合自己的工作，决不能盲目从众。

5. 攀比心理

一些大学生在择业时不是从自身实际出发，而是与同学比高低。有攀比心理的大学生认为自己各方面条件都与其他同学差不多，那么所选择的工作也不应该有太大的差别。当看到与自己成绩、能力水平都差不多的同学找到薪水高、效益好的单位时，心理充满嫉妒和不满。为了获得心理上的平衡，他们往往给自己设计过高的择业目标，目的就是想谋求一个比别人待遇更好、知名度更高的职业岗位。

有攀比心理的高职生将注意力过多地集中在他人的就业取向上，而不是放在如何提高自己的就业竞争力上，这样很难找到适合自己的职业。

调适对策：高职生应树立正确的择业观念，克服攀比心理。在求职择业前，高职生应认真分析兴趣、爱好、能力、价值观等自身特点，然后根据自身特点去选择适合自己的工作，而不是盲目攀比，寻找所谓的最好工作。最适合自己的工作才能取得成就，实现价值。同时高职生应意识到每个人的自身条件、家境、人际关系、机遇等不同必然会导致职业的不同，差距只是暂时的，只要立足实际、脚踏实地地向着目标不断努力，一定会在自己的工作岗位上获得成功的。

6. 焦虑心理

焦虑心理是大学生面对择业竞争而产生的一种危机感，它是由心理冲突和挫折而引起的一种复杂情绪反应，表现为忧虑、紧张、不安、烦恼、焦躁等。大学生焦虑的问题有：什么样的工作最适合自己、能否找到理想的工作、不能找到理想的工作怎么办、被用人单位拒绝怎么办、自己是否能胜任应聘上的工作、如何积极推荐自己、面试时紧张怎么办等。还有的同学因自己学习成绩不好、自己长相和能力平平，或为曾经的违纪处分而焦虑。

焦虑心理的一种特殊表现就是急躁，尤其在工作未确定之前，这种心理就表现得尤为明显。比如埋怨用人单位优柔寡断，希望在应聘现场就能一锤定音、被用人单位录用并签约。急躁心理还反映在一些大学生在对用人单位的企业规模、发展前景、薪酬水平及用人机制等都不了解的情况下就草草签约，一旦发现不如意，追悔莫及，导致毁约现象的出现，给用人单位留下极差的印象，也使自己失去了找到理想工作的良机。

调适对策：大学生要对求职择业过程有个正确的理解，选择职业是寻找个人理想职业与市场需求结合的过程，此过程需要大量的时间，甚至是机遇。这需要高职大学生心平气和、从容面对。

大多数学生在求职择业中都会产生不同程度的焦虑心理。适当的焦虑有利于发挥个人的潜能，但过度焦虑会影响正常能力水平的发挥，影响择业的进程，最终导致择业的失败。

做好求职择业的准备可以帮助高职生克服和缓解焦虑心理。择业准备包括客观而正确地分析自己、全面分析企业的用人要求和未来发展、设计合理的求职目标、制订可行的实施计划、掌握求职择业方法和技巧、估计求职择业中可能遇到的困难和挫折并提出解决办法、树立竞争意识、培养自信心和提高综合能力等。

7."一次就业定终身"的心理

在计划经济时代，大学毕业生的工作由国家计划安排、统一分配，就业安置靠政府，进了单位定终身的观念对人们影响很深。一些大学生受传统观念影响，希望一次择业就能找到自己理想的职业，找一个固定的"铁饭碗"。国企、事业单位等是毕业生的首选，因为这些单位工作相对稳定、福利待遇相对较好等。在求职择业过程中，毕业生追求职业稳定的心理可以理解，但不能将职业稳定绝对化，也不能将职业是否稳定当作择业的唯一标准。

调适对策：社会主义市场经济条件下，人才流动是正常的。因为要实现人才资源的优化配置，人才不断交换和流动是必要的，失业和就业也将成为一些人经常遇到的事情。

大学生在择业过程中适当降低期望值，不要求一步就找到合适的单位，不要急于求成、追求一步到位。可以先找一份工作，积累工作经验，提高工作能力，工作一段时间后，随着经验的丰富及能力的提高，再根据实际情况选择自己的理想工作岗位，施展自己的才华，实现自己的人生价值。

三、正确对待挫折

大学生是社会中的一个独特群体，要面临环境适应、学习、就业等种种压力，心理负担重。据报道，有10%～30%的大学生存在不同程度的心理问题，心理健康水平总体上低于同龄人。

案例

大学生小李临毕业时，与其他同学一样去人才市场应聘工作，签订双向选择协议成了头等大事。他精心设计、制作了一份精美的就业推荐表，满怀信心地进入了本校所在地的人才市场。他学的是国际贸易专业，就到一家世界500强之一的外资企业的位置报名应聘。但他没想到的是，这家外企的人事部经理只是漫不经心地翻阅了一下他的就业推荐表就客气地对他说："对不起，我们公司不适合你，请你另选适合你就业的单位。"这位人事经理的话虽是平心静气地随口而出，但却像一盆凉水向他劈头盖脸地浇来，他那求职热切的心顿时降到冰点。从此，他再也不愿进入人才市场。眼看着同学们的"双选协议"签了，他却迟迟没有着落。这一事例说明，毕业生在求职应聘过程中，要正确对待应聘遇到的失败和挫折，要坚定信心，锲而不舍地求职应聘，努力实现自己的就业愿望，切不可灰心丧气、自暴自弃而错失良机。

（案例选自人民网）

1. 挫折

人在需要的驱动下去实现目标的过程中，通常会遇到以下几种情况：一是个体在动机的驱动下，个人没有遇到干扰或障碍，实现了既定的目标；二是个体在行动的过程中克服或绕过了所遇到的干扰或障碍，实现了既定的目标；三是个体在达到既定目标的过程中遇到了干扰或障碍，调整了方向，降低了行动目标，用新的目标代替了原来的目标；四是个体在实现既定目标的过程中遇到了无法克服的干扰或障碍，产生了焦虑、郁闷、失落、痛苦等消极情绪。

在心理学中，通常把第四种情况称为挫折心理。挫折指一种情绪状态，是指人们在某种动机的推动下，为实现目标而采取的行动遭遇到无法逾越的困难障碍时，所产生的一种紧张、消极的情绪反应和情绪体验，它是一种消极的心理状态。挫折既是客观的，又是主观的。通常人们所说的挫折，一般包含着两层意思：一是指个体活动的一种特殊环境，即阻碍人们实现目标、满足需要的情境或事物，这就是挫折情境，也称为挫折源；二是指个体由于挫折情境而产生的心理感受和情绪反应等，即挫折感受，也称心理挫折。挫折的形成有很多因素，归纳起来有外部客观因素和内部主观因素。外部客观因素主要包括自然环境因素和政治、经济、风俗、道德、宗教等社会环境因素。在现代文明社会里，社会环境因素对个人动机和行为产生的阻碍，往往要比自然环境因素所引起的挫折要多，而且影响也深远。内部主观因素是指个人能力的限制或心理上的缺陷，这些是满足欲望与实现目标的障碍，如自我认知偏差、独立精神不够、生活环境的不适应、期望值过高、人际交往不适、动机冲突等。此外，内部主观因素还包括个体的主观认知水平和对挫折的承受能力等。

在大学生择业的过程中，难免会产生一些问题和困难，给自己的工作甚至是职业生涯造成困扰。这些问题的产生，固然会引起不良情绪反应，但相对而言，毕竟是区区小事，影响不大。但严重的挫折，会造成强烈的情绪反应，或者引起紧张、消沉、焦虑、惆怅、沮丧、忧伤、悲观、绝望。长期下去，这些消极恶劣的情绪得不到消除或缓解，就会直接损害身心健康，使人变得消沉颓废，一蹶不振；或愤愤不平，迁怒于人；或冷漠无情，玩世不恭；或导致心理疾病，精神失常；也有的可能轻生自杀，行凶犯罪。大学生在面对就业时通常都有很高的目标，但由于涉世浅、经验少，很容易产生挫折感。如何缓解择业中遇到的挫折所带来的压力、如何应对挫折，就成为了重要问题。

2. 挫折的防御机制

人在遭受挫折后，挫折情境对人心理上的压力会使人产生紧张、焦虑、不愉快的情绪体验，并导致心理、生理活动的不平衡，影响人的正常行为和活动。所以，个体在遇到困难或挫折时，常常会采取一些心理上的措施，把个体与现实的关系稍做修正，使个体较容易接受心理挫折或应激，这就是挫折的心理防御机制。

一般讲，挫折的心理防御机制有积极、消极两种形式。

（1）积极的心理防御机制

① 升华。指把被压抑的、不符合社会要求的原始冲动和欲望，用符合社会要求的、建设性的方式表达出来的一种心理防卫术，即用一种比较崇高的具有创造性和建设性的目标代替，借以弥补因受挫而丧失的自尊与自信来减轻痛苦。升华使原来的动机冲突得到宣泄，使焦虑情绪消除，达到心理上的安宁与平衡，还能满足个人创作与成就的需要。

② 补偿。指个体试图用种种方法来弥补其生理或心理缺陷而产生的不适感，从而减轻其不良反应的一种心理防卫术。当个体受挫时，或因个人某方面的缺陷而使目标无法实现时，往往以新的目标代替原有目标，以其他方面的成功来补偿因失败而丧失的自尊与自信。这就是人们常说的"失之东隅，收之桑榆"。如某大学生没有当上班干部，于是便努力使自己的成绩名列前茅；又如某大学生恋爱失败了，便积极参加文体活动，来补偿失恋的痛苦。

③ 幽默。指一种高尚成熟的心理防御机制。当一个人处境困难或陷入尴尬境地时可以使用幽默来化险为夷，渡过难关；或者通过幽默间接表达潜意识。这种心理防卫术称之为幽默。一般来说，人格较为成熟的人，常懂得在适当的场合，使用适当的幽默，把原来的窘境转变一下，大事化小、小事化了，较成功地去应对窘境。

④ 仿同。指一个在遇到挫折而痛苦时效仿他人获得成功的经验和办法，使自己的思想、信仰、目标和言行更加适应环境的要求，从而在主观上增强自己获得成功的信念。当一个人在没有获得成功与满足而遭遇挫折时，将自己想象为某一成功者，效仿其获得成功的经验和方法，使他的思想、信仰、目标和言行更适应环境和社会的要求，以增强自信心，减少挫折感。例如，大学生常以一些历史名人、科学家，或小说中所欣赏的人物、老师甚至同学作为自己效仿的对象，树立自己心中的榜样，并依照榜样进行积极的自我激励与自我暗示，用成功代偿挫折。

（2）消极的心理防御机制

① 合理化。是当个体遇到挫折后，不是从自身的缺点、弱点方面加以分析，而是把责任推给他人、埋怨他人，以减轻自己的焦虑与不安，这是一种文过饰非的行为。文饰又叫"合理化"，这是一种援引合理的理由和事实来解释所遭受的挫折，以减轻或消除困扰的方式。这是一种以似是而非的理由证明行动的正确性，掩饰个人的错误或失败，以保持内心的安宁的方法。如果个体作出了以后感到后悔的冲动行为，他可能不承认自己作出了冲

动的行为，于是为这一行为找出"好的理由"。合理化还用以解释奋斗目标的失败，例如说"我没有认真去做"，或在做事前、做事后装成很随便的样子，这是个体要避免因未成功和丧失自尊产生的焦虑。

②逆反。就是采取一种与意愿相反的态度或行为的心理防卫术。人有许多原始的冲动和愿望，由于是自己、社会所不能允许的，所以常常被压抑到潜意识中去了。在生活中，会有一种矫枉过正的现象就是比较典型的反向表现。有的人内心很自卑，却总是以自高自大、傲慢不羁的表现来掩饰自己的弱点；有的人本来很想与某一异性交往，但是担心遭到拒绝，于是就表现为对该异性不屑一顾的样子。逆反，用通俗的语言来说就是"你要我朝东我偏朝西"。一般来说，个人的行为方向和他的动机方向应当是一致的。但是，当个体遭到挫折后，不仅是一意孤行，而且对正确的方面盲目地持反抗、抵制与排斥态度，这种行为便是逆反。如某大学生因为上课时受到教师的批评，他便采取逃课或不理睬教师的教学等方式来表现自己的不满。持逆反心理的人往往为了排除内心的不满，会采取一些不符合社会规范、不被允许的行为，甚至一些反社会性行为。

③投射。是把自己的过错归咎于他人以减轻自己的内疚，或者是把自己所具有的不讨人喜欢的性格、态度转嫁到他人身上，以掩饰自己那些不受欢迎的特征的一种心理防卫术。好像一个人在说"这不是我的情感、思维或冲动，因为这些都是他们的！"

④退化。是回到原先幼稚行为的一种心理防卫术。我们知道随着年龄的增长，一个人的人格是以循序渐进的方式走向成熟的。但是有时在人遇到挫折后，会放弃已经达到的比较成熟的应用技巧，而恢复到原先比较幼稚的方式去应付困难或以此来满足自己的欲望，这就是退化。当个体受到挫折时，往往表现出与自己的年龄、身份很不相称的幼稚行为，或盲目轻信他人、跟从他人。表现出这种行为的大学生往往对自己缺乏信心，不能发挥自己的力量，像孩子一样依赖他人。

⑤压抑。就是指把不能被自己所接受的念头、感情和冲动不知不觉地抑制到潜意识中去，不愿再提它、想它，不承认其存在。它是各种心理防卫术中最基本的方法。压抑也有二重性，从积极的方面讲，它能帮助人们控制足以引发罪恶感受的冲动或与道德伦理相违背的念头；从消极的方面讲，它是一种逃避行为，并不能从根本上解决问题，会影响人的身心健康。

⑥攻击。有直接攻击和间接攻击两类。直接攻击就是挫折发生后，对引起挫折的人或事物进行直接攻击，或怒目而视，或动手打斗；间接攻击是指将愤怒情绪迁怒于其他人或事物，找"替罪羊""出气筒"。攻击行为虽然可以使因挫折引起的激愤得到暂时的缓解，但是其结果有可能会危害自己或他人的安全，因此对个体的攻击行为要加以控制和引导。

每个人都应懂得，在人生道路上和现实生活中，受客观环境的影响，再加之个人主观条件的限制，随时都会遇到大小、轻重不同的挫折。这是社会生活中的正常现象，几乎每个人都无法避免，能认识到这一点，一旦遇到挫折，思想上就会有所准备，不致惊慌失措。同时还应该认识到，一个人一生中经受一些适当的挫折并不完全是坏事，因为挫折可以磨砺人的意志，提高扭转逆境、克服困难、适应社会生活的能力。一个人如果不经历困难和挫折，难以有所作为。在挫折面前，每个人的耐受力往往不尽一致，甚至差别较大。比如，有的人即使接连遭受严重挫折，仍坚韧不拔、百折不挠、拼搏进取；有的人稍遇挫折就垂头丧气、一蹶不振，甚至自寻短见。

应对挫折的积极的心理防御机制其实就是人们常用的解决心理问题的方法。这些方法大多数并不需要经过专门的学习，但其中的有些方法还不能做到无师自通，需要通过认真的学习并在实践中加以体会。在面对激烈的市场竞争和就业压力时，挫折是人人都可能遇到的。积极地运用适合自己的心理防御机制，以积极的态度面对挫折，避免消极的心理防御机制，努力提高自己的能力，才能为就业打好坚实的基础。

真正的强者面对失败时会认真思考、总结失利的原因，吸取经验教训，重新调整方法，脚踏实地地前进，努力去争取新的机会，争取获得下一次的成功。所以，高职生在就业中遇到挫折时，要用冷静的态度，客观地分析自己失败的原因，进行正确的受挫归因。挫折虽然能够给人带来不愉快，但同时也可以锻炼人的意志。高职生要以乐观的心态对待挫折，冷静理智地分析失败原因，积极思考对策，及时总结经验教训，应充满信心，矢志不渝地战胜挫折。当自己信心不足时，可以对自己进行积极暗示，如"我一定能成功！""我是最优秀的！"还可以在头脑中想象成功时的场景或者读一些伟人传记，以此来激励自己，坚定信念。

课后思考与训练

1. 求职中自我心理调适的方法有哪些？
2. 如何面对求职中的挫折？

经典推荐

电视节目《非你莫属》 20200809期

本章数字资源

第四章

求职择业的方法及技巧

学习要点

职场如战场，通过求职推荐自己，打动用人单位，从而赢得就业机会是求职者成功的必经之路。求职和职业角色适应是高职毕业生走向社会需要面对的两个关键性问题。求职的方法、技巧、礼仪，决定毕业生能否顺利找到工作；而角色的适应性决定了毕业生能否在职场中走得更远、走得更高。

第一节 知己知彼 有备无患——求职择业的准备工作

学习目标

1. 了解求职前的心理准备。
2. 学会了解企业信息。
3. 掌握求职材料的准备方法。
4. 能够准备好求职随身物品。

案例

当前，求职日趋多元化和程序化，对求职者的考查也越来越全面和严格，尤其是一些知名企业的面试，更是让求职者如临大敌。

小李即将专科毕业，学习电子商务专业的她希望能到某知名电商企业工作，她觉得知名企业会正规一点，而且机会和待遇也更有保证。在网上投递简历后，小李接到了公司的面试通知。经过一番的精心准备，小李兴冲冲地去面试了。

面试开始后，面试官问："请谈一下你对我们公司的了解。"

小李是第一次面试，没想到会问这样的问题，本来是准备了自己在学校的一些成绩和技能来应聘的，对于这样的问题一点准备也没有，只能硬着头皮回答："我知道贵公司是国内比较大的电商企业，发展比较好。"面试结束后，小李没有进入复试。

求职的过程是一个知己知彼的过程，求职者除了要对自己进行全面、客观、深入地剖析与认识外，还需要对就业市场的现状、当前的就业形势以及用人单位基本情况展开充分的调研。这则案例中的小李同学，在面试前只准备了自己在学校的一些成绩和技能是不够的。现在，求职的方式越来越多，有很多大学生在毕业后盲目地投入到求职的浪潮中，既不了解相关的求职技巧、招聘的流程，也不了解用人单位的企业文化、业务范围、经营模式等，单凭着一腔热血，结果四处碰壁。

现代企业的面试，流程十分完善，大学生应该对相关的面试流程和技巧进行了解，对企业文化和岗位要求进行深入解读，并与自身价值观、性格、兴趣、能力等方面进行匹配，匹配度越高，被录用的概率就越大。俗话说："机会是留给有准备的人的"，只有做好充分的面试准备，才能在面试中把握住难得的机会，为自己的求职之路开个好头。

"不打无准备之仗"，充分的准备是求职取得成功的重要条件。优秀的求职者总是非常重视求职择业的准备工作。

求职的准备主要包括心理准备、信息准备、材料准备、随身物品准备。

一、心理准备

求职择业的心理状态会直接影响到我们的求职成功与否。求职者可以通过下面的几种方法把心理调节到最佳状态。

1. 树立自信，正确对待

坚信自己的优势。有信心不一定赢，但没信心一定输。相信自己完全能胜任此项工作。面试前应清楚了解自己的优势和劣势，认真思考如何在面试时扬长避短，把自己最好的一面展现出来，做到有备而来。

有一种说法是"求上得中，求中得下"，意思是说对任何事情期望值都不要太高，因为事情的结果往往和所预想的有一定差距，要有从最坏处着想、向最好处努力的准备。做好承受挫折的心理准备，坚信"天生我材必有用"。只有不害怕、不紧张、泰然自若、轻松自如，才能在求职过程中举止得体，思维敏捷，准确表达自己的所思所想。求职者可以采取下面几种方法让自己获得自信。

（1）说话时要坐稳　许多求职者在说话时总是坐立不定，来回摇晃、移动，情绪本来就紧张，摇来晃去使心绪更不稳定。坐如钟，稳如泰山，说话时才有一种稳重感。

（2）说话时敢于正视别人　说话时不正视别人通常意味着自卑，感到自己不如别人，做事无信心。躲避别人的眼神意味着自己做错了事，心怀不安或内疚。正视别人等于告诉他，我很坦然，很光明正大。眼睛给别人以希望，不但能给人信心，也能赢得别人的信任。

（3）说话时要抬头　说话时要给人朝气蓬勃的感觉，昂首、挺胸、谈吐自若；不要低头、垂目、耷拉着脑袋，这样会给用人单位留下信心不足的印象。

（4）时刻保持微笑　笑能给人增添推动力。笑是医治信心不足的良药，时刻保持微笑会释放掉很多压力，会带来许多自信。

2.掌握方法，避免怯场

求职时会经历一个复杂的心理变化过程，紧张、焦虑、莫名的兴奋、自卑等是主要的心理障碍。不要以为面试官是能洞察一切的，初次见面，彼此都不了解，也许对方比你还要紧张，不要自己先乱了方寸。学会巧妙运用"肢体语言"来缓解紧张情绪，坐直或站直，闭上双眼，冥想一些愉快、可笑或者曾令你感到自豪的事，把心情调节到最愉快的程度。如果感觉到紧张、焦虑已令自己难以承受了，可以采取下面的调节方法让自己归入平静。

（1）放松身体　身心相通，当身体放松时，紧张的心理也就得到了缓解。

（2）开怀大笑　开怀大笑可令紧绷绷的身体迅速放松，在开心地笑过之后，由于手臂、脚部的肌肉不再紧张，血压、心跳缓和，心情会相当轻松。因此，面试前可通过看小品或短视频等方式让自己开怀一笑。

（3）散步解忧　正常步伐、摆动双臂，能使人心情更加愉快。

（4）洗澡化忧　洗澡能增加血液循环，使人得到镇静，同时会使自己容光焕发，更加自信。理想的水温是38～40℃。

（5）深呼吸缓解压力　深呼吸是自我放松的最好方法，它包括简单的深呼吸、瑜伽、冥想等活动。深呼吸能促进人体与外界的氧气交换，还能使人心跳减缓、血压降低。

（6）听音乐　听一些古典音乐、民族音乐或流行音乐，都有助于缓解紧张的情绪。

3.避免从众心理和理想主义

求职者应避免从众心理，一切从自身的特点、能力和社会需要出发，不与同学攀比。同时，求职者的择业目标应和本人具备的实力相当或接近，避免理想主义，及时调整就业期望值，不刻意追求最满意的结果。

二、信息准备

面试前一定要广泛收集关于招聘企业各方面的信息，这是求职的制胜法宝。

1.收集招聘单位的信息

一个对招聘单位一无所知的求职者，面试必然失败。面试单位如果是企业，面试前应尽可能了解清楚企业的背景、历史和发展战略、企业文化、企业规模、主要产品或服务项目、最近公司的主要活动等重要信息。如果是事业单位，应了解单位的性质、主要功能、组织结构和规模，以及人员的年龄结构、专业结构和人际关系状况等。收集招聘单位的资料的途径有很多，如上网查询、亲朋好友提供的信息、老师的指导和意见、同学的介绍等。

2. 了解所应聘岗位的具体要求

在面试的过程中，岗位匹配度是面试官考察应聘者的关键环节，所以作为一名应聘者应提前对所应聘岗位进行深入的分析，找出该岗位的核心特质，并将核心特质与自身条件（如学历、技能、实操等）相结合，看看自己与所应聘岗位的匹配程度，同时尝试着给自己提几个与该岗位核心特质相关的问题，做好提前应对的准备。

三、材料准备

求职材料的准备是影响毕业生求职择业成功的一个重要环节。求职材料是毕业生踏入社会前准备的展现给用人单位的"名片"。这张"名片"质量的好坏决定求职者是否可以在众多求职者中脱颖而出。求职材料主要包括自荐信、个人简历、学习成绩单、职业资格证、论文、获奖证书、作品等的复印件，以及学校的推荐信与毕业生就业推荐表等。

1. 自荐信

自荐信也叫求职信，其目的在于引起用人单位的兴趣和关注。用人单位一般是通过阅读求职者的自荐材料来决定是否给予求职者面试的机会。

（1）自荐信的格式　自荐信的格式主要由开头部分、正文、结尾、落款几部分构成。开头部分是称呼和简单致谢词的组合。称呼不直呼某某同志，而是称其职务、职称或官衔，如称"尊敬的领导、经理"等。致谢词如"感谢您在百忙之中关注我的求职材料"之类的话语以表示对招聘者工作的感谢，以拉近彼此间的距离。正文部分说明本人的基本信息和求职意向。结尾写上祝愿的话，并表示真诚希望能有一次面试的机会，同时简单叙述一下对所应聘单位的印象，恰当表达对职位的兴趣，诚恳地希望用人单位考虑自己的要求，热情期望对方能予以答复和提供面试的机会，并且再次表示感谢。最后详细写明自己的通信地址、联系电话等。

（2）自荐信的内容

① 简单的自我介绍，介绍自己曾经参与过的社会实践活动及取得的成绩，以此证明自己拥有岗位胜任力和可持续发展能力。

② 说明求职动机并阐明对未来发展的设想，表明求职者对未来的职业规划，起到打动用人单位的目的。

③ 说明所学专业的特点及专业适用的岗位和部门、胜任某项工作的优势、自己所掌握的知识、经验和专业技能以及与工作需求相符合的能力及特长。

④ 计算机和外语等级情况及掌握的其他技能。

（3）自荐信的注意事项　开篇新颖，介绍巧妙；实事求是，不弄虚作假；态度诚恳，措辞得当；突出自己的优点和优势，针对性强；力求简洁，重点突出；语句顺畅，条理清晰。以下是一篇自荐信的范文。

自荐信

尊敬的领导：

您好！非常感谢您能在百忙之中阅读我的自荐信。

我是××职业学院财务管理学院会计专业的一名应届毕业生，在投身社会之际，欣闻贵公司声誉卓著、前景广阔，是一个能充分展现自己价值与能力的良好舞台。现慎重将我个人有关资料呈上，恳切希望能得到贵公司的青睐，成为贵公司的一员，为贵公司进一步繁荣尽自己的绵薄之力。

三年的大学生活，培养了我熟练的专业技能。在掌握会计学原理、财务会计、成本会计、预算会计、管理会计、会计电算化等重要的会计理论知识的同时，通过参加学校组织的会计模拟实验，利用寒暑假到企事业单位了解学习，进一步丰富了自己的实践经验。此外，为充实自己的专业技能，利用业余时间学习金碟、速达等财务软件的使用。

市场需要的是一专多能的复合型人才。为了更好地适应社会和迎接挑战，我在业余时间尽力完善各方面能力，英语已达大学生英语四级水平，具备良好的读、写、听、说能力；计算机达国家二级水平，在业余时间里，通过发传单、推销牛奶、卖运动鞋、做青年志愿者锻炼自己的胆识和处事能力，以增强自信和丰富阅历。

我来自农民家庭，农民的朴素和宽厚培养了我诚实、谦让、随和的性格特点和踏实、谨慎、不怕吃苦的办事态度。我为此感到庆幸和自豪。诚信乃立职之本，上面所言均乃真心之言。我相信贵公司看中的不是学历，而是应聘者的能力和发展潜力。真心希望获得一个与贵公司同甘共苦、共创未来的机会！

最后真心感谢您在百忙之中给予我的关注。祝贵公司事业蒸蒸日上、再创辉煌！静候佳音！

此致

敬礼！

自荐人：×××
×年×月×日

2. 个人简历

个人简历一般作为自荐信的附件，呈送给用人单位。一般包括个人基本信息，如姓名、性别、年龄、所学专业、学历、毕业院校、兴趣和特长、求职意向、教育背景、社会实践经历、参加过何种培训及职业兴趣、能力、在校期间的学习和生活经历、学习的课程及学习成绩、曾担任学生干部职务、参加的社团活动、在校期间获得的各种奖励、适宜从事的工作、通信地址等。

求职简历

姓名		性别		户籍		相片
民族		出生年月		健康状况		
所学专业		毕业时间		学历		
毕业院校						
手机				E-mail		
求职意向						
教育培训						
社会实践						
获奖情况						
自我评价						

3.证明材料

证明材料主要包括大学期间的学习成绩单、荣誉证书、技能等级证书、成果证明材料、发表的文章、学校的推荐信及学校统一制作的毕业生就业推荐表等。毕业生在求职时，如果采取上门推荐的方式向用人单位展示自己，那么就尽可能把反映自己能力的材料原件都带上并呈现给用人单位；若采取邮寄自荐材料的方式推荐自己，则根据各用人单位对应聘人员的要求，认真选择最有代表性及说服力的材料复印件邮寄给用人单位。

四、随身物品准备

求职时的细小行为最能说明一个人的真实情况。求职前，应把所有资料有条不紊地放在公文包内，这样会使你看上去办事得体有方、值得信赖。另外，面试前总有一段等候时间，会使人心情烦躁，打乱早已准备好的计划，因此，可以准备一本娱乐身心的书或杂志放在公文包里，因为看书可以让人安静镇定。最后，要检查笔和求职记录本是否放在包里，以便记录最新情况。

□ 课后思考与训练

1. 求职前应做好哪些方面的准备工作？
2. 求职前如何缓解自己的紧张情绪？

□ 经典推荐

1. 电视求职节目《职来职往》 2018年02期
2. 电视求职节目《你好！面试官》 2019年04期

第二节 / 审时度势　非你莫属——求职面试基础知识及技巧

👁 学习目标

1. 了解面试的内涵、作用及种类。
2. 掌握面试的标准程序。

一、面试的内涵

面试是在特定场景下，经过组织者精心设计，通过面试官与面试者面对面地观察、交谈等双向沟通方式，全面考察面试者的知识、能力、经验等综合素质的一种人事测评手段。面试，问的是问题、听的是底气、察的是神态举止、析的是心理、判的是综合素质。通过面试，用人单位重点了解面试者的语言表达能力、思维能力、处事能力、仪容仪表，以及对一些问题的看法和其他不能通过笔试反映出来的综合素质，以弥补笔试的不足，有利于全面、公正地考察面试者。

案例

有一位专科毕业生，求职过程中多次碰壁，多次被招工单位拒绝。他很沮丧，可父亲却对他说："勇敢些，到更好一些的招工单位试一试。"该市正在招考公务员，有20多人应试，都是本科生，有的还是名牌学校的本科生，他也应试了。

结果只录取了他这个专科生，理由是他是唯一在报刊上发表过十几篇文章的人、他是唯一把倒在桌面上的笔筒扶起来的人。文凭代表了实力和素质，但实力和素质不只靠文凭体现。发挥自己的优势，敢拼、善拼才会赢。这位大学生在面试时就成功地展示了自己的实力和素质。

（案例选自人人文库网《职场应聘故事》）

二、面试的作用

1. 了解求职动机

面试能够帮助用人单位了解面试者为什么来本单位工作、对哪类工作最感兴趣、职业规划如何，并初步判断本单位所提供的职位或工作条件等能否满足面试者对该工作的期望。

面试官一般会问如下几个问题。

（1）你为什么选择来我们公司工作？你对我们公司有哪些了解？你为什么应聘这个职位？

（2）你为什么决定调换工作？你认为原单位有什么不足？你认为什么样的工作比较适合你？

（3）你最喜欢的工作是什么？为什么？你在选择工作时都考虑哪些因素？如何看待待遇和工作条件？

2. 考察专业知识

面试能够帮助用人单位了解面试者对专业知识的掌握情况、其专业知识储备是否符合录用职位的要求。面试对专业知识的考察更灵活，提出的问题更接近岗位对专业知识的要求。这类面试题主要是了解求职者对专业知识和技能的掌握程度，重要考察的是潜力。

 问题示例

计算机类专业面试题

（1）请分别画出OSI的七层网络结构图和TCP/IP的五层结构图。

（2）请详细解释一下IP协议的定义。在哪个层上面？主要有什么作用？TCP与UDP呢？

（3）请问交换机和路由器的实现原理分别是什么？分别是在哪个层次上面实现的？

3.考察实践经验

用人单位根据面试者的个人简历或求职登记表进行相关提问。查询面试者有关背景及过去工作情况,以补充、证实其所具有的实践经验,通过对其工作经历与实践经验的了解,还可以考察面试者的责任感、主动性、口头表达能力及遇事的理智状况等。

> **问题示例**
>
> (1) 请你谈一下和本工作有关的工作经验。
> (2) 你如何看自己缺少工作经验的问题?
> (3) 你大学刚毕业,在相关工作经验方面较为欠缺,对这一点你怎么看?
> (4) 你现在或最近所做的工作,其职责是什么?它有些什么具体的事务?你担任什么职务?

4.考察语言表达能力

考察面试者是否能够将自己的思想、观点、意见或建议顺畅地用语言表达出来。具体内容包括表达的逻辑性、准确性、感染力,说话时的音质、音色、音量、语调等。

5.考察综合分析能力

面试中,面试者是否能通过分析主考官所提出的问题抓住其本质,并且能否做到说理透彻、分析全面、条理清晰。

> **问题示例**
>
> (1) 请你举一个具体的例子,说明一下你是如何设定一个目标然后达到它的。
> (2) 请举例说明你在一项团队活动中是如何采取主动性措施,并且起到领导者的作用,最终得到你所希望的结果的。
> (3) 请你描述一种情形,在这种情形中你需要去寻找相关的信息,从中发现关键的问题并自己决定依照一些步骤来获得期望的结果。

6.考察反应能力与应变能力

主要看面试者对主考官所提出的问题的理解是否准确,及其回答的迅速性、准确性等。对于突发问题的反应是否机智敏捷、回答是否恰当,对于意外事件的处理是否妥当等。

> **问题示例**
>
> 最考验智商的面试
>
> 一些国际大型跨国公司的面试虽然考查的侧重点不尽相同,但都是以考察智商而出名的。下面一起感受一下他们的经典面试题目。

> （1）在房间里有3盏灯，房间外面有3个开关，在外面看不到房内的情况，你只能进去一次，你用什么方法来区分哪个开关控制哪一盏灯？
> （2）有两根分布不均匀的香，每根香烧完的时间正好1小时，你能用什么方法来确定一段15分钟的时间？

7.考察仪表风度

仪表风度指面试者的体型、外貌、气色、衣着举止、精神状态等。国家公务员、教师、公关人员、企业经理人员等职位，对仪表风度的要求较高。研究表明，仪表端庄、衣着整洁、举止文明的人一般做事有规律，注意自我约束，责任心强。

8.考察人际交往能力

在面试中，通过询问面试者经常参与哪些社团活动，喜欢与哪种类型的人打交道，在各种社交场合所扮演的角色，可以了解面试者的人际交往倾向和与人相处的技巧。

> **问题示例**
>
> （1）你参加过哪些社团工作？
> （2）你喜欢和什么样的人交朋友？
> （3）你和同事相处得怎么样？
> （4）你经常与陌生人交谈吗？

9.考察自我控制能力与情绪稳定性

自我控制能力对于许多类型的工作人员，如国家公务员、企业管理人员等尤为重要。一方面，在遇到上级批评指责、工作有压力或是个人利益受到冲击时，能够克制、容忍、理智地对待，不致因情绪波动而影响工作；另一方面工作要有耐心和韧劲儿。

> **问题示例**
>
> （1）你听见有人在背后议论你或说风凉话，你怎么处理？
> （2）领导和同事批评你时，你如何对待？
> （3）领导在部门会议上当众错误地批评了你，你如何处理？

10.考察工作态度

一是了解面试者对过去学习、工作的态度；二是了解其对应聘职位的态度。在过去学习或工作中态度不认真、做好做坏无所谓的人，在新的工作岗位上也很难做到勤勤恳恳、认真负责。上进心、进取心强的人，一般在事业上有明确的奋斗目标，并为之积极努力，他们会努力把现有工作做好，且不安于现状，工作中常有创新。上进心不强的人，一般都是安于现状、无所事事，不求有功、但求无过，对什么事都不热心。

> **问题示例**
> （1）你认为公司管得松一些好，还是紧一点好？
> （2）在工作中看见别人违反规定和制度，你怎么办？

三、面试的种类

面试是一种灵活的测评方法，面试的形式和内容很灵活。用人单位可以根据职位的特点和面试者的特点灵活地选用不同的方式。

（一）根据面试者的数量

1. 集体面试

集体面试也叫小组面试，是多名面试者同时面对考官的面试。这种方法主要考察面试者的人际沟通能力、洞察与把握环境的能力、领导能力等。目前，国际上的大公司（如西门子、英特尔等）都采用集体面试的形式。

集体面试最常用的方法是无领导小组讨论。用人单位将面试者组织在一起，面试者被划分成小组，每组4～8人不等，然后对某个选题进行自由讨论。考官一般坐在离面试者一定距离的地方，不参加提问或讨论，通过观察、倾听，从中观察面试者的综合素质，为面试者进行评分，进而决定是否聘用。讨论题目一般取自拟任岗位的职务需要，或是现实生活中的热点问题，具有很强的岗位特殊性、情景逼真性、典型性及可操作性。

2. 单独面试

单独面试是只有一个面试者的面试，现实中的面试大都属于这种形式。单独面试一般分为两种类型，一种类型是只有一位考官负责整个面试过程，这种面试方式大多在较小的单位、录用职位较低的人员时采用；另一种类型是多个考官面试一位面试者，这种形式在大型企业的招聘面试中广泛采用。

在单独面试中，考官处于积极主动的位置，面试者一般是被动应答。考官提出问题，面试者根据考官的提问作答，展示自己的知识、能力和经验。

（二）根据面试的方式

1. 非结构化面试

非结构化面试，又叫随意性面试，是对与面试有关的因素不作任何限定的面试。非结构化面试没有既定的模式、框架和程序，主考官可以"随意"向面试者提出问题，而对面试者来说是无固定答题标准的面试形式。主考官提问的内容和顺序都取决于其本身的兴趣和现场面试者的回答。这种方法给谈话双方充分的自由，主考官可以针对面试者的特点进行提问。非结构化面试经常采用案例分析、脑筋急转弯、情景模拟等方式。

> **问题示例**
>
> （1）中国有多少加油站?
> （2）每小时有多少黄河水流入大海?
> （3）一个冰场里的冰有多重?
> （4）地球上有多少个这样的点：往南走了1公里，往东走了1公里，再往北走了1公里，你能回到原来的出发点吗?
> （5）一天中钟表的指针重叠多少次?

对于这些问题，主考官并不想得到"正确"的答案，而是想看看面试者是否能找到最好的解题办法，是否能创造性地思考问题，考察的是面试者的逻辑能力和创新能力。

2.结构化面试

结构化面试，又称标准化面试，是指依据预先确定的程序和题目进行的，过程结构严密、层次分明、评价维度确定的面试。在面试中考官根据事先拟好的谈话提纲逐项向面试者提问，面试者针对问题进行回答。目前，正规的面试一般都为结构化面试，如公务员面试、研究生入学面试等。结构化面试流程如图4-1所示。

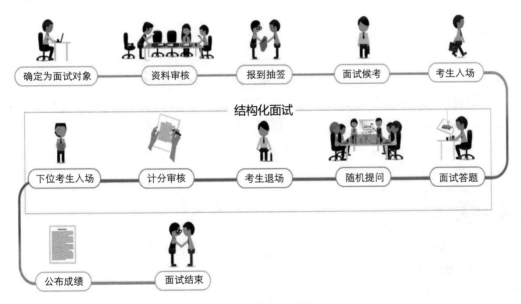

图4-1 结构化面试流程

（三）根据面试的侧重点

1.行为面试

行为面试是一种能有效排除个人的主观因素，以行为为依据、以目标为导向的有效选才工具。行为面试通过面试者的行为描述来判断其背后的品行、思想，准确率较一般的面试方法要高。通过行为面试，考官能了解到面试者的品行是否与岗位要求吻合，可深入探索面试者的动机和兴趣点。行为面试中考官使用的方法是询问面试者对实际工作中遇到的问题如何解决。宝洁、强生、西门子等公司的第一次面试通常采用这种面试类型。行为面试往往是2～3个面试官，会占用30～90分钟的时间。一般以自我介绍开始，然后对面试者的各种素质进行考察，一般是需要面试者用例子来论证需要考察的素质。同时，在讲述这个例子的时候或者结束之后，考官会对细节进行追问，为的是更好地评估这个例子能够在多大程度上反映面试者的相关素质。行为面试通常考察领导能力、创新能力、团队合作能力、解决问题能力这4种能力。

> **问题示例**
>
> 领导能力：面试官希望求职者举例说明自己的领导能力。例如：请举一个你领导一个团队完成了一个项目并获得了成功的例子。
> 创新能力：请举例说明你的一个创意如何对于一件事情的成功起了决定作用。
> 团队合作能力：请举例说明你如何通过在团队中协同合作最后完成了一个项目。
> 解决问题能力：请举例说明你是如何解决一个棘手的问题的。毕竟进入公司后每个人都是需要解决问题，因此这个能力绝对是重点考察的。

2. 情景面试

情景面试，又叫情景模拟面试，是通过给面试者创设一种假定的情境，考察面试者在情境中如何考虑问题、做出何种行为反应的面试。情景面试可在动态表演中展示个人的素质和职业特长，是面试形式发展的新趋势。在这种面试形式下，面试的具体方法灵活多样，面试的模拟性、逼真性强，面试者的才华能得到更充分、更全面的展现，考官对面试者的素质也能做出更全面、更深入、更准确的评价。情景面试突破了常规面试考官和面试者之间一问一答的模式，引入了各种各样的情景模拟方法，如无领导小组讨论、公文处理、角色扮演、演讲、答辩、案例分析等。

> **问题示例**
>
> 施工队不慎将某品牌汽车4S店的电线挖断，造成突然断电。如果你是该4S店的负责人，你将如何处理？
>
> 【参考要点】
> （1）首先向客户道歉，说明断电的原因，请求客户的原谅。
> （2）了解详细情况，确定短时间内是否能够修好。若能及时修好，请客户等待；若不能及时修好，给客户一个妥善的解决方法。
> （3）想一些应急处理措施，如若条件允许可自行发电。
>
> 【参考答案】
> 首先，向客户诚挚地道歉，第一时间向客户讲明断电事实，正常工作要暂时停止

一段时间，并进一步了解断电情况，知晓恢复供电时间后及时告知各位客户。其次，通知相关部门与施工单位进行交涉，确认电路损坏情况；及时通知相关修复单位及时进行修复，并了解恢复供电的大致时间。再次，如果供电当天可以较快恢复则请客户耐心地等待。最后，如果条件允许可以使用备用发电设施，自行发电用以供等待的客户进行业务办理，把顾客的损失降到最低。

（四）根据面试的媒介

1.电话面试

电话面试是用人单位通过电话沟通的方式，初步了解求职者的能力和业绩，排除明显不符合岗位要求的面试者的面试方式。电话面试最好约好通话时间，避免与其他事情冲突。面试时要找一个安静的环境，确保手机信号畅通，声音清晰，电量充足。

问题示例

电话面试示例

（1）您好，请问是×××先生/小姐吗？这里是××公司人力资源部，我姓王，您之前给我们公司投过简历，想花几分钟时间和您做一个简短的沟通，您现在方便吗？

（2）您所学的专业是什么？

（3）您在学校的成绩怎么样？

（4）您想找一份什么样的工作呢？

（5）能说一下您对我们这个岗位的理解吗？或者现在的工作模式是什么？

（6）您对要选择的公司有什么标准吗？

（7）您期望的薪资是多少？

（8）您之前了解过我们公司吗？

（9）如果邀请您来公司面试，何时比较方便？

（10）您有什么问题想要咨询的吗？

2.电视面试

电视面试是指用人单位借助电视媒介，通过求职者现场自我介绍、能力展示以及回答现场嘉宾提问等方式考察面试者综合素质的面试方式。面试者参加电视求职要经过严格选拔和培训。

2010年，电视求职类节目高调亮相我国电视荧屏，含蓄的中国人开始走上电视找工作。江苏卫视《职来职往》、天津卫视《非你莫属》、东南卫视《步步为赢》、北京卫视《就等你来》、广东卫视《天生我才》、深圳卫视《你好！面试官》、山东卫视《求职高手》等电视求职节目以其新颖的方式吸引了人们的关注，收视率节节攀升。

3.网络面试

"空中面试，云上揽才"正逐渐成为一种新的面试方式。网络面试是指用人单位与求职者足不出户利用互联网，使用视频摄像头和耳麦，通过语音、视频、文字等方式进行即时沟通交流的面试方式。当前，网络面试已经成为招聘中很受欢迎的方式。单位不能来招聘现场，有些求职人员不方便去外地面试，网络视频这座空中桥梁，为求职人员和用人单位提供了更广泛的空间。

网络面试形成了"个人认证+文字简历+视频面试+专业技能测试+视频录像"五位一体的招聘模式，弥补了传统视频面试只适用于初试、无法直接发送录取通知、只可一对一面试、无法看到细节表现等遗憾。在网络面试前，面试者应当打扫好自己的房间，确保光线充足，自己的网络状况良好。从个人形象上，做好梳洗打扮，有条件的话，可以穿着正装，以示尊重。这些硬件条件一定要做好，才能给面试官留下好的第一印象。网络面试尤其要注重说话时的语速、语气以及音量。在回答问题的时候，要注意对方是否能听见，可能会受到场地、网络以及设备的影响，这些都要提前调试好，如果现场有变化，可以问对方是否能够听见。在回答问题的语速上，要注意不慢不快。太快了对方可能听不清，太慢了可能会感觉到着急，要尽量让对方听得舒服。

整个过程中切忌不要提前关掉视频。在面试快结束的时候，向面试官道谢，并保持端正的坐姿和微笑，是留下一个好印象的开始。切忌不要在结束时匆匆关掉视频，更不要在还没有关视频时放松自我、到处走动，这样显得太随意。最好的方式是等待对方关掉视频，然后自己再关闭。

四、面试的标准程序

求职者要了解面试的标准程序，这样会更加深入地了解面试的原理，从而更好地应对面试。

（一）结构化面试标准程序

1. 预备阶段

① 对面试者讲解本次面试的整体计划安排、注意事项、考场纪律。

② 以抽签的方式确定面试者的面试顺序，并依次登记考号、姓名。

③ 面试开始时，由监考人员依次带领面试者进入考场，并通知下一名面试者做准备。

2. 引入阶段

① 由主考官宣读面试指导语，让面试者稳定一下情绪。

② 围绕其履历提出问题，目的是给面试者一次真正发言的机会。如"请用3分钟做一个自我介绍""在简历表中提到喜欢看书，可否介绍一本你喜欢的书？"

3. 核心阶段

核心阶段主要是通过提问了解面试者的心理素质、行为特征和能力素质，问题可以是业务知识、岗位知识、社会问题等。各位考官独立地在评分表上按不同的要素给面试者打分。给每位面试者提出的问题一般以6～7个为宜，每个面试者的面试时间通常控制在30分钟左右。

4.结束阶段

① 主考官允许面试者问一到两个问题，并做回答。

② 主考官宣布面试者退席。工作人员收集每位考官手中的面试评分表并交给计分员，计分员在监督员的监督下统计面试成绩，并填入成绩汇总表。

③ 记分员、监督员、主考官依次在面试成绩汇总表上签字，面试结束。

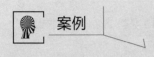 案例

公务员结构化面试

面试指导语：你好，首先祝贺你顺利通过了笔试，欢迎参加今天的面试。我们会问你一些问题，有些和你过去的经历有关，有些要求你发表自己的见解。对我们的问题，希望你能认真和实事求是地回答，尽量反映自己的实际情况、真实想法。面试的时间为5分钟左右，回答每个问题前，你可以先考虑一下，不必紧张。好，现在我们开始。

第一个问题，请你简单介绍一下自己的基本情况和主要经历。

第二个问题，习近平总书记曾说："哲学社会科学创新可大可小，揭示一条规律是创新，提出一种学说是创新，阐明一个道理是创新，创造一种解决问题的办法也是创新。"请谈谈你的理解。

追问：如果成功应聘这一工作岗位，你将会有哪些创新的工作方法？

第三个问题，单位下午要召开重要会议，领导让你负责组织并印刷会议材料，但是中午你接到印刷厂电话，说机器昨晚出现故障，资料未印刷完。此时，你会怎么办？

第四个问题，"咬定青山不放松，立根原在破岩中。千磨万击还坚韧，任尔东西南北风。"请结合实际，谈谈你对这首诗的理解。

最后一个问题，请你对自己今天的面试情况做一个评价。

很高兴你对我们的问题一一做了回答，结构化面试就到这里，请开始第二个环节，10分钟试讲！

（案例选自华图教育公务员考试网）

（二）无领导小组讨论面试标准程序

1.预备阶段

讨论前事先分好组，一般每个讨论组6～8人。

2.引入阶段

① 面试者落座后，监考人员为每个面试者发空白纸若干张，供草拟讨论提纲用。

② 主考官向面试者讲解无领导小组讨论的要求，并宣读讨论题目。

③ 给面试者5～10分钟准备时间，构思讨论发言提纲。

3. 核心阶段

① 主考官宣布讨论开始，依考号顺序每人阐述观点（5分钟），依次发言，发言结束后开始自由讨论。

② 各面试考官只观察并依据评分标准为每位面试者打分，不参与讨论或给予任何形式的诱导。

4. 结束阶段

① 无领导小组讨论一般以40～60分钟为宜，主考官依据讨论情况，宣布讨论结束后，收回面试者的讨论发言提纲，同时收集各考官评分成绩单，考生退场。

② 计分员去掉一个最高分、一个最低分，得出平均分，再计算出最后得分，主考官在成绩单上签字。

课后思考与训练

1. 面试前应做好哪些方面的准备工作？
2. 面试过程中应注意哪些问题？

经典推荐

智慧树慕课：求职OMG——大学生就业指导与技能开发

第三节 实话巧说 突出亮点——求职面试自我介绍技巧

学习目标

1. 了解求职面试自我介绍的基本原则。
2. 掌握面试自我介绍的内容。
3. 掌握面试自我介绍的注意事项。

案例

面试时，某大学应届毕业生李雨晴正好碰上了一个赞美她名字的面试官。"李雨晴，你的名字很好听呀！你介绍一下自己吧。"对此，李雨晴的应答却不尽如人意。"谢谢！这个名字很符合我的性格，雨是比较温柔的，晴是比较热烈的，我觉得我的个性既有顺从的一面，也有比较热烈积极的一面。"但是没有想到正是因为这样的回答，她却犯了一个典型的面试交流错误——失真。

面试官夸奖面试者的名字，一是发自内心地赞美一下好听的名字，二是希望能在面试开始的时候，制造一种放松和谐的气氛。她的回答听起来很"美"，却完全不真实，因为宝宝刚出生时，完全看不出性格是温柔还是热烈！这样回答反映出面试者急于表现自己的优点，结果却违反了最基本的"真诚沟通"的原则。面试官本来想放松一下，结果反而被面试者的自夸弄得浑身起了鸡皮疙瘩，觉得自己接下去要是不夸奖她一番，就没法继续交流。

（案例选自豆丁网《面试官最喜欢的面试自我介绍》）

"万事开头难"，面试中自我介绍是最难、最关键的一步。自我介绍是面试者对自己的所有工作成绩与为人处世的总结，也奠定了接下来面试的基调，考官将基于面试者的自我介绍进行提问。在求职面试时，无论是"单面"，还是"群面"，简单寒暄过后，面试官都会温柔地说一句："请简单做个自我介绍吧"。这是面试时的第一个关卡，企业要通过这一环节考察面试者的语言表达能力、应变能力、心理承受能力和逻辑思维能力等。自我介绍既是打动面试官的敲门砖，也是推荐自己的极好机会，自我介绍做好了，面试就成功了一半。但是如果把握不好自我介绍的分寸，就会让你止步于此。

一、面试自我介绍的原则

自我介绍作为面试者的"名片"，能够集中展现面试者的基本情况，考察面试者是否符合岗位需求。虽然问法非常简单，感觉怎么都能答出来几句，但如何从众多竞争者中脱颖而出，这就需要好好地斟酌，把握自我介绍的原则。

1. 实事求是，与简历一致

自我介绍要实事求是，不要言过其实。面试者特别要注意自我介绍要与个人简历、报名材料上的有关内容相一致，不要有出入，更不要有意夸大或制造事实上并不存在的优点。有些面试者想编造一些经历来丰富自己的自我介绍，这种做法是极不可取的，不要在作自我介绍的时候把自己定位成一个"高、大、全"的形象。

2. 简洁明了，突出重点

自我介绍要像商品广告一样，在最短的时间内，将自己最美好的一面毫无保留地展现出来，给对方留下深刻的印象。所以自我介绍要简洁明了，一般控制在3分钟左右。

自我介绍要思路清晰、突出重点，把最有价值的信息传达给面试官。把自己的优势很自然地逐步显露，不要急于罗列自己的优点。

3. 发音标准，吐字清晰

声音是一个人的第二张名片。自我介绍时普通话应力求标准，不可讲错字或念错字音，方言最好不用。声音要沉稳、自然、洪亮,语速要适中,吐字要清晰,这样才会给考官留下良好的第一印象。

求职者应使用灵活的口头语言,一定不要用背诵、朗读的口吻介绍自己。

4.态度自然,彬彬有礼

自我介绍时,整体上讲求落落大方、彬彬有礼。说话时,要面带微笑,表情尽量放松,态度要自然、友善、亲切、随和。

二、面试自我介绍的内容

面试自我介绍可以分为三个部分,即开场白、核心介绍和结束语。

1.开场白

自我介绍要从开场的问候语开始,应礼貌地做一个极简短的开场白,它将决定整个面试的基调。当轮到你面试时,应轻轻敲两下门,得到许可后方可进入。进门后应轻轻地转过身关上门,然后要主动与主考官打招呼,并向所有的面试人员点头致意,得到回应后再向对方介绍一下自己的情况。例如:"各位考官上午好或下午好""各位领导好""各位老师好"等。声音要足够洪亮,底气要足,语速自然。若考官没有主动与你握手,你就不要主动与考官握手。等考官告诉你"请坐"时方可坐下。

2.核心介绍

(1)你是谁 自我介绍的第一步是要让面试官知道你是谁。这一步,主要介绍自己的个人履历和专业特长,包括姓名、年龄、籍贯等个人基本信息,教育背景以及与应聘职位密切相关的特长等。这一环节中,生动、形象、个性化地介绍自己的姓名,不仅能够引起面试官的注意,而且可以使面试的氛围变得轻松。

(2)你做过什么 做过什么,代表着求职者的经验和经历。这个部分,主要介绍与应聘职位密切相关的实践经历,包括校内活动经历、相关的兼职和实习经历、社会实践等。要说清楚确切的时间、地点、担任的职务、工作内容等,这样能令面试官觉得真实、可信。特别需要注意的是,求职者的经历可能很多,但不可能面面俱到,那些与应聘职位无关的内容,即使引以为荣也要忍痛舍弃。

> **自我介绍示例**
>
> 作为一名金融专业的应届毕业生,我在大学三年的学习中对银行业有了比较全面的了解,同时我也感觉自己对银行的运作有较大的兴趣。我在学校连续三次获得校奖学金。在校时我还担任班里的班长,和其他班级干部共同管理班级,组织班级活动。

(3)你做成过什么 做成过什么,代表着求职者的能力和水平。这部分,求职者主要介绍与应聘职位所需能力相关的个人成绩,包括校内活动成果和校外实践成果。介绍个人成绩,把自己在不同阶段做成的有代表性的事情介绍清楚,需要注意以下几方面。

① 成绩要与应聘职位需要的能力紧密相关。如果应聘技术岗位,就不需要介绍销售业绩。

② 介绍"你自己"的成绩，而不是团队成绩，因为用人单位要招聘的是"你"，而不是"你们"。

③ 成绩要有量化的数字，要有具体的证据。不要用笼统的"很好""很多"；也不要用"大概""约""基本"等概数，而要用确切的数字。例如：不要说"我在大学，学习成绩很好"，要说"我在大学期间，综合成绩名列前茅，获得了一等奖学金和三好学生称号"。

④ 介绍的内容应当有所侧重，不要说流水账，要着重介绍那些能体现自己能力的重点。

⑤ 介绍成绩取得的具体过程时，要巧妙地埋伏笔。例如：在介绍校外实践成果时，可以这样描述，"在工作中遇到了很多的问题，不过我还是成功地克服并达成了目标。"引导面试官提问"遇到了哪些问题"，然后你就可以进一步阐述细节内容，体现出自己处理问题的能力。

学业成绩介绍示例

在大学期间，我不断充实和完善自己。学习上我刻苦认真，成绩优异，所学主要基础课和专业课成绩在优良以上，平均成绩84分。除了专业课学习外，我还注意优化自己的知识结构，适应时代对人才的要求，考取了计算机国家二级证书以及普通话等级证书。在英语学习方面，我在学习大学英语的基础上，具备了一定的翻译、阅读、口语及写作能力，现在正向更高目标努力，同时我自学并掌握了计算机操作技能。此外，我还积极参加多种社会实践，提高了自己的综合素质，尤其是在今年八九月份教育实习中，我获得了宝贵的教学管理经验。

（4）你想做什么　想做什么，代表着求职者的职业理想。在这个部分，求职者需要介绍自己对应聘职位和行业的看法和理想，包括职业生涯规划、对工作的兴趣与热情、未来的工作蓝图、对行业发展趋势的看法等。在介绍时，求职者还要针对应聘职位合理编排每部分的内容。与应聘职位关系越密切的内容，介绍的次序越要靠前，介绍得越要详细。

3. 结束语

自我介绍后，考官可能就其中某一点向你提出问题，也可能过渡一下，继续下面已经安排好的问题。这时考官会说"我们十分欣赏你的能力"或"你的自我介绍很精彩"等，这意味着自我介绍的结束。这时，一定要站起来对考官表示感谢，说声"谢谢"。求职者在走出面试房间时先打开门，转过身来向考官鞠一躬，并再次表示感谢，然后轻轻将门合上。

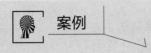

面试自我介绍

各位考官，你们好！我是一名应届毕业生，主修的专业是工商管理，辅修了历史学专业。在大学里的学习和生活增强了我各方面的素质。在学习上，我成绩优异，连续获得三次校级一等奖学金。参加了本校创新课题"关于××的实证分析",这一课题获得校科研创新二等奖。同时,大学期间我也参加了丰富多样的社会活动。比如,我报名参加了中华世纪坛的讲解志愿者活动,凭借平时的扎实功底,我在面试现场能够流利地回答考官关于专业方面的问题,最终从300多名报考者中脱颖而出,成为志愿者中的一员。

此外,从课外实践活动中,形成了精诚协作的团队意识,锻炼了自己的语言表达能力。比如,在成为讲解志愿者之后,我坚持按照场馆的时间安排表,准时参加每一次的志愿者活动。我所在的志愿者小队有一个优良的传统,就是在正式开展活动之前都要开一次简短的小会,就本次讲解中大家感到困惑和不好向参观者表达的地方进行讨论,互相切磋、演练,纠正发音不准和表达不合适的地方。正因为这一点,我们小队每次都能获得馆里"优秀团队"的殊荣。小队里有不少白发苍苍但言行儒雅的老教师,虽然他们已经退休,但还用自己渊博的知识坚持发挥余热,我经常向他们请教,不管是生活问题还是学习问题,都受益匪浅,因此也收获了不少忘年之交。

我即将走上新的工作岗位,我将怀着更大的热情投入到工作中去,发挥自己的特长,完善自己,努力完成工作,实现自己的价值。

三、面试自我介绍注意事项

① 自我介绍时,应该注意介绍内容的禁忌,忌讳使用过多的"我"字,忌讳头重脚轻,忌讳介绍背景而不介绍自己,忌讳夸口和说谎,忌讳过于简单而没有内容。

② 面试之前一定要写自我介绍的提纲或草稿,最好对着镜子或找些朋友试着讲述几次,感觉一下,尽量让声调听起来流畅自然、充满自信。

③ 介绍时要多用短句子以便于口语表述,在段与段之间可使用过渡性的句子,避免颠三倒四,同一句话反复说几遍。

④ 避免过分使用语气词和口头语。例如,经常用"那么""就是说""嗯"等引起下文,不仅有碍于内容的连贯,还容易让面试官生厌。

⑤ 注意掌握时间,如果面试考官规定了时间,一定要注意时间的掌握,既不能超时太长,也不能过于简短,一般在3分钟之内。

⑥ 自我介绍时,眼睛千万不要东张西望,四处游离,显得漫不经心的样子,这会给人做事随便、注意力不集中的感觉。眼睛最好多注视面试考官,但也不能长久注视、目不转睛。

⑦ 尽量少一些手的辅助动作,因为毕竟不是讲演,保持一种得体的姿态很重要。

> **课后思考与训练**
>
> 1. 修改下面自我介绍中的不当之处
> (1) 各位领导好!非常荣幸能参加这次面试。我来自美丽的海滨

课后思考与训练

城市，今年24岁，是大学本科的应届毕业生。闽南的山水哺育我长大，我的血液里流淌着闽南人特有活泼开朗的性格和爱拼才会赢的打拼精神。

（2）本人在校期间，勤奋学习，积极参加学校各项活动，以使自己得到全面发展。自入学以来，就担任多个学生会干部职位，取得了一定的成绩，具备了一定的工作经验，并在班上的两次评优过程中，均被评为优秀团员。

（3）本人写作能力很强，有一定的文字功底，在电视台实习过，写了许多新闻报道和通讯稿，相信自己能胜任文秘和宣传工作。

2.欣赏《职来职往》中的视频，分析求职者面试自我介绍的优缺点。

3.请结合自身情况，以应聘者身份围绕某地产集团招聘启事中的岗位需求，设计一段自我介绍，限时3分钟，然后由学生和教师点评。该训练可利用录播设备，将学生自我介绍时的情形录制后重播，共同找出缺点，然后设法改善。

某地产集团招聘启事

某集团是以民生地产为基础，金融、健康为两翼，文化旅游为龙头的世界500强企业集团，已形成"房地产+服务业"产业格局。截至2017年上半年，总资产达1.5万亿元、销售规模超5000亿元，纳税334亿元，现金余额3043亿元，员工10多万人。

招聘岗位：设计管理。

工作职责：主要负责地产项目总体规划方案设计、建筑设计、装修设计、园林设计、施工图纸审核、新材料研发等管理工作。

岗位要求：建筑学、城市规划、环境设计、艺术设计、材料工程、工程管理、结构工程、工民建、电气、自动化、暖通、空调制冷等相关专业。

4.试分析下面自我介绍的优缺点。

尊敬的各位评委老师，能参加今天的面试，并向各位评委老师学习，我很高兴。同时通过这次面试也可以把我自己展现给大家，希望你们能记住我，下面我简单介绍我的基本情况。

我叫×××，今年××岁。毕业于××。我性格活泼开朗，大方热情，乐于助人，平时喜欢看书和上网浏览信息。我曾经在××学校参加过教学实习进行语文教学和班级管理，在实习期间我严格按照正式老师的标准来要求自己。我深入学生，和他们相处融洽，和他们一起布置文明教室，开主题班会，组织大家开展篮球赛，参加诗歌朗诵比赛等，同

课后思考与训练

时学习了语文教学的专业知识，掌握了一定的中学语文教学技巧，也对班主任工作和学生工作有了一定的认识，找到了自己管理班级的一套方法。在实习当中，身边教师无私奉献的精神和天真、求知若渴的学生勤奋的学习态度深深地感染了我。我也深深体会到了作为一名"人类灵魂的工程师"的乐趣和重要意义，更加坚定了自己做一名教师的决心，成为一名教师也成了我的愿望。

教师这个职业是神圣而伟大的，它要求教师不仅要有丰富的知识，还要有高尚的情操。为了成为一名教师，我在自己掌握了专业知识的基础上，不断拓展自己的各种能力，培养自己的爱心、责任心和耐心，以及创新能力、竞争能力和分析处理问题的能力。通过参加各种活动，广泛培养自己的兴趣爱好，学有所长，除擅长写作和打排球外，还会唱、会说、会讲。"学高仅能为师，身正方能为范"，在注重知识学习的同时我还注意培养自身的道德情操，自觉遵纪守法，遵守社会公德，使自己具有一名教育工作者应该具备的最起码的素养。

如果我通过了面试，成为该校教师队伍中的成员，我将继续虚心学习，努力工作，发挥自身所长，为教育事业贡献自己的一份力量，绝不辜负"人类灵魂的工程师"这个光荣的称号。

经典推荐

智慧树慕课：有话好好说——职场新人口才攻略

第四节 / 提前准备 三思后答——求职面试问答技巧

学习目标

1. 掌握求职面试常见问题的回答技巧。
2. 掌握求职面试特殊问题的回答技巧。
3. 掌握面试问答注意事项。

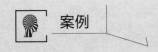

可口可乐公司面试曾经出过这样一道题：如果你是可口可乐公司的业务员，驾着一辆载着过期面包的卡车，准备到偏远的地区把这些面包销毁，但在半路遇见了一群难民，他们十分饥饿，难民把路堵住了，当场还有刚刚赶来的记者，那些难民知道车里有吃的。请问，你会怎样处理这件事情？要求既不让记者报道公司把过期的面包给人吃，又让难民可以吃掉这些不会影响身体健康的救命面包（车不可以回去，车上只有面包，不可以贿赂记者）。

这种面试题是没有标准答案的，目的是考察应聘者在相应的情景下的观察能力、应变能力和处事能力。答得怎样靠答题者个人的平时积累，有时还与其性格和价值观相关。

（选自职场指南网《可口可乐公司趣味面试题解答》）

"台上一分钟，台下十年功"，面试像是一场演出；"知己知彼，百战百胜"，面试更像是一场战争。面试者要迎战考官提出的一个又一个问题。面试中的问答是面试的重中之重，面试者的回答将成为考官考虑是否录用面试者的重要依据。根据面试问题的出现频率和回答的难易程度，将面试问题分为常见问题和特殊问题两类。

一、常见问题回答技巧

1.动机类问题回答技巧

（1）出题原因　动机类问题通常是面试官最先问到的问题。该类问题能够考察面试者的求职动机与拟任职位的匹配性，内容会涉及面试者的价值取向和生活态度等多个方面，从面试者的回答来评估其是否适合新的工作。

（2）面试官问法　"你为什么选择我们公司？"或"你为何想离开原工作单位，到我们公司来呢？"

（3）回答思路　建议从行业、企业和岗位3个角度来回答。对于职场新人，由于没有工作经验，建议可以坦诚地说出自己的动机，但是用语要经过思考。

面试者必须充分地了解应聘的企业和部门的工作性质，企业提供的职位应达到的工作目标是什么。这样才能有针对性地回答求职动机，即把个人的人生追求与用人单位及职务联系起来。面试者要多谈积极性的求职动机，比如"我喜欢有挑战性的工作""可以更好地锻炼自己，实现人生进取的目标""我本人不喜欢轻闲的工作，越是具有挑战的工作我越爱干""我十分看好贵公司所在的行业，我认为贵公司十分重视人才，而且这项工作很适合我，相信自己一定能做好"等。少谈或者不谈消极性的求职动机，比如"我来求职是因为在家里待着没意思""失业了，没个事干，让人家瞧不起"等。

2. 个人爱好、特长类问题回答技巧

（1）出题原因　业余爱好和特长在一定程度上能反映面试者的性格、观念和心态，这些要素对于今后面试者的工作态度、工作稳定性等有重要影响，这是招聘单位问这类问题的主要原因。

（2）面试官问法　"你有什么业余爱好？""你有什么特长吗？""你在节假日喜欢做些什么？"

（3）回答思路　面试者一定不要说自己没有业余爱好或特长，也不要说自己的一些庸俗的、令人感觉不好的爱好和特长，如玩游戏等，也不能说自己仅限于读书、上网等爱好，否则可能令面试官怀疑面试者性格孤僻。最好能有一些户外的业余爱好，如打篮球、爬山、游泳等。面试者要尽量突出自己的长处，但也要注意分寸，不要给面试官以浮夸、吹嘘的感觉。回答问题的重心要放在对应聘新职位有利的爱好和特长上，否则考官不会对你感兴趣。回答问题时，最好以事实为证，比如可以说"我喜欢打篮球，在大学期间参加过学校的三人篮球比赛，获得了冠军"。

3. 个人优缺点的回答技巧

（1）出题原因　优缺点在一定程度上能反映面试者对自己的评价，也能够看出面试者的性格、修养等，这些要素对于今后的工作态度有重要影响，是招聘单位问这类问题的主要原因。

（2）面试官问法　"你觉得你个性上最大的优点是什么？""你最大的缺点是什么？"

（3）回答思路　优点回答比如：遇事沉着冷静、思路清楚、立场坚定、顽强向上，生活中乐于助人和关心他人、适应能力强，有幽默感。我在××经过一到两年的培训及项目实战，加上实习工作，使我适合这份工作。

关于最大的缺点这个问题被问到的概率很大，通常面试官不希望听到面试者直接回答缺点是什么，如果面试者说自己小心眼、爱忌妒人、非常懒、脾气大、工作效率低，这样的话单位肯定不会录用你。绝对不要自作聪明地回答"我最大的缺点是过于追求完美"，有的人以为这样回答会显得自己比较出色，但事实上，他已经"岌岌可危"了。面试官喜欢面试者从自己的优点说起，中间加一些小缺点，最后再把问题转回到优点上，突出优点的部分。

4. 实践经验类问题的回答技巧

（1）出题原因　一般情况下，如果招聘单位在招聘启事中没有提出必须具备工作经验的要求，面试时对应届毕业生提出了这个问题，说明招聘单位并不真正在乎经验，关键看面试者怎样回答。

（2）面试官问法　"你是应届毕业生，缺乏经验，如何能胜任这项工作？"或"请谈谈你的工作经验。"

（3）答题思路　对实践经验类问题的回答要体现出面试者的诚恳、机智、果敢。面试者要注意关于工作经验的问题是不能编造的，必须如实说明，否则会给面试官以不诚实的印象。回答时语气既要肯定又要谦虚，应该尽量说明以前的实践经验如何对这份工作有利。

如"作为应届毕业生，在工作经验方面的确会有所欠缺，因此在大学期间我一直利用各种机会在这个行业里做兼职。我也发现，实际工作远比书本知识丰富、复杂。但我有较强的责任心、适应能力和学习能力，而且比较勤奋，所以在兼职中均能圆满完成各项工作，从中获取的经验也令我受益匪浅。请贵公司放心，学校所学及兼职的工作经验使我一定能胜任这个职位。"

5.知识类问题回答技巧

（1）出题原因　知识类问题能考察面试者对所要从事的工作必须具备的一般性和专业性知识的了解和掌握程度。

（2）面试官问法　知识类的问题包括常识性的知识和专业性的知识。常识性的知识是指从事该工作的人都应具有的一些常识。比如销售人员应了解一些必要的商务礼仪，人事工作者应了解必要的劳动人事制度和法规等。专业知识指专业领域的相关知识，比如对网络维护人员的面试来说，就可能需要回答什么是计算机病毒？如何更好地预防计算机病毒入侵？

（3）答题思路　对于知识类问题的回答并没有什么窍门，只有靠面试者自己平时的积累和扎实的基础。

二、特殊问题回答技巧

1.智力类问题回答技巧

（1）出题原因　智力类问题能够考察面试者的反应能力、逻辑分析能力、判断能力等。

（2）面试官问法　选择一些智力题，考察面试者的综合分析能力。比如在微软的面试中，曾经有这样一道面试题：假如你在飞机上遇到一位高尔夫球的生产商，向你询问中国每年消耗的高尔夫球的数量，你怎样回答？

（3）答题思路　智力类问题一般不是要面试者发表专业性的观点，也不是对观点本身正确与否做评价，而主要是看面试者是否能做到言之有理。怎样回答，对于在现实生活中见都没见过高尔夫球的人来说无疑是一头雾水。其实对于这种不可能答对的问题，只要找到它的解决办法就可以了，因为连面试官自己也不知道问题的答案。面试者可以这样回答："首先，统计中国高尔夫球场的数目。然后，统计平均每天有多少位客人。再次，统计每位客人平均每天消耗的高尔夫球的数量。最后，我们把3个数相乘，再乘以一年的营业天数，就可以知道中国每年消耗的高尔夫球的数量。"

2.情境类问题回答技巧

（1）出题原因　此类试题能够考察面试者的应变、计划、组织、协调能力和情绪稳定性，是目前面试中广泛使用的一种提问方式。

（2）面试官问法　设计一种假设性的情境，考察面试者将会怎么做。此类试题的基本假设是，一个人说他会做什么，与他在类似的情境中将会做什么是有联系的。如"当你的客户很明显在刁难你的时候，你如何应付？"

（3）答题思路　对于此类试题，面试者首先要理解自己的角色，把自己放到情境中去，然后提出比较全面的行为对策。如"首先要以公司的利益为重，尽可能让客户明白，公司的宗旨是全心全意地服务于客户。很多时候我相信客户对于我的刁难也是出于对我公司办事能力的一种考验，我一定会竭尽全力使客户相信公司、相信我。不过，如果客户提出一些很过分甚至违背人性的要求，我不会妥协，我相信公司也一定不会让员工在外受到人格上的侮辱。"

3. 压力类问题的回答技巧

（1）出题原因　这种问题通常是故意给面试者施加一定的压力，看看其在压力下的反应，以此考察面试者的应变能力与忍耐性。

（2）面试官问法　有时考官可能提出真真假假的"题外题"。如某电视台招聘记者，小郑前去应聘。面试中，考官指出："你说你爱好写作，可是我看了你填的报考表，在自我评价栏中居然出现了3处语法错误，现在既没有多余的表格，也不准涂改，你怎么办？"

（3）答题思路　对于压力类试题，面试者不要简单地就题答题，要全面考虑，让答案更完整圆满，首尾呼应，不顾此失彼，留下缝隙，授人以柄。比如对于上面提出的问题，小郑听罢吃了一惊，心想填表时自己是字斟句酌的，怎么会有3处错误呢？但时间不允许他多想，他当机立断回答说："为了弥补失误，我可以在表后附一张更正说明，上面写上'某某地方出现了3处语法错误，实属填表人的粗心，特此更正，并向各位致歉。'不过……"他停顿了一下说："在发出这份更正说明之前，我想知道是哪些错误，因为不能无的放矢，错误地发出一份更正说明，我不愿意再犯这种错误。"他的机智应对令考官们笑了。其实他的报考表并没有错误，这不过是考官设的一个圈套，用以考察他的自信心和反应能力。从表达角度看，他的得分主要在于后半部的补充说明。这一段内容的表达十分完美、滴水不漏，印证了他机敏全面、认真仔细、一丝不苟的品格，赢得了好评。

4. 薪酬类问题的回答技巧

（1）出题原因　薪酬类问题是敏感问题，也是面试中非常重要的一项内容。考官在初步有意向选择某位面试者时才会提出薪酬问题。同时，提问的另一个目的是观察面试者对薪酬的态度。这使许多面试者不知所措。有的自我感觉良好，盲目抬高身价，最后因为薪资问题而错失岗位；也有的不谙行情，把自己的心理价位拉得过低，一旦被录用后觉得吃亏而消极怠工或是又想跳槽。因此谈薪资时要掌握一定的谈判技巧，恰当地表达自己的愿望，就会达到预期的薪资水平。

一般来说，大企业由于其福利保障制度较为完善，薪酬控制较严格，除个别职位薪酬可以有较大波动外，其余均有较为严格的标准；而中小企业为吸引人才，也为了弥补其福利方面或者是个人发展方面的不足，薪酬伸缩的可能性较大。

（2）面试官问法　"你希望的薪资是多少？""你对薪水的期望值如何？""如果你被聘用，你有哪些要求？比如工资、待遇。"

（3）答题思路

① 了解业界行情，知己知彼。薪资问题是关系个人权益的事，因此一定要在入职前把薪资谈好。面试前要了解业界行情，包括了解所应聘行业全国范围的薪资水平，掌握该行业的景气指数、科技含量、发展前景，打听在该行业任职的前同事或学友的薪资现状，并

比较不同性质企业的工资水平，衡量自己的专业知识水平、实际操作能力和潜能，预测自己将能创造的价值等。还可以从各大招聘网站调查相同岗位的薪资水平，然后取平均值。如果求职者在面试中表现得比较好，可以将薪资水平提高10%～20%，如果对方比较认可你，这个范围一般企业都会接受的。

②拉长战线，以退为进。面试过程中不要给面试官太想进入公司的感觉。因为很多企业喜欢用低薪招聘，所以无论求职者面前的这家企业有多么优秀，多么符合求职者的期望值，也要在面试中让对方感觉到你还有其他的公司备选。如果在面试中表现得过于急躁，表明求职者急需这样一份工作，那么薪资水平就不会太高。所以求职者要试图将战线拉长，打一场漂亮的拉锯战，这样在薪资的谈判桌上就多了一个筹码，薪资才会高一些。如果你已经调查了解了将要从事的工作的合理薪酬水平，在协商时可以使用"合理的市场价值"等词汇，可以试着说："我对工资没有硬性要求。我相信贵公司在处理我的问题上是友善合理的。我注重的是得到工作机会，所以只要条件公平，我不会计较太多。"或者说："钱不是我唯一关心的事。我想先谈谈我可能对贵公司创造的价值和所做的贡献。如果您允许的话。"这样以退为进，证明你对公司的价值，并表明你要求更高报酬是以你的工作表现为前提的。

③避免主动提出，灵活掌握。面试过程中，通常最后才是"谈薪"环节，如果求职者是初入职场，一定避免主动提出薪资待遇的问题。当被面试官问及期望的薪资时，千万不要直接给出自己的心理价格。最好的方法是请对方讲下贵公司的薪酬体系，然后再结合自己的情况谈薪资，比如你可以婉转询问对方："这个职位贵公司应订有明确的薪水标准，我愿闻其详"或是"不知道这个职位前一任人选的薪水是多少呢？"

如果面试不久，对方就提及薪水的事，而且态度友善，你可以婉转地说明："我们何不把薪水的事放到最后，重要的是你觉得我是不是合适人选？能否对公司有所贡献？否则，谈薪水言之过早。"千万不要主动提出你希望的薪资数目。如果面试已进行到一定程度，该是谈薪资的时候了，你也绝对不要比对方先提出确切数字，先提出数字的人往往就是"输家"。通过了解对方公司的薪资水平以及其他福利，稍做判断，给面试官一个预期数目。

三、面试问答注意事项

技巧是锦上添花的，外在的作用也是有限的，实力才是真正的竞争力。求职者的实力是面试取胜的根本。但是在面试问答中，求职者也应注意以下事项。

1.观点正确，要点准确

观点是回答问题的灵魂，观点的正确是问答的基础。要使自己的观点正确，就必须加强对国家的路线、方针、政策及国内外时事政治和经济形势的学习。同时，回答问题前应理清观点，明确从几个方面来说，要点要准确，做到直截了当，重点突出。

2.全面辩证，条理清晰

对很多面试题的回答要辩证地分析，思路要开阔，忌绝对化，应采用辩证的观点去评析，防止回答出现片面性、简单化。同时，面试要求面试者有较强的逻辑思维能力，在听到面试题后的思考准备中，首先要求思维要有逻辑性，然后便是陈述的逻辑性，这种逻辑性要求层次清晰、条理分明、前后衔接紧密，表述前后呼应。

3. 见解独特，认识深刻

考官要接待若干名面试者，相同的问题要问若干遍，类似的回答也要听若干遍，考官会有乏味、枯燥之感。面试者不要生搬硬套书上、前人既定的思想观点，没有自己思想的面试者很容易直接出局。只有具有独到的个人见解和个人特色的回答，才会引起对方的兴趣和注意。面试者可以提出自己独特的看法、另类的视角，甚至是批评或推翻前人的看法、观点，只要能言之有理、自圆其说即可。

4. 实事求是，坦诚相待

面试遇到自己不知、不懂、不会的问题时，不应不懂装懂或回避闪烁、牵强附会，应诚恳坦率地承认自己的不足，这样反而会赢得考官的信任和好感。

5. 善于倾听，勤于思考

面试者要善于倾听。倾听是回答的基础，面试中面试者应耐心、专心、细心地听清考官所说内容的要点，注意主题的变化，说话时的语音、语气、语调、节奏变化等各种信息，并进行准确分析，然后进行回答。倾听时身体要前倾，并用点头或摇头等肢体语言表达你对问题的理解程度。

面试者要善于思考。考官问完问题后，面试者可以考虑五至十秒钟后再回答。若是面试者在回答这些问题时根本不用思考，且倒背如流，面试官的第一感觉可能是面试者事先经过了精心准备，继而会对面试者所说内容的真实程度存疑。在回答时，要注意语速不可太快，太快容易导致思维与表达脱节。同时，问答过程中尽量不要抢话，更不要打断对方的讲话。如果确实需要插话，应先征得对方的同意，用商量的语气问一下："请等一下，让我问一句"或"我提一个问题好吗？"

6. 仪态大方，情绪稳定

面试者要表情自然，仪态大方。面试官试图通过面试者对一些问题的回答观察面试者在压力下的反应，所以应避免消极的身体语言。如经常摸嘴、回答问题前假声咳嗽、咬嘴唇、笑容僵硬、抖动腿脚、交叉胳膊等。

面试者要善于管理自己的情绪。面对考官提出的意想不到的问题或刁钻的问题，一定要稳定情绪、沉着理智，千万不能乱了方寸。

课后思考与训练

1. 常见问题问答训练

模拟面试常见问题的问答，由教师提问，学生根据自己的情况作答。训练学生的反应能力，提升学生在面试中回答问题的技巧。

（1）了解求职者基本情况、能力和经验

① 请问在大学期间，你参加过哪些社团或实践锻炼？

② 你有过组织大型活动的经验吗？

③ 你担任过某个团队的领导者吗？请简单介绍你带领的团队。

④ 请描述一下大学期间你认为最好的一次团队合作的经历，为什么你觉得是最好的？

⑤ 谈谈你的家庭情况。

⑥ 你有什么业余爱好？

⑦ 谈谈你的缺点。

⑧ 你的座右铭是什么？

（2）了解求职者的岗位适配度

① 能说一下你对我们这个岗位的理解吗？

② 你对要选择的公司有什么标准吗？

③ 你对我们公司了解有多少？

④ 你未来3～5年的职业规划是什么？

⑤ 请举例说明你如何同时处理多个问题。

⑥ 是否能讲述你在一次重要目标争取中失败的情况。

⑦ 如果我录用你，你将怎样开展工作？

⑧ 你是应届毕业生，缺乏经验，如何能胜任这项工作？

2. 特殊问题问答训练

（1）如果你被调到某酒店当总经理，上任后发现2019年第四季度没有完成上级下达的利润指标，其原因是该饭店存在着许多影响利润指标完成的问题，它们是：

① 员工伙食差，对酒店意见大，餐饮部饮食缺乏特色，服务又不好，对外宾缺乏吸引力，导致外宾到其他酒店就餐；

② 分管组织人事工作的主管调离一月余，人事安排无专人负责，不能调动职工积极性；

③ 客房、餐厅服务人员不懂外语，接待国外游客靠翻译；

④ 服务效率低，客房挂出"尽快打扫"门牌后，仍不能及时把房间整理干净，宾客意见很大，纷纷投宿其他酒店；

⑤ 商品进货不当，造成有的商品脱销、有的商品积压；

⑥ 总服务台不能把市场信息、客房销售信息、财务收支信息、客人需求和意见等及时地传给总经理及客房部等有关部门；

⑦ 旅游旺季不敢超额订房，生怕发生纠纷而影响酒店声誉；

⑧ 仓库管理混乱，物资堆放不规则，失窃严重。

请问：上述因素中，哪三项是造成去年第四季度利润指标不能完成的主要原因（只准列举三项）？请陈述你的理由。

（2）某信息技术集团面试题模拟训练

在奴隶社会的一个城邦，住着一万奴隶主、一万五千半自由民和三万奴隶。这个地方因为水源不太卫生，经常暴发瘟疫，然后人口下降得很厉害。所以他们感受到了来自邻近的强大城邦的威胁。他们决定进行一系列的改革来抵御侵略、发展经济、增加人口。然后由你去做一个调研。

城市的大致情况是这样的。奴隶主的窝棚集中在城邦的中心区域，居住得相对比较集中，本身不从事生产劳动。在他们居住地附近有讲堂和神庙。而半自由民的居住地相对比较分散，在奴隶主的聚集地旁边。临近城市有一条小河，城市的外围分布着农田，而奴隶们的居住地点分散在各个农田的邻近的位置。

奴隶主a："最近经常闹瘟疫，我的奴隶都死了好多，没人给我交粮食和钱了。"奴隶主b："饮水太不卫生了，我们需要水渠。"奴隶主c："我希望到讲堂讲学，所以讲堂最好修缮一下。"半自由民a："我的孩子要是有机会上学就好了。"半自由民b："我最近织了些草鞋去卖，赚了不少钱。不过好像越来越难卖出去了。希望大家都来买我的草鞋。"奴隶a："再不下雨的话田里的庄稼就完了。"奴隶b："越来越难交得上奴隶主的钱和粮食了。"

请你制订一个改善城邦的目标，列出城里需要的设施、管理的方法，以及画出一张设施规划图。

（3）某通信技术有限公司面试题模拟训练

题目：选总经理。如果要录用曹操、孙权、诸葛亮和刘备为总经理候选人，请你把这4个人按照你想录用的意愿从强到弱排个序。

流程：5人一组，15分钟讨论，4分钟陈述，1分钟小组其他成员补充。

（4）某市公务员面试模拟训练

面试指导语：你好，首先祝贺你顺利通过了笔试，欢迎参加今天的面试。我们会问你一些问题，请你发表自己的见解。对我们的问题，希望你能认真和实事求是地回答，尽量反映自己的实际情况、真实想法。面谈的时间为5分钟左右，回答每个问题前，你可以先考虑一下，不必紧张。好，现在我们开始。

第一个问题：请你简单介绍一下自己的基本情况和主要经历。

第二个问题：工匠精神，是指工匠对自己的产品精雕细琢、精益求精、追求完美的精神理念。请谈谈你对"工匠精神"的理解。

第三个问题："问题是时代的声音"。中央领导屡屡强调，各级领导干部要有"问题意识"。请谈谈你的理解和看法。

3.请根据给出的招聘要求进行1分钟的面试自我介绍。

招聘公司：某房地产销售公司

招聘岗位：助理实习生

岗位要求：年龄20周岁以上，统招大专（含）以上；有强烈的进取心、责任心，能承受工作压力；热爱销售工作，无经验亦可，有经过专业培训；有强烈的责任心、积极的工作态度。

薪酬待遇：无责任底薪5000元+提成（30%～75%）（初入行顾问平均薪酬月度收入6000元；行业人均产能高，人均月度业绩2.8万元）；五险一金、带薪年假、带薪海外游、公司体检。

□ 经典推荐

智慧树慕课：有话好好说——职场新人口才攻略

第五节　简约整洁　自然大方——求职服饰及礼仪

◎ 学习目标

1. 掌握求职服饰搭配技巧。
2. 掌握求职礼仪。

中国素有礼仪之邦的美称，仪表是一个人内在修养和素质的外在表现。恰当的服饰搭配会给人留下明快、干练、庄重的良好印象，而一个懂得礼仪的人会给人一种舒适的感觉。有关专家研究表明：第一印象的55%受穿着和妆容影响、38%受行为举止的影响、7%受谈话内容的影响。因此，在求职中，得体的服饰和礼仪有举足轻重的作用。

一、求职服饰

穿着打扮是一门艺术，也是求职者展示自己最佳形象的有效途径。一个人在别人心目中的印象确实受其穿着的影响。面试官会从你的服饰颜色、式样、档次和搭配推断你的性格爱好、文化修养、生活和风俗习惯、气质和审美情趣。有研究表明，讲究穿着打扮的人自尊心和工作责任心强，而穿着过于随便者多半不修边幅和不拘小节。作为面试者应该记住，你的着装打扮最终是要为推荐自我服务。服装是面试者面试成功的一个不可忽视的环节。面试时，务必使自己所选择的服饰传达出这样的信息：谨慎大方、精明能干、办事可靠及认真负责。另外，得体的服装有助于增加你的求职自信心。同时牢记国际公认的服饰"TPO"原则。T（time）指时间，服饰的选择要根据面试的具体时间来决定；P（place）指地点、场所、位置、职位，即服饰打扮要与所处的场合及职位相协调；O（objecet）代表目的、目标、对象,求职者首先明确想要通过衣着打扮达到给面试官留下一个什么样的印象的目的,根据目的有选择地确定服饰。

(一)女士服饰及发型

1.套装

每位女士应准备一至两套较正规的套服,以备去不同单位面试之需。女式套服的花样层出不穷、款式多样,可根据自己的喜好来选择。选择服饰尽量与众不同,穿出自己的风格和特点,突出个人的气质及魅力。同时注意要针对不同用人单位选择适合的套装,必须与身份相符。避免穿过于花哨或奇异的服装,女士不能穿背心、超短裙或短裤。

2.裙子

如果穿裙子,裙子长度应在膝盖左右或以下,太短有失庄重和严肃。丝绸、蕾丝之类材质的服装不适合面试的时候穿。

3.服装颜色

以淡雅颜色的服装为宜,突出职业女性的气息。

4.鞋

中高跟皮鞋使人步履坚定从容,让人感到职业女性干练而稳重的气质。而过高的高跟鞋会显得步态不稳,平跟鞋显得步态拖拉。夏日最好不要穿露出脚趾的凉鞋,也不要光脚穿凉鞋,更不要将脚趾甲涂抹成红色或其他颜色。

5.装饰品

适当地搭配一些饰品会使形象锦上添花,搭配饰品要讲求少而精,才能真正起到画龙点睛之妙。一条丝巾、一枚胸花、一条项链,这些都能恰到好处地体现气质和神韵。饰品佩戴过多,过于夸张或者看起来妨碍工作,这些都会分散面试官的注意力,也会给面试官留下不好的印象。面试中不能戴帽子、手套或耳套,戴这些东西都是对人不尊重的表现。

6.包

女式公文包或者单肩背包都可以。包的材料当然是皮质的最好,不要过于精美、太珠光宝气,但也不要太破旧太脏。最好不用牛仔包或看起来软绵绵的包。包要足够大,因为确实需要用它来装一些东西。

7.妆容

女生可以适当地化点淡妆,更显青春亮丽。薄而透明的粉底可以营造出健康的肤色,浅色口红可以增加自然美感,用棕色眉笔调整眉形,用睫毛膏让眼睛更加有神。但不能浓妆艳抹、香气扑鼻、过分夸张,这会将高职生的清纯美掩盖掉,与高职生的形象身份不相符合。妆容越淡雅自然、不露痕迹越好,"化过妆就好像没有化一样"的效果是化妆的最高境界。

妆容还应结合不同季节、不同时间、不同职业特点、场合及自身的性格气质、年龄等采用不同风格的化法。对于求职的女性来说,化淡妆比较适宜,淡妆素抹更能显出端庄、自然、含蓄而得体的感觉。

8.发型

发型要符合美观、大方、干净,以梳得整齐和有利于工作为原则,同时要与脸型、身材、年龄、气质、季节及环境等因素结合起来,这样才能给人以整体美的形象。

(1)发型与脸形　椭圆形脸可任意选择发型;脸形长的人刘海要较长些,同时使两侧头发蓬松;圆脸形的人应将头顶部的头发梳高,使脸部在视觉造型上增加几分力度,并设法遮住两颊;方脸形应设法掩饰棱角,使脸型显得圆润些;额部窄的脸型,应增加额头两侧头发的厚度。另外,长脸型的人不宜梳太短的头发,下巴较长的人可以留些鬓发,矮胖或瘦小的人头发不宜长,瘦高的人头发应留长一点。

(2)发型与季节　春秋两季的发型可以自由活泼一些,而冬夏季的头发需要做一些格外的注意。夏天天气炎热,可留使人凉爽的短发;如果是长发,最好将头发盘起。冬天人们的衣领高,留长发既美观又保暖。在冬季风大的地方,参加面试前最好用帽子、头巾把头发束起来,到达面试地点前,再梳理一下头发,以免头发过乱。

(二)男士服饰

1.西装

在现代社会的公关社交活动中,"西装革履"是现代职业男士的正规服饰,就求职面试活动而言,穿西装也是最为稳妥合适的。颜色以深色为宜,灰色和深蓝色都是不错的选择,这些颜色的西装给面试官留下稳重、踏实、忠诚、干练的印象。穿西装前应将袖口商标取下。穿着西装时,衬衣袖口应露出1厘米左右,衬衫衣领应高出西装衣领0.5厘米,以爱护西装衣领,增添美感。长裤的裤线需烫挺烫直。西装纽扣有装饰功能,扣法大有讲究:双排西装纽扣在任何正式场合都应扣上,否则给人以轻浮不稳重之感;单排扣西装如有两粒扣子,扣顶端一颗,三粒扣的扣顶端前两颗。单排西服也可以不扣纽扣,衣襟放开,给人以轻松、潇洒之感。

2.领带

领带的面料要选用100%的纯丝,而不要使用亚麻或毛料,亚麻容易缩水,毛料的又显得太随便。领带的作用是为西装增色,而不能与西装的图案有任何冲突。领带的宽度随衣服款式而变化。穿西装时,领带宽度要接近西装翻领的宽度。领带的图案可以是立体形或条纹。

3.皮鞋

男士穿鞋要以皮鞋为主,避免穿运动鞋。皮鞋颜色一般要求是黑色的,漆皮是禁忌。鞋面要干净,鞋跟要结实,破旧的鞋跟会使人显得不够干练;鞋带要干净且系紧,松开或未系的鞋带会给人带来不安全感甚或将人绊倒。另外,注意皮鞋与西装要搭配协调。

4.袜子

如果面试者穿的是一双鞋面较低的无带鞋,袜子要够长这点尤其重要。这样面试者在叠起双腿时不至露出皮肤,而且袜子要有足够的弹性,使它们不至于从腿上滑下或缩成一团。白袜子不能在正式场合穿已经成为了一种常识。

5. 头发

求职者去应聘时要保持头发整洁，不要给人油光发亮、湿淋淋的感觉。男士不烫发、不卷发，发型要简单、朴素、稳重大方，不要留鬓角，最好不要留中分头。头发不能压着衬衣领子。

二、求职礼仪

1. 敲门礼仪

其实对于面试入场的敲门而言，就是面试者和面试官打招呼的第一步，告诉面试官作为面试者的"我"即将入场。很多上面试课程的考生可能都听老师说过，面试敲门的时候要敲3～4下，掌握好节奏。其实这个环节并没有什么严格的敲几次门的限制，只不过3～4下是人们常规的敲门节奏，也符合大家的接受范围。在这个敲门的过程中，大家不用特别紧张地去数敲了几次门，最重要的是，通过这个环节，掌握好敲击的节奏，不要过缓或过快，给面试官留下从容入场的印象。

2. 走姿礼仪

面试场中的走姿无外乎从面试场门口走到面试席，以及面试结束从面试席离开的过程。在这个过程中，很多面试者因为过于紧张可能出现肢体僵硬，甚至同手同脚的情况，这里需要强调的是，面试者需要放松好自己的心态，进场后做到挺胸抬头、面带微笑、双臂自然摆动，走到面试者席就可以，不用过于刻板，但也不要像平常一样随意。

3. 站姿礼仪

入场走到面试者席后，出于对面试场以及面试官的尊重，面试者会站定后向面试官问好，这里就涉及到了站姿的礼仪。其实站姿看着简单，但到了面试场中也经常会有面试者的站姿过于随意，甚至出现高低肩、垫脚的情况；还有的考生过于紧张，双手紧紧放在衣服两侧，甚至出现攥拳、扯衣服的现象，这些都是在面试过程中需要避免的问题。在站定之后挺胸抬头，直视面试官，呈现出自然的端正站姿即可。

4. 坐姿礼仪

在和面试官问好之后，落座面试者席，可以说坐姿是面试者在考场过程中呈现时间最长的一种姿态。落座后，需要面试者注意的是坐姿的端正和仪态的端庄，但很多面试者落座后就靠在了椅背上，这样的坐姿不仅显得过于随意，也缺少对考官的尊重。所以建议面试者不要把凳子坐得太满，挺直后背，端坐在椅子上，双脚自然踏于地面。其中女士双脚、双膝并拢，男士双脚自然打开与肩同宽或稍宽即可。

5. 鞠躬礼仪

鞠躬时，立正站好，并拢双脚，保持身体端正。男士的双手自然下垂，贴放于身体两侧裤线处；女士的双手下垂或搭放在腹前（右手搭在左手上）。伸直腰，以腰部为轴，整个肩部向前倾15°以上，视线由对方脸上落至自己的脚前1.5米处（15°礼）或脚前1米处（30°礼）。鞠躬时脖子不可伸得太长，不可挺出下颌，嘴里不能吃东西。直起身时，双眼应该有礼貌地注视着对方。鞠躬时，弯腰速度适中，之后抬头直腰，目视面试官，等待回应。

课后思考与训练

1. 面试服饰选择要注意哪些问题?
2. 面试中要遵循哪些基本礼仪?

经典推荐

智慧树慕课：职场菜鸟礼仪指南

第五章

创业基础技能

自主创业是开创自己的事业,提供物质生活保障,同时又能服务于社会,减轻对国家的就业压力,同时创新创业已经逐渐改变中国乃至世界发展格局。

第一节 千里之行 始于足下——高职生创业的背景及意义

学习目标

1. 了解当前高职生创业的背景。
2. 了解高职生创业的意义。

 案例

高职毕业生创业

创业主人公王龙,他在校期间所学的专业是生物制药,2007年刚刚走出校门的他进入医药企业工作,从事医药销售,起初工作处处碰壁,吃闭门羹是常事,就业的路让他尝尽苦头，但是他没有气馁，而是不断摸索营销方式和方法，经过前期工作的历练，后期做到了山东某健康食品企业的销售经理，此时作为一个职业销售经理人可以说生活过得很滋润，但是他始终感觉应该有属于自己的事业。2015年他经过深思熟虑和爱人有了创业的想法，他们那时有产品、有市场，资金虽然不多但是能够周转过来，起初就是想把身边的资源进行整合。创业过程中的成长经历和社会阅历让他们一步步将批发部做成了商贸公司，截止到2019年，他们的年销售额已经超过2000万元，公司员工也从起初的5人变成了30多人。目前公司在2020年的目标是销售额突破2500万元，销售网络遍布东北三省，他们正带着自己的梦想一步步实现人生更高的价值。

王龙的创业经历很成功，他走出校门后立刻走上了就业之路，而且2015年创业他恰好赶上国家鼓励"大众创业，万众创新"，因此他的创业成功是时代的产物。如今创业我们要了解当前的创业背景和创业现状，再去着手创业。

根据《2019年中国大学生就业报告》（以下简称《报告》）我们了解到，高职高专毕业生自主创业的比例为3.6%（如图5-1），本科自主创业的比例为1.8%（如图5-2）。2015届高职高专毕业生三年内自主创业主要集中在零售业（14.8%）。创业虽然艰辛，但它带来的收益明显更高。《报告》显示，2015届高职高专毕业生半年后自主创业人群的月收入为4601元，三年后为9726元，涨幅为111%，明显高于2015届高职高专毕业生平均水平（半年后为3409元，三年后为6005元，涨幅为76%），通过数据可以看出他们中的一些人获得了前所未有的成功，因而使"创业"一词成为许多大学生心中美好憧憬的代名词，但是至今大多数学生对创业的认识仍然非常模糊，还不具备创业所需要的知识、能力和条件。在高职生就业形势逐年严峻的情况下，高职生更深切地感受到了掌握创业技能的重要性。

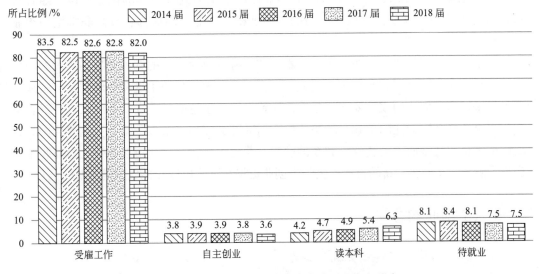

图5-1　2014～2018届高职高专毕业生去向分布

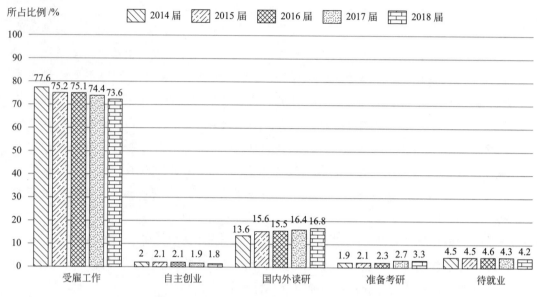

图 5-2　2014～2018 届本科毕业生去向分布

一、高职生创业的背景

2015 年李克强总理在政府工作报告中提出"大众创业、万众创新"。在论及创业创新文化时,强调"让人们在创造财富的过程中,更好地实现精神追求和自身价值"。在国家大力倡导"大众创业、万众创新"的背景下,高校对双创教育也进行了合理的布局,创业不仅能够有效解决就业难的问题,同时还能为社会提供更多的就业岗位。根据国家 2019 年度就业报告数据显示,高职学生创业的人数也在逐年攀升,尽管如此高职生创业仍然面临很多问题需要去解决,仍然有很多同学对创业停留在茫然的状态,因此高职生创业的诸多问题需要我们共同去解决和破解。

高职生创业是一种以在校高职学生和毕业高职学生为创业主体的创业类型。随着我国经济转型进程的加快以及社会就业压力的不断加剧,创业逐渐成为在校高职学生和毕业学生的一种职业选择方式。

高职生作为我国的年轻高级知识及技术人才,有着较为丰富的知识储备和较高的动手创造力,是符合在我国十四五规划中的创业主要人群。但因为高职生这个群体的社会实践经验与能力欠缺,这与创业的成功要素相矛盾,导致大部分学生的创业在初期就夭折,高职生创业成为国家社会共同关注的话题。2020 年由于新冠肺炎疫情,很多中小微企业遇到困难,但是也有很多企业迎难而上创造商机和新的模式,获得了成功,因此市场的变化为高职生创业既带来了挑战,又创造了新的机遇,大学生创业也将在这些机遇和挑战中走向新的征程。

二、高职生创业的意义

1. 改善就业结构、缓解社会就业压力

随着全国高校持续扩招,高等教育从"精英教育"向"大众教育"转变,高校毕业生呈现出逐年增加的趋势，再加上新冠肺炎疫情的影响更是雪上加霜，国际经济也呈现整体衰退，社会就业供求总量矛盾突出，当前就业形势严峻，大学生数量远远超过空缺岗位数量。因此，在今后一段时间内，我国将面临严峻的就业形势，大学生亦将承受一定的就业压力。

引导和鼓励大学生创业，不仅可以解决毕业生自身就业问题，而且还能为社会创造新的就业岗位，给他人带来新的就业机会，缓解国家就业压力，可以说是"一举多得"。但是针对目前创业形势，大学生创业要选择好方向，多方考察，决不能草率行事。在西方发达国家，大学生自我创业非常普遍，大学生创业的比重高达20%～23%。而在我国，由于各方面原因，大学生创业的比重相对偏低。大学生自主创业比重越高，社会发展程度也就越高，所以，大学生自主创业，不仅能优化社会就业结构、减轻社会就业压力，也是社会发展的内在需求。

2. 可以实现个人梦想、展现自我的人生价值

生活在这个不断发展、不断进步的社会，每个人都想成就一番事业，实现自己的人生价值。一位白手起家的商界人士曾经说过："创业，那是一种个人的革命"。大学生通过自主创业，将自己的兴趣和梦想结合在一起，可以做适合自己性格、兴趣的事情，通过自身的努力拼搏，寻找出一条成功的道路，实现自己的梦想。创业，从某种意义上讲就是创造财富，只有适应社会的发展、时代的要求，为社会、为他人创造出更多的财富，满足社会和人们的需求，这样创业者才会体会出自身的价值所在。创业的目的是为了创造更多的财富，在一定程度上，创业能够证明一个人的价值并带来成就感。那些通过自己的智慧，依靠辛勤的劳作，创造出适应时代要求和人们需要的产品而获得的财富，它的多少就是衡量个人价值大小的标志。常言道："时势造英雄"。每一个时代都具有该时代特色的英雄，在当今经济迅猛发展的时代，敢于创业、善于创业、顺应时势，也可成为时代的英雄。当前，高科技的发展、知识经济的出现，正呼唤着创业英雄的产生。投身于创业大潮，在商海中搏浪，最终可以成为时代的弄潮人，高校学生符合敢闯会创的时代要求，扎实的政治基础、良好的知识结构、较高的文化素养和道德素养必将成就一批创业精英，促进祖国和社会的发展。

任何个人价值的实现都离不开社会的孕育，而个人又对社会的发展或多或少都起着一定的作用。在这种互动过程中，个人创业对于目前的国情来说则具有更为现实的意义。它对满足社会个人生活的需要、减轻社会的负担、促进国家经济制度的发展以及加快国内经济同国际经济的融合等方面都有重大作用。在这些作用实现的过程中，个人的人生价值也得到了体现，个人的创业精神会发挥得更加极致。真正的创业者，创业动机是主动的，为了寻求个人价值才积极去做、全力拼搏。

因此，在这个不断进步的时代，每一个想实现自己价值的人都应不甘寂寞，寻找自己的起点和位置，发挥自己的特长和潜能，以积极的心态投入到滚滚的创业大潮之中，抓住时代给予我们的各种机遇以迎接各种变革带来的挑战，自己给自己当一回老板。自主创业为大学生提供了提升自我的机会，在创业过程中能锻造出坚毅的意志品质。

通过创业，不仅可以实现自身的梦想，还能实现人生价值最大化，充分展现自我的人生价值。

> **课后思考与训练**
>
> 1. 创业前我们应该了解什么？
> 2. 如何正面认识高职生创业？

> **经典推荐**
>
> 智慧树慕课：不负梦想——大学生创业

第二节 了解定义 分析形势——创业定义及当前创业现状分析

> **学习目标**
>
> 1. 了解创业的定义。
> 2. 了解高职生当前的创业现状。

> **案例**
>
> 张小蒙是食品加工专业的学生，大三到某企业顶岗实习，在实习岗位上熟悉掌握了食品的制作流程，同时自己性格还比较外向，到了毕业的时候有了自己创业的想法，于是放弃实习，回到家乡所在地开起了自己的创意烘焙屋。张小蒙预期的目标是收入能支付房租和人工费就行，可是在三个月过后，她的营业收入不足以支付人工费和房租。张小蒙虽然感到很失落，但她并没有放弃，而是总结三个月来的运营模式。她发现周边蛋糕房、西点屋对自己的冲击都很大，其余的客户量还较小，因此张小蒙加入某团购平台，通过自己的创意糕点和创意饮品吸引年轻人的目光，同时制作几款经典的蛋糕吸引中老年人的消费。这样一来，张小蒙的创意烘焙屋生意就来了，很快有了收入，张小蒙也增加了自信。
>
> 起初张小蒙的创业是一时心血来潮，没有真正分析好市场环境，导致三个月的业

绩不足以支付人工费和房租。刚刚起步时自己的技术与周边的老店相比不够娴熟，店面小也不会吸引大家更多的目光，最重要的是缺乏对创业周边环境和客户群体的了解和分析。后来总结三个月的失败经验，她走出了属于自己的创业路。透过案例，我们可以看出不少高职生创业初期还是存在很多不确定性的，因此选择创业还需要多方面实践和考察。

一、创业的定义

创业是对自己拥有的资源或通过努力对能够拥有的资源进行优化整合，从而创造出更大经济或社会价值的过程。

在创业这条路上，必须不断克服各种困难，使自己的事业由小到大、由弱到强，它不仅能使毕业生实现个人价值，为自己的物质生活提供了保障，同时还能服务于社会，减轻国家的就业压力。创业是就业的另一种表现形式，创业者不断为自己创造就业机会，而且还主动为他人创造就业机会。

二、高职生创业现状

随着国家大力发展职业教育，高职持续扩招已经是常态化，这就使得毕业生人数逐年增加，就业压力不断增大，高职生创业人数自2015年后逐年增加，但是在创业过程中体现出很多突出问题，普遍存在创业意识迷茫、创业科学技术含量较低、创业规模较小、总体创业成功率较低等问题。2015年政府工作报告提出"大众创业、万众创新"，国家和地方政府出台很多帮助大学生创业的利好政策，使得很多毕业生有了创业的想法，这部分学生可以有效减轻就业压力，以创业带动就业，同时也是推动社会经济发展的有效手段。

1. 创业具有一定的盲目性

很多高职生在创业初期，创业热情高涨，认为有资金和项目就可以创业的学生占有很大比例，但是却对专业技术、市场行情以及自身综合素质能力缺乏准确评估，导致前期创业成功率不高。

2. 创业从事专业技术的较少

高职生创业，从事本专业技术方面创业的占有一定比例，但是大多数是在早期毕业生中居多，自2013年毕业至今从事互联网创业、零售创业、连锁经营、餐饮等行业的比例逐渐增大，有少部分从事本专业技术创业的也停留在引进技术层面，高职生接触创新创业知识相对较晚，也是影响科技创业的主要因素之一。

3. 创业规模较小

创业初期由于毕业生的资金相对匮乏，社会阅历和知识储备相对薄弱，因此高职生创业往往经过几个周期后，企业规模普遍较小，虽然现在有很多政策有利于大学生创业，但是创业资助的资金不多,不能真正解决实际资金周转问题。同时毕业生的社会资源不多,不能及时有效捕捉到商业信息,也是高职毕业生创业经常遇到的问题。

4.缺乏创业过程中的商业运作常识

高职生在校期间接触创业相关知识和常识就不多,很多同学知道创新创业大赛,但是却对创业的具体流程和政策等知道得不多,很多还都停留在就业课程和职业生涯规划中提到相关创业知识,或者有少部分学习营销的同学会涉及创业的课程,还有少部分同学只是参加创业培训会,对创业有一个表面的认识,因此导致很多有创业想法的同学真正在实际运作时对团队融合、股权分配、财务管理、人员管理等存在专业知识匮乏的现象,导致很多创业中途失败。

三、如何改善高职生创业的现状

为了努力促进高职生自主创业,必须通过政府、社会、学校和大学生自身等共同努力,努力营造有利于大学生创业的良好环境,通过加强创新创业教育培训等措施,切实提升高职学生的创业认知与创业能力,进一步出台有利于大学生创业的政策,不断促进高职生自主创业迈上一个新台阶。

1.加强自主创业教育

高校有必要在创业课程设置与创业指导等方面做出进一步的努力,以努力提升大学生的创业能力与创业水平。大学生创业本身就是素质教育的一个方面的体现,不仅突出了素质教育的内涵,而且体现了创新的教育模式对大学生实际能力的培养和提升。因此,高校在传授基础知识的同时,还要注重对学生创新意识和技能的培养,开设与创业相关的讲座教学。比如如何把握商机、如何融资、如何写创业计划书、如何承受压力,等等。并且可以开展多种多样的模拟创业、实践考察公司企业运作的活动,开展丰富多样的案例教学。最后,针对创业意向进行个性化辅导与开业跟踪扶持。高校通过远程辅导和政府、社会扶持等一条龙服务,解决创业过程中的相关难题,提高自主创业的成功率。

2.构建创业平台,改善创业环境

政府要为大学生自主创业提供各方面的保障,主要可以采用经济、行政和法律的手段。经济手段,如设立创业基金、发放创业贷款等;行政手段,如相关的行政指导、行政监督、简化企业注册登记的程序等;法律手段,如对以知识成果出资限制的修改、保护知识产权等。在努力落实现有大学生创业支持政策的基础上,根据大学生创业实践出台符合当地实际的创业政策,努力在开办创业园区、政策场地资金支持等方面提供优惠条件并确保落实,从政策上为大学生创业奠定良好的基础。

3.大学生要提高自身综合素质

首先,大学生要提高自主创业意识。学生积极参加创业培训,将在社会实践、创业实践等活动过程中所学的知识与实践相结合,在正确认识社会的基础上了解社会的需要,积累创业经验,逐渐形成自主创业意识。其次,要塑造良好的创业心理素质。创业活动是一项面临严峻挑战和压力的创造性事业,必须具备良好的创业心理素质。最后,要培养创业所必需的综合素质能力。创业是一个复杂而又艰巨的过程，它对创业者的综合素质要求很高，尤其要求创业者具有合理的知识结构，具备一定的管理知识，如商务、税务、投资、法律知识、创业知识和专业知识等。另外，还必须培养一些独特的创业素质，包括自立、自强、进取心、意志力、创新力等。再者，还需有合理的能力结构，包括实践能力、开拓创新能力、组织领导能力、协调协作和沟通能力、创业能力、创造能力和社会交往能力等。

当前，一些高职毕业生投身实践并小获成功，他们的成功吸引越来越多的毕业生尝试创业，创业已经成为部分大学生毕业后就业的方式和途径。国家提出，完善支持自主创业、自谋职业政策，加强就业观念教育，使更多的劳动者成为创业者。相信只要政府、社会、学校、家庭高度重视，学生不懈努力，大学生自主创业将随着时间的推移和经济的发展而日趋成熟，也必将结出丰硕的成果。

课后思考与训练

1. 创业的定义是什么？
2. 高职生的创业现状如何？
3. 如何改变高职生创业的困境？

经典推荐

智慧职教慕课：大学生创新创业基础

第三节 / 做好准备　熟悉政策——高职生创业的必备条件及政策解读

学习目标

1. 了解创业的必备条件。
2. 了解创业政策。

案例

"没有这笔8万元的贷款，我连店面的租金都交不上。"1988年出生的齐宇做的是进口红酒生意，创业起步时，她遇到多数大学生创业者普遍面临的难题——资金周转困难。去年下半年，她找到了某大学生创业贷款担保公司，仅3天，她就拿到了无息、无抵押的8万元贷款。

像齐宇这样的创业大学生在项目运转初期确实会遇到不少困难。"融资难是头等问题，大学生创业没有太多经验，往往会预判不足。商业银行追求收益，不愿意承担过高的投资风险。"该大学生创业贷款担保公司董事长介绍，"这样的话，一个好的创意或商业新星可能因无法解决融资问题最终'胎死腹中'，这是谁也不愿看到的。"

齐宇的案例充分告诉了我们了解创业政策的必要性和重要性，毕业生刚刚走出校门，创业资金是大家共同面临的问题，有好的创意或者想法可能因为没有启动资金而无法实现，因此了解创业的政策对大学生来说至关重要。

一、自主创业的自身准备

1. 自主创业是一项挑战性很强的职业，没有一蹴而就的

高职毕业生都很年轻，往往是理想大、幻想多、成功方面想得多，这些都是创业的驱动力；可是我们必须把失败和不利因素考虑进去，遇到困难怎么去克服，失败了怎么能再爬起来。纵观改革开放后哪一个自主创业的人没有失败过？不经过挫折和失败，不把挫折和失败当成财富的人，是不会走上成功之路的。

2. 自主创业要储备知识，等待机会

高职毕业生在学校学习了专业知识及相关理论，也有一点在实习中积累的经验；一旦进入社会变成了自主创业的角色，在社会这个大学校里，无论是理论知识还是实践经验，都感到自己差得很远。毕业生创业必须有从头学起的思想准备，不断丰富自己的知识和经验，对于成功要充满勇气，对于失败也敢面对，总结经验教训以便再战。

创业者也要提醒自己：不怕失败，但是在可预知的情况下应减少失败；不怕挫折，经过周密的考虑可以减少挫折。

二、自主创业的外部条件

1. 确定自主创业项目要了解相关政策

自主创业是国家提倡的重要就业方式之一，为了便于高职毕业生自主创业，国家出台了一些优惠政策，如免税政策、贷款扶持政策等，为自主创业的毕业生提供了政策保证。

2. 不同的创业类型需要一个稳定的社会环境

我们国家在改革开放以来确定了以经济建设为中心。国家的稳定是保证发展的决定条件，也为大学毕业生在社会主义市场经济条件下自主创业提供了一个很好的营商环境；经济发展也为自主创业提供了一个较好的经济环境和人文环境。但是，不同地区发展情况不一样，在考察和评估外部条件的同时，要和创办的项目结合起来考虑，细化考察和评估外部条件的有利方面和不利方面，才能更好地自主创业。

3.对经济环境的考察和评估

一个行业发展得如何,直接影响到人们的生活方式、生活水平、消费观念等,就像现在的主播带货已经深入到人们的生活中,很多产品都是从主播的直播间进行选择了。毕业生创业的开始阶段一般都是经营投资少、规模小、见效快的项目,必须要考察行业的门槛、热销产品和行业人群的消费水平等各方因素,才能达到见效快的目的。

4.对市场情况的考察

自主创业的成功与失败,决定因素是市场的需求,对市场的考察和评估是至关重要的。在调查中不但要考察本地市场,也要知道网络市场情况。如果知道市场需要什么,就力图抢占先机,赢得机遇。对于自主创业的高职生来说,对市场考察的简单方法可用抽检法,即选择几个长期盈利的企业或商店,再选一般企业或商店,最后选择亏损的企业或商店,考察后分析它们具体有什么特点,经过对比分析后会产生很大启迪。

5.考察科技发展情况,发挥自己的空间

一般说来高职生对所掌握的专业知识有个再认识、再实践、再提高的过程,有专利的毕业生更是凤毛麟角。要根据自己掌握知识的程度选择最能发挥自己优势的领域。创业者也可以在日常生活中寻找项目,比如许多城市的汽车刷洗行业用的废水直接流入下水道,如果研究一个造价不高而且非常实用的一套净水装置,可以把刷洗汽车的水循环利用。虽然它的科技含量不高,但是能给刷车行业带来经济效益,对环保也会起到很好的作用,这是高职生工匠精神的体现,更是对学用结合的深层次检验。在人们日常生活中有些事是司空见惯的,如果用心琢磨会发现有待改进和完善的地方很多,在改进和完善的过程中会应用到许多科学技术知识,这就能把科技变成财富。俗语说:"遍地是黄金,要做眼明人。"

6.对自然环境进行考察评估

自主创业的项目不同,要选择与之相适应的自然环境。比如要进行养殖方面的创业,就和相关的地理条件、气候条件、运输条件、供电条件、供水条件等都会发生紧密联系,所以创业必须考察评估适合自己的自然环境条件。

课后思考与训练

1. 创业者必备的条件有哪些?
2. 创业前要了解的政策有哪些?

经典推荐

智慧职教慕课:大学生创业与创新教育

第四节 我敢闯 我会创——玩转双创大赛

> **学习目标**
>
> 1. 了解大赛的由来。
> 2. 掌握双创大赛的具体赛道和比赛赛制。

一、"互联网+"创新创业大赛的目的与任务

双创大赛即中国国际"互联网+"大学生创新创业大赛，首届大赛于2015年举办，2020年已经是第六届了。大赛旨在深化高等教育综合改革，激发大学生的创造力，培养造就"大众创业、万众创新"的生力军；推动赛事成果转化，促进"互联网+"新业态形成，服务经济提质增效升级；以创新引领创业，以创业带动就业，推动高校毕业生更高质量的创业就业。

1. 以赛促学，培养创新创业生力军

大赛旨在激发学生的创造力，激励广大青年扎根中国大地了解国情民情，锤炼意志品质，开拓国际视野，在创新创业中增长智慧才干，把激昂的青春梦融入伟大的中国梦，努力成长为德才兼备的有为人才。

2. 以赛促教，探索素质教育新途径

把大赛作为深化创新创业教育改革的重要抓手，引导各类学校主动服务国家战略和区域发展，深化人才培养综合改革，全面推进素质教育，切实提高学生的创新精神、创业意识和创新创业能力。推动人才培养范式深刻变革，形成新的人才质量观、教学质量观、文化质量观。

3. 以赛促创，搭建成果转化新平台

推动赛事成果转化和产学研用紧密结合，促进"互联网+"新业态形成，服务经济高质量发展，努力形成高校毕业生更高质量创业就业的新局面。

二、大赛的赛道以及赛制设计

2020年双创大赛举办"1+6"系列活动。"1"是主体赛事，包括高教主赛道、"青年红色筑梦之旅"赛道、职教赛道和萌芽赛道；"6"是6项同期活动，包括"智闯未来"青年红色筑梦之旅活动、"智创未来"全球创新创业成果展、"智绘未来"世界湾区高等教育峰会、

"智联未来"全球独角兽企业尖峰论坛、"智享未来"全球青年学术大咖面对面、"智投未来"投融资竞标会。

（一）"互联网+"大学生创新创业大赛高教主赛道

1. 参赛项目类型

（1）"互联网+现代农业" 包括农、林、牧、渔等。

（2）"互联网+制造业" 包括先进制造、智能硬件、工业自动化、生物医药、节能环保、新材料、军工等。

（3）"互联网+信息技术服务" 包括人工智能技术、物联网技术、网络空间安全技术、大数据、云计算、工具软件、社交网络、媒体门户、企业服务、下一代通信技术、区块链等。

（4）"互联网+文化创意服务" 包括广播影视、设计服务、文化艺术、旅游休闲、艺术品交易、广告会展、动漫娱乐、体育竞技等。

（5）"互联网+社会服务" 包括电子商务、消费生活、金融、财经法务、房产家居、高效物流、教育培训、医疗健康、交通、人力资源服务等。

参赛项目不只限于"互联网+"项目，鼓励各类创新创业项目参赛，根据行业背景选择相应类型。

2. 参赛方式和要求

（1）大赛以团队为单位报名参赛。允许跨校组建团队，每个团队的参赛成员不少于3人，原则上不多于15人（含团队负责人），须为项目的实际核心成员。参赛团队所报参赛创业项目，须为本团队策划或经营的项目，不得借用他人项目参赛。

（2）根据参赛团队负责人的学籍或学历确定参赛团队所代表的参赛学校，按照参赛学校所在的国家和地区，分为中国大陆参赛项目、中国港澳台地区参赛项目、国际参赛项目3类。国际参赛项目和中国港澳台地区参赛项目可根据当地教育情况适当调整学籍和学历的相关参赛要求。

（3）所有参赛材料和现场答辩原则上使用中文或英文，如有其他语言需求，请联系大赛组委会。

（4）参赛项目不得含有任何违反《中华人民共和国宪法》及其他法律、法规的内容。须尊重中国文化，符合公序良俗。

3. 参赛组别和对象

根据参赛项目所处的创业阶段、已获投资情况和项目特点，分为创意组、初创组、成长组、师生共创组。

（二）比赛赛制

1. 中国大陆参赛项目

中国大陆参赛项目采用校级初赛、省级复赛、全国总决赛三级赛制。校级初赛由各校负责组织，省级复赛由各地负责组织，全国总决赛由各地按照大赛组委会确定的配额择优遴选推荐项目。大赛组委会将综合考虑各地报名团队数、参赛院校数和创新创业教育工作情况等因素分配全国总决赛名额，每所高校入选全国总决赛项目总数不超过4个。全国共产生600个项目入围全国总决赛高教主赛道，通过网上评审，产生150个项目进入全国总决赛现场比赛。

2. 中国港澳台地区参赛项目

通过当地合办赛伙伴选送项目参加全国总决赛，通过网上评审，产生20个项目进入全国总决赛现场比赛。

3. 国际参赛项目

通过驻外使领馆面向全球征集、合办赛伙伴征集选送、国内高校发动，共产生400个项目入围全国总决赛高教主赛道，通过网上评审，产生100个项目进入全国总决赛现场比赛。

中国大陆参赛项目、中国港澳台地区参赛项目、国际参赛项目同场参加全国总决赛现场比赛，统一打分，分类排名。

（三）"互联网+"大学生创新创业大赛"青年红色筑梦之旅"活动

第六届中国国际"互联网+"大学生创新创业大赛继续在更大范围、更高层次、更有温度、更深程度上开展"青年红色筑梦之旅"活动。

1. 活动主题

青春领航脱贫攻坚 红色筑梦创业人生

2. 主要目标

深入贯彻落实习近平总书记给第三届中国"互联网+"大学生创新创业大赛"青年红色筑梦之旅"的大学生的回信精神，大力弘扬伟大改革开放精神，鼓励青年"敢闯敢试、敢为天下先"，走进革命老区、偏远山区和城乡社区，聚焦脱贫攻坚，用创新创业的生动实践书写无愧于时代的壮丽篇章。

3. "青年红色筑梦之旅"赛道安排

参加"青年红色筑梦之旅"活动的项目，如参加大赛，可自主选择参加"青年红色筑梦之旅"赛道或其他赛道比赛（只能选择参加一个赛道）。"青年红色筑梦之旅"赛道单列奖项、单独设置评审指标。

（1）参赛项目要求　参加"青年红色筑梦之旅"赛道的项目应符合大赛参赛项目要求，同时在推进革命老区、贫困地区、城乡社区经济社会发展等方面有创新性、实效性和可持续性；以团队为单位报名参赛。允许跨校组建团队，每个团队的参赛成员不少于3人，原则上不多于15人（含团队负责人），须为项目的实际核心成员。参赛团队所报参赛创业项目，须为本团队策划或经营的项目，不得借用他人项目参赛；参赛申报人须为团队负责人，须为普通高等学校在校生（可为本专科生、研究生，不含在职生），或毕业5年以内的毕业生。企业法人代表在大赛通知发布之日后进行变更的不予认可；已获往届中国"互联网+"大学生创新创业大赛全国总决赛各赛道金奖和银奖项目，不可报名参加本届大赛；没有参加本届"青年红色筑梦之旅"活动的项目不得参加"青年红色筑梦之旅"赛道比赛；各省级教育行政部门、各有关学校负责审核参赛对象资格。

（2）参赛组别和对象　根据项目性质和特点，分为公益组、商业组。

公益组：参赛项目以社会价值为导向，在公益服务领域具有较好的创意、产品或服务模式的创业计划和实践；参赛申报主体为独立的公益项目或者社会组织，注册或未注册成立公益机构（或社会组织）的项目均可参赛；师生共创的公益项目，若符合"青年红色筑梦之旅"赛道要求，可以参加该组。

商业组：参赛项目以商业手段解决农业农村和城乡社区发展的痛点问题、助力精准扶贫和乡村振兴，实现经济价值和社会价值的融合；注册或未注册成立公司的项目均可参赛。已完成工商登记注册参赛项目的股权结构中，企业法人代表的股权不得少于10%，参赛成员股权合计不得少于1/3。如已注册成立机构或公司，学生须为法人代表；师生共创的商业项目不能参加"青年红色筑梦之旅"赛道，可参加高教主赛道。

（3）比赛赛制　采用校级初赛、省级复赛、全国总决赛三级赛制。校级初赛由各高校负责组织，省级复赛由各地负责组织，全国总决赛由各地按照大赛组委会确定的配额择优遴选推荐项目。大赛组委会将综合考虑各地报名团队数、参赛学校数和创新创业教育工作情况等因素分配全国总决赛名额。每所学校入选全国总决赛"青年红色筑梦之旅"赛道的团队总数不超过2个。全国共产生200个项目入围全国总决赛"青年红色筑梦之旅"赛道，通过网上评审，产生60个项目进入全国总决赛现场比赛。

（四）"互联网+"大学生创新创业大赛职教赛道

第六届中国国际"互联网+"大学生创新创业大赛设立职教赛道，旨在推进职业教育领域创新创业教育改革，组织学生开展就业型创业实践。具体工作方案如下。

1. 参赛项目类型

"互联网+现代农业"，包括农、林、牧、渔等；"互联网+制造业"，包括先进制造、智能硬件、工业自动化、生物医药、节能环保、新材料、军工等领域的生产加工、维护、服务；"互联网+信息技术服务"，包括人工智能技术、物联网技术、网络空间安全技术、大数据、云计算、工具软件、社交网络、媒体门户、企业服务、下一代通信技术、区块链等；"互联网+文化创意服务"，包括广播影视、设计服务、文化艺术、旅游休闲、艺术品交易、广告会展、动漫娱乐、体育竞技等；"互联网+社会服务"，包括电子商务、消费生活、家政服务、养老服务、食品安全、金融、财经法务、房产家居、高效物流、教育培训、健康服务、交通、社区服务等，参赛项目不只限于"互联网+"项目，鼓励各类创新创业项目参赛，根据行业背景选择相应类型。

2. 参赛方式和要求

职业院校（含职业教育本科、高职高专、中职中专）学生（不含在职生）、国家开放大学学历教育学生（不超过30周岁）可以报名参赛；大赛以团队为单位报名参赛。允许跨校组建团队，每个团队的参赛成员不少于3人，原则上不多于15人（含团队负责人），须为项目的实际核心成员。参赛团队所报参赛创业项目，须为本团队策划或经营的项目，不得借用他人项目参赛；已获往届中国"互联网+"大学生创新创业大赛全国总决赛各赛道金奖和银奖的项目，不可报名参加本届大赛；各省级教育行政部门、有关学校负责审核参赛对象资格。

3. 参赛组别和对象

参赛组别分为创意组与创业组。

创意组：参赛项目具有较好的创意和较为成型的产品原型、服务模式或针对生产加工工艺进行创新的改良技术，参赛申报人须为团队负责人，须为职业院校的全日制在校学生或国家开放大学学历教育在读学生。

创业组：公司注册年限不超过5年。参赛申报人须为企业法人代表，须为职业院校全日制在校学生或毕业5年内的毕业生、国家开放大学学历教育在读学生或毕业5年内的毕业生。企业法人在大赛通知发布之日后进行变更的不予认可。已完成工商登记注册参赛项目的股权结构中，企业法人代表的股权不得少于10%，参赛成员合计不得少于1/3；学校科技成果转化的项目须参加创业组（不能参加创意组，科技成果的完成人、所有人中有参赛申报人的除外），允许将拥有科研成果的教师的股权与学生所持股权合并计算，合并计算的股权不得少于51%（学生团队所持股权比例不得低于26%）。教师持股比例大于学生团队持股比例的项目，只能参加高教主赛道师生共创组，不能报名参加职教赛道。

4. 比赛赛制

采用校级初赛、省级复赛、全国总决赛三级赛制。校级初赛由各院校（国家开放大学各分部）负责组织，省级复赛由各地负责组织，全国总决赛由各地按照大赛组委会确定的配额择优遴选推荐项目。大赛组委会将综合考虑各地报名团队数、参赛学校数和创新创业教育工作情况等因素分配全国总决赛名额。每所院校入选全国总决赛职教赛道的团队总数不超过2个。

（五）"互联网+"大学生创新创业大赛萌芽赛道方案

1. 目标任务

推动创新创业素质教育，探索基础教育阶段创新创业教育的新模式，引导中学生开展科技创新、发明创造、社会实践等创新性实践活动，培养创新精神、激发创新思维、享受创造乐趣、提升创新能力。

2. 参赛对象

普通高级中学在校学生。参赛学生须为项目的实际成员，鼓励学生以团队为单位参加（团队成员原则上不超过15人），允许跨校组建团队。

3. 参赛项目要求

项目应紧密融合学习、生活、社会实践，能创造性地解决问题或提供解决思路，具有可预见的应用性与成长性，可以是各类中学生赛事获奖项目或作品（可参照教育部公布认可的中小学生全国性竞赛）。项目不只限于"互联网+"项目，鼓励各类创新创业项目参赛；项目须真实、健康、合法，无任何不良信息，不得借用他人项目参赛。项目立意应弘扬正能量，践行社会主义核心价值观。参赛项目不得侵犯他人知识产权；所涉及的发明创造、专利技术、资源等必须拥有清晰合法的知识产权或物权，涉及他人知识产权的，报名时须提交完整的具有法律效力的所有人书面授权许可书、专利证书等；抄袭、盗用、提供虚假材料或违反相关法律法规一经发现即刻丧失参赛相关权利并自负一切法律责任；已获往届中国"互联网+"大学生创新创业大赛全国总决赛奖项的项目，不可报名参加本届大赛；各省级教育行政部门、有关学校负责审核参赛对象资格。

（以上信息选自全国大学生创业服务网）

三、赛道的评审要点

1. 高教主赛道评审规则

评审要点	评审内容	分值
创新性	突出原始创新和技术突破的价值，不鼓励模仿。在商业模式、产品服务、管理运营、市场营销、工艺流程、应用场景等方面寻求突破和创新。鼓励项目与高校科技成果转移、转化相结合，取得一定数量和质量的创新成果（专利、创新奖励、行业认可等）	40
团队情况	团队成员的教育和工作背景、创新思想、价值观念、分工协作和能力互补情况。项目拟成立公司的组织构架、股权结构与人员配置安排合理。创业顾问、潜在投资人以及战略合作伙伴等外部资源的使用计划和有关情况	30
商业性	商业模式设计完整、可行，项目盈利能力推导过程合理，在商业机会识别与利用、竞争与合作、技术基础、产品或服务设计、资金及人员需求、现行法律法规限制等方面具有可行性。行业调查研究深入详实，项目市场、技术等调查工作为一手资料，强调田野调查和实际操作检验。项目目标市场容量及市场前景，未来对相关产业升级或颠覆的可能性，近期融资需求及资金使用规划是否合理	20
社会效益	项目发展战略和规模扩张策略的合理性和可行性，预判项目可能带动社会就业的能力	10

2. "青年红色筑梦之旅"赛道评审规则

评审要点	评审内容	分值
公益性	项目以社会价值为导向，以解决社会问题为使命，不以营利为目的，有可预见的公益成果，公益受众的覆盖面广。在公益服务领域有良好的产品或服务模式	20
项目团队	团队成员的基本素质、业务能力、奉献意愿和价值观与项目需求相匹配；团队或公司组织架构与分工协作合理；团队权益结构或公司股权结构合理；团队的延续性或接替性	20
实效性	项目对精准扶贫、乡村振兴和社区治理等社会问题的贡献度；在引入社会资源方面对农村组织和农民增收、地方产业结构优化的效果；项目对促进就业、教育、医疗、养老、环境保护与生态建设等方面的效果	20
创新性	鼓励技术或服务创新、引入或运用新技术，鼓励高校科研成果转化；鼓励组织模式创新或进行资源整合	20
可持续性	项目的持续生存能力；创新研发、生产销售、资源整合等持续运营能力；项目模式可复制、可推广、具有示范效应等	20

3. 职教赛道评审规则

（1）职教赛道创意组项目评审要点

评审要点	评审内容	分数
创新性	鼓励原始创意、创造；鼓励面向培养"大国工匠"与能工巧匠的创意与创新；项目体现产教融合模式创新、校企合作模式创新、工学一体模式创新；鼓励面向职业和岗位的创意及创新，侧重于加工工艺创新、实用技术创新、产品（技术）改良、应用性优化、民生类创意等	40
团队情况	团队成员的教育和工作背景、创新思想、价值观念、分工协作和能力互补情况。项目拟成立公司的组织构架、股权结构与人员配置安排合理。创业顾问、潜在投资人以及战略合作伙伴等外部资源的使用计划和有关情况	30
商业性	商业模式设计完整、可行，项目盈利能力推导过程合理，在商业机会识别与利用、竞争与合作、技术基础、产品或服务设计、资金及人员需求、现行法律法规限制等方面具有可行性。行业调查研究深入详实，项目市场、技术等调查工作形成一手资料，强调田野调查和实际操作检验	20
社会效益	项目发展战略和规模扩张策略的合理性和可行性，预判项目可能带动社会就业的能力	10

（2）职教赛道创业组项目评审要点

评审要点	评审内容	分数
商业性	商业模式设计完整、可行，产品或者服务成熟度及市场认可度，已获外部投资情况。经营绩效方面，重点考察项目存续时间、营业收入、企业利润、持续盈利能力、市场份额、客户（用户）情况、税收上缴、投入与产出比等情况。成长性方面，重点考察项目目标市场容量大小及可扩展性，是否有合适的计划和可靠资源（人力资源、资金、技术等方面）支持其未来持续快速成长。现金流及融资方面，关注维持企业正常经营的现金流情况，以及企业融资需求及资金使用规划是否合理	40
团队情况	团队成员的教育和工作背景、创新思想、价值观念、分工协作和能力互补情况，重点考察成员的投入程度、公司的组织构架、股权结构、人员配置以及激励制度。项目对创业顾问、投资人以及战略合作伙伴等外部资源的整合能力	30
创新性	鼓励原始创意、创造；鼓励面向培养"大国工匠"与能工巧匠的创意与创新；项目体现产教融合模式创新、校企合作模式创新、工学一体模式创新；鼓励面向职业和岗位的创意及创新，侧重于加工工艺创新、实用技术创新、产品（技术）改良、应用性优化、民生类创意等	20
社会效益	项目实际带动的直接就业人数，考察项目未来持续带动就业的能力	10

四、"互联网+"大学生创新创业大赛的步骤

中国国际"互联网+"创新创业大赛是目前中国乃至世界范围内规模最大、影响力最大、科技成果转化最多的综合性大赛，高职生可以通过参加适合自己的赛道，充分发挥自身的创意和创新意识，在专业技术层面寻找创新创业机会，并能够通过自身的科技成果充分体现大国工匠和能工巧匠的优势。高校学生是有朝气、有理想、有抱负的青年人，国家

的发展、社会的进步离不开青年人，青年人同样也离不开飞速发展和快速演变的时代，大赛会给青年人一个很大的路演平台，让参赛者尽情去展现自身才华和科技成果，那么参加大赛要经过哪几个步骤呢？

1. 完成报名

登录全国大学生创新创业服务网进行报名，报名步骤有很多，大家可以仔细到官网进行查阅，只有报完名才有机会参加大赛。

2. 寻找创业项目，书写创业计划书

寻找项目是关键，这个项目选择是否具有社会痛点，这个痛点是否真正能够激发市场需求很关键，好的项目才能走得更远，才能突破重围，获得认可。有了好的项目剩下就是创业计划书的书写了，写完计划书，可以下载"智投圈"进行项目测试。

3. 金种子选拔

所谓金种子就是项目的价值所在，一般都是由导师打分确定项目的整体分数。金种子项目特征主要通过以下几个方面去衡量。

（1）市场空间　所谓市场空间，就是项目在实施的过程中真正能够在市场上得到认可，项目的实施可以减少现有方式方法的成本，从而提升利润空间。例如第二届创新创业大赛，山东商业职业技术学院的无水运鱼的项目在众多项目中脱颖而出，运鱼一般思维必须有水，可是他们却不用水，而是对鱼进行催眠，大大减少了运输成本，从而获得巨大的市场空间和商业价值。

（2）核心能力　核心的技术和能力是日后市场发展过程中具有强有力的竞争核心，是普通创业者很难进行复制的，这样才会有更多的市场空间。

（3）灵魂人物　灵魂人物在创新创业中起着至关重要的作用，这里可以是学生，也可以是老师，也可以是毕业生等。在投资界有这样一个投资规矩就是投资人，因此一个有思想、有想法、有能力、有创意的灵魂人物尤为重要。

（4）外部资源　外部资源针对大学生来说并不是谁都有的，但是有了就会对特定产业进行助推。例如，创业的同学中有家族产业的或者家里有亲属或者朋友从事创业项目的，就会在创业项目中得到新的一些突破，同时可能会拿到实验订单，可以有效去尝试投入市场。

（5）应用场景　创业项目或者我们所掌握的技术能够通过应用场景进行展示，因此金种子培养过程中是需要选手重点着手去做的一项工作。

（6）实际效果　自身的项目在社会或者市场已经投入使用或者已经有具体数据，同时产生了实际的效益和效果，这样在推广的过程中会更加容易和更容易被认可。

4. 赛道测评

赛道测评主要结合参赛选手制订调查问卷，通过赛道测评了解参赛队伍或者选手是否符合赛道要求。

5. 大众评审

大众评审这里会有三个打分点，一是网络评审打分；二是现场路演打分；三是现场答辩打分。

6. 信度测评

在六个方面测可信度：一是市场是否可信；二是技术是否可信；三是产品是否可信；四是模式是否可信；五是团队是否可信；六是未来是否可信。

7. 资料测评

在六个方面进行测评：一是主题是否鲜明；二是定位是否精准；三是逻辑是否清晰；四是内容是否丰富；五是形式是否专业；六是结尾是否有力。

8. 路演测评

在六个方面进行测评：一是准备充分度如何；二是团队匹配度如何；三是现场打动度如何；四是现场把控度如何；五是表达自然度如何；六是时间可控度如何。

9. 答辩测评

在六个方面进行测评：一是准备情况如何；二是合理分工如何；三是是否能够听清问题；四是回答是否精准；五是是否自信自然；六是感恩好学程度如何。

双创项目选择是否准确主要从七个方面进行评价：一是科研成果转移、转化项目；二是院校有关学科与专业的项目；三是毕业五年内创业成功校友项目；四是已经启动并取得较好成果的项目；五是与新一代信息技术紧密结合的项目；六是开展多年且效果较好的社会实践项目；七是团队成员具有"敢闯会创"的精神且能力突出的项目。

课后思考与训练

1. 什么是双创大赛？
2. 双创大赛包含哪些赛道？
3. 双创大赛的评审标准是什么？
4. 双创大赛的参赛步骤有哪些？

经典推荐

智慧职教慕课：大数据创新创业—思维、方法与能力

第六章

走进大学生创业

本章数字资源

学习要点　了解创业过程中的市场调研，了解创业计划书的撰写、了解创业风险以及如何降低创业风险。

第一节　下沉走访　了如指掌——市场调研的必要性

学习目标

1. 掌握创业前的市场情况。
2. 了解创业前期的调研内容。

 案例

现在是互联网大数据时代，不管什么行业，都需要进行市场数据分析。小路是大学刚刚毕业准备投身餐饮行业的一员，有了在餐饮集团工作一年的经历，他萌生了创业的想法。但他并非急于求成，而是先进行了市场调研。因为小路知道资金少、技术弱、人脉少是他的短板，一定要考察好再确定项目以减少不必要的损失。经过一段时间对品牌策略、产品检验、价格调整等的分析和对线下门店消费者、线上App评论分析确定了品牌发展方向，最终小路选择了在门店快餐行业入手，选择投资建立一个主题为"干货麻辣烫"的外卖小店。这样既可以节约房屋成本，还可以抓住青年人的消费理念。很多人见过带汤的麻辣烫，没见过干货麻辣烫，小路的小店在各大App和步行街门店上线后很快得到了周围人群的喜爱，就算是针对突如其来的市场变化，对小路来说也能及时应付得来，因为大部分是送餐。

市场调研对于刚刚毕业的高职生和所有创业者来说尤为重要，如果小路前期没有进行市场调研，就会比较盲目，选择的行业有可能就会付之东流，造成前期的创业失败。市场调研会有效降低创业风险，起到节约资金的效果，同时会给创业项目带来预期收益。

一、做好创业前期的市场调研

高职毕业生创业前期应该了解创业政策、创业模式以及自己所具备的创业条件，再走进市场进行调研。市场调研是创业前期发展的必经之路，只有进行实地调研、走访、记录才能收集到更加全面的信息。

毕业生在刚刚走出校园的时候，对市场环境和行业背景并不是很熟悉，这就需要创业者对市场做好充分的调研和数据分析，了解想涉足行业的市场背景、需求量、市场份额、竞争产品，以及投资成本、收益和风险程度等，做到对想涉足行业了如指掌，因此创业前期的市场调研是至关重要的。

前期市场调研过后，创业者已经梳理好相关数据，这些数据将是在未来创业路上的法宝。但是由于创业者的战略眼光和社会经验较欠缺，因此需要寻找行业中的专家帮忙进行综合分析，可以通过创业讲座去咨询，也可以通过互联网创业论坛进行咨询，多听取一些专家的建议对自己的创业之路会有帮助。

创业过程中最重要的一点是要进行自我评估，经过市场调研、专家分析、行业了解，自我评估就显得尤为重要。创业对于大学生来说并不是一件容易的事，资金、资源、风险预测、人力资源管理、财务管理、行业竞争等都需要创业者自我评估，只有自己对自己的综合能力做到认可才能真正迈出创业的第一步，只有自我评估达到预期效果，创业者才能做出正确的抉择。

二、创业前期市场调研的具体内容

1.行业发展的前景

创业者在市场调研的过程中，要通过大数据分析该行业的发展前景、在市场的占比份额是逐年递增还是递减，同时该行业是否符合国家大的战略方针政策，以及大学生创业在本领域是否具备强有力的优势等。做好前景分析，再考虑最终是否涉足。

2.整合自己的有效资源

刚刚走出校门的大学生，社会经验和人脉都较少，因此要调研身边的资源能否在自己创业道路上有助推作用。结合现实情况，淘宝店铺、京东店铺、微商店铺、直播带货等形式会更加适合高职生创业。

3.有效降低创业风险

毕业生在创业过程中要做好风险预测，因为刚刚走出校门的创业者经不起失败的打击，因此就需要在市场调研期间发现和找出其中的潜在风险，降低在创业初期的风险。

4.节约资金的投入

创业者起初的创业资金相对紧张，人工、货源等会产生各种费用，因此在市场调研的过程中要学会节约资金，这就要做好细致的规划，减少不必要的浪费。

5.行业预期的收益

在市场调研的过程中，要了解行业的预期收益，只有了解预期收益才能有效控制资金用途，做好财务分析是创业的重中之重，利润是决定创业能否长久的一个硬性指标。

6.寻找成功经验

市场调研的一个重要内容就是寻找行业的成功经验，创业者的成功都是因为有自己的一套经营体系，比如行业的翘楚，借鉴他们的成功之处和经营模式，将其综合改良成属于自己的创业模式。

7.投资收益期短

刚刚步入创业行业的年轻人，资金周转是大问题，前期运营、人员、货源、办公用品等的费用是一笔很大的开支，因此要在调研的过程中选择资金周转快的行业。

课后思考与训练

1.简述市场调研的必要性。

2.创业前期市场调研的主要内容有哪些？

经典推荐

智慧职教慕课：创业就业指导

第二节 / 未雨绸缪 深谋远虑——创业计划书的制订

学习目标

1. 掌握商业计划书的内容。
2. 学会撰写商业计划书。

  案例

小庆同学刚刚毕业走出校门从事的是食品加工工作,做了一段时间后,一个朋友到山西去考察,他就一起去看了看。这一看让他的人生发生了巨大的改变,他的朋友是做煤炭能源生意的,他发现身边的这位朋友非常有实力。小庆于是在朋友的帮助下转行从事煤炭物资和煤炭能源的生意,2010年转行第一年就创收了70万元,小庆兴奋地注册了自己的公司。谁知好景不长,煤炭行业开始不景气。专科毕业的小庆没有足够的行业预判和思想准备,最重要的是没有做长远的规划和计划,导致企业在2013年遭遇重创。经过这次打击,小庆吃一堑长一智,慢慢学会了制订企业规划,让自己的资金在合理的项目上运营。2019年,小庆的企业固定资产已经突破5000万元。

经过重创后的小庆明白了计划的重要性,他学会了自己制订计划书,同时学会了如何规避创业中的风险,从高职毕业的毛头小子成长为一名优秀的创业成功人士。没有一份成功来得容易,都是在失败中总结,在总结中前行,创业者只有不断在前行中继续学习、继续提升,才能将企业做强做大。

创业计划书是创业者起初创立事业的书面说明,优秀的创业计划书会使创业者赢得投资者、合作伙伴的青睐,是创业者叩响投资者大门的敲门砖,因此一份优秀的创业计划书对于刚刚创业的大学生尤为重要。

创业计划书是一份全方位的商业计划,是创业者制作的一份详细的、具有科学规划的整体方案。它是用以描述与拟创办企业相关的内外部环境条件和要素特点,为业务的发展提供指示图和衡量业务进展情况的标准。通常创业计划是结合了市场营销、财务、生产、人力资源等职能计划的综合计划。

一、创业计划书的内容

1.公司摘要

介绍公司的主营产业、产品和服务,公司的竞争优势以及成立地点、时间、所处阶段等基本情况。

2.公司业务描述

介绍公司的宗旨和目标、公司的发展规划和策略。

3.产品或服务

介绍公司的产品或服务，描述产品和服务的用途和优点，以及有关的专利、著作权、政府批文等。

4.收入

介绍公司的收入来源，预测收入的增长。

5.竞争情况及市场营销

分析现有和将来的竞争对手的优势和劣势，以及本公司的优势和战胜竞争对手的方法。

6.管理团队

对公司的重要人物进行介绍，包括他们的职务、工作经验、受教育程度等；统计公司的全职员工、兼职员工人数和空缺职务。

7.财务预测

公司财务报表、5年的财务报表预测、投资的退出方式（公开上市、股票回购、出售、兼并或合并）。

8.资本结构

公司资金筹集和使用情况、公司融资方式、融资前后的资本结构表。

9.附录

支持上述信息的资料：管理层简历、销售手册、产品图纸等。

二、创业计划书模板

"创业方案设计"团队实施计划及分工表

编号		团队或公司名称	"亦cool思甜"概念甜品站有限公司
活动名称		"亦cool思甜"概念甜品站	
实施计划及分工	时间进度： 1.五月前两周进行地址选取 2.利用一个半月进行店铺装修 3.随后进行店铺宣传（为期2个月），购买材料（2～3周），人员分配（3天） 4.店铺开张 团队分工： 张×：总经理，提出公司业务计划、经营方式，全面负责公司经营管理工作，处理公司重大突发事件 蒋××：总经理助理，协助总经理落实工作任务并检查结果，负责起草对外文件、信函、合同 王×：收银员，负责预算、成本控制、收银并审计 崔××、严××：产品制作员，负责大量生产，并研究开发新产品 裴××：后勤人员，负责各项物资的采购、保管、调配、维修和打扫卫生 王×：配送员，负责产品外送 工作要求： 提供健康证，能吃苦耐劳、认真负责，热爱本职工作，性格活泼开朗，外表干净整洁，最好有在甜品店、奶茶店、咖啡店的工作经验		

创业／商业计划书

公司名称： "亦cool思甜"概念甜品站有限公司

所属院系： 食品药品工程学院

指导老师： 王 ×

【主联系人】张 ×
【职　　务】总经理
【电话号码】158*******
【传真号码】0453******
【电子邮件】**********
【地　　址】××××××
【邮政编码】157041

日　期

2020.4.7

保密须知

本《创业/商业计划书》内容属商业机密，所有权属于本公司，其所涉及的内容和资料只限于贵公司投资我公司使用。请贵公司收到本《创业/商业计划书》后，在 7 个工作日内予以回复，确认立项与否。贵公司如接收本《创业/商业计划书》，即为承诺同意遵守以下条款：

1. 若贵公司不希望涉足本《创业/商业计划书》所述项目，请按上述地址尽快将本《创业/商业计划书》完整退回；

2. 未经本公司许可，贵公司不得将本《创业/商业计划书》的内容全部或部分透露给他人；

3. 贵公司应该将本《创业/商业计划书》作为机密资料保存。

【其他事项说明】
本《创业/商业计划书》所涉及的内容均可具体协商。
本《创业/商业计划书》系学生完成创业实训的学习成果。仅涉及第一年的经营分析与预测，不作为实际商业融资依据。

完成本《创业/商业计划书》后请提交给实践老师

目　录

1. 执行摘要
   - 1.1 公司概况
   - 1.2 注册资金
   - 1.3 商业模式
   - 1.4 投资收益评价
2. 市场分析
   - 2.1 市场定位与目标客户
   - 2.2 市场预测（市场占有率）
   - 2.3 竞争分析
   - 2.4 项目 SWOT 分析
3. 营销策略
   - 3.1 产品特征
   - 3.2 产品定价
4. 人员与组织结构
   - 4.1 组织结构
   - 4.2 团队成员
   - 4.3 部门 / 岗位职责
5. 财务分析报告
   - 5.1 固定资产
   - 5.2 原材料 / 商品采购成本
   - 5.3 销售与管理费用预测
   - 5.4 启动资金需求
   - 5.5 启动资金来源
6. 利润预测
7. 风险分析与对策
8. 企业愿景

1. 执行摘要
1.1 公司概况

公司名称	"亦cool思甜"概念甜品站_____模拟公司
公司类型	☑有限责任公司 □个体工商户 □个人独资企业 □合伙企业 □ 其他_____（打√选择）
注册地址	农经学院创业园区
主要经营范围	创意奶茶，手工冰淇淋，魔幻果汁，港式甜品，蛋糕，马卡龙，手工饼干，披萨
产品/服务概况	（1）据市场调查显示，消费者对甜品的需求，在近两年来飞速增长，然而，目前国内这个市场却还处于未饱和阶段，虽然也有一些小的糖水店，但远无法满足人们多层次的新的需求 （2）所针对的顾客群分布在各个年龄层，产品是从小朋友到老人都会喜爱的各式新型甜点 （3）所经营的奶茶及甜品有多种系列，其中有养生系列的奶茶、高营养的芡实布丁、造型系列的马卡龙礼包套装、口感系列的芝士蛋糕等，满足各种需求 （4）定时推出应季新品，自然会吸引一定的顾客群
市场机会	学院周边除了蛋糕店、超市和一个汉堡店，没有综合型的适合学生的新颖创意奶茶和甜品店，且学院周边及家属都热衷无添加的食品。因此创业初期和尝试阶段选择在学院附近。学院提供的创业园区是免费的，可以作为初试阶段的选址积累经验，同时为产品的创作提供充足的时间，方便日后扩大连锁经营

1.2 注册资金

5万

1.3 商业模式

针对家庭主妇、儿童、学生和经济独立的上班族
奶茶、冰淇淋、果汁、港式甜品、蛋糕、马卡龙、手工饼干、披萨
我们的产品是为迎合消费者健康饮食的新理念而打造，既可以解渴又有益于健康
竞争壁垒是蛋糕店、汉堡店、引进面包食品的超市等
我们的销售方式有门店销售和外卖服务，以及抖音和快手订餐等方式

1.4 投资收益评价

总投资额（元）	4万5千元	投资收益率（第一年）		%	
预期净利润（税后利润）	第一年	第二年		第三年	
		年增长率	%	年增长率	%
备注	投资收益率＝净利润÷总投资额×100% 预期净利润——第一年：见经营第一年利润表 此表中"总投资额"项的金额等于资金需求合计				

2. 市场分析

2.1 市场定位与目标客户

市场定位	1.产品定位：奶茶、蛋糕、布丁、马卡龙 2.竞争定位：学院周边 3.目标群体：家庭主妇、儿童、学生和经济独立的上班族
目标客户	主要是学生群体和家中有孩子的教师群体，同时可以扩大到学院周边家属区

2.2 市场预测（市场占有率）

在市场容量中的变化趋势：
甜品店是人们休闲或聊天的好去处，它不像星巴克的价格那么贵，也没有肯德基、麦当劳里不健康的食物，甜品店经营的产品价格适中、营养丰富、美味，符合现在人们对健康食品的理念。吃甜食有补充气血、解除肌肉紧张和解毒等功能，而且糖果可以丰富人们的生活，点心中适当加些糖可提高食欲。其中，为迎合消费者健康饮食的新理念，我公司提出"甜品也养生"的新风尚。特别制作滋补养身系列、清心润肺系列、补血保健系列、除燥安眠系列、排毒养颜系列、清凉消暑系列等产品。旨在满足各类顾客的需求。特别是低热量、有良好养颜功效的甜品。尤其针对爱美的年轻女学生，吃甜品和保持好身材不仅不冲突，而且能够通过食补养颜，符合市场变化的趋势

2.3 竞争分析

主要竞争者：蛋糕店、奶茶店、汉堡店
竞争对手的主要优势：
（1）开店时间比较早，提前占领市场
（2）有做产品的经验
（3）技术娴熟
竞争对手的主要劣势：
（1）目前针对学院附近区域暂时不能就餐
（2）操作间不够明朗化
（3）服务不周到，热情度不高
（4）产品缺乏创意，无法吸引富有活力的年轻学生

2.4 项目SWOT分析

优势	（1）选地好，就在院内，人流量大 （2）服务热情周到 （3）产品新鲜，食品安全有保障 （4）有一定的管理经验 （5）地理位置优越 （6）消费群体较广 （7）相比较其他甜品店，有休闲的地方，环境优美 （8）价格便宜，产品质量好 （9）针对不同顾客需求，有针对性地供应，独创"养生甜品"系列 （10）对新产品的研发能力较强 （11）口感新鲜、味道好，广式甜品都是现做现卖，是量产点心无法相媲美的 （12）口味不断推陈出新，变化多，形成寡多系列，消费者选择广 （13）学生创业门店没有费用
劣势	（1）产品操作技术不够熟练 （2）经营甜品店经验不足 （3）甜品市场品类繁多，花样屡见不鲜，市场竞争激烈 （4）广告创意还有待提高，不能充分体现出卖点
机遇	（1）前期利用微信及发传单等方式进行大力宣传，提高知名度 （2）后期可根据需求量的增多，通过抖音和快手增加人气 （3）位置优越，消费人群密集 （4）重点开发一些健康的、不易使人发胖的甜点 （5）根据前期经验以及调查数据，控制每天的供应量，充分利用资源，避免浪费 （6）定期举办活动，吸引顾客，增加门店的知名度 （7）开设前进行大量调查，明确自身现状，制订竞争策略，经营时要时时注意顾客反馈的信息，对糕点的口感及其他方面及时调整 （8）按季节推出各季节的特色甜品
威胁	（1）某些竞争对手商品的低价优势 （2）竞争对手策略的变动 （3）学生创业员工的时间不是固定的

3. 营销策略

3.1 产品特征

产品或服务种类	功能	特色
经营	进货管理、销售管理、存货管理、商品账、资金账、往来账、收入账、查询与分析等功能	实用——将各账目结合在一起，即时反映企业的财务状况和进销存状况 易用——"傻瓜化"操作更符合企业日常业务处理习惯，实现全面查询和分析库存、资金、费用、收入、成本等
产品一	蛋糕	手工制作，口感嫩滑、细腻、偏甜
产品二	奶茶	口感醇厚、养生保健功效、口味众多
产品三	布丁	口感嫩滑、香甜细腻
产品四	马卡龙	外观精致、包装甜美、口感细腻

3.2 产品定价

单位：元

产品或服务	单位	单位成本	同类产品市场零售单价	产品单价
产品一	块	6	28	12
产品二	杯	2.3	7～15	6
产品三	份	2	6～7	5
产品四	个	4	12	8

注：产品单价一栏，如果一年当中产品售价有变化或者多种产品属于同类产品，可按照产品均价计算。

4. 人员与组织结构

4.1 组织结构

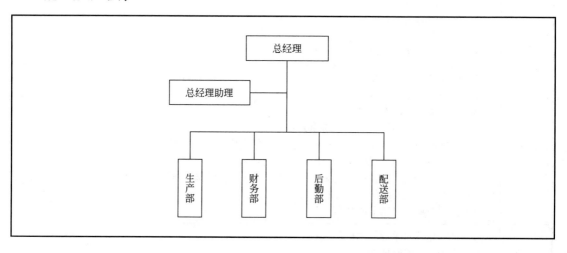

4.2 团队成员

姓名	年龄	职务	最高学历及专业	主要工作经历	优势专长
张××	21	总经理	大专食加	服务业和销售业	领导能力
蒋××	21	总经理助理	大专食加	服务业和推广业	具甜品店工作经验
崔××	20	制作员	大专食加	销售业为主	具社团工作经验
王××	21	收银员	大专会计	超市收银员	主修专业
裴××	21	后勤员	大专机电	维修业为主	具学生会工作经验
王××	21	制作员	大专市营	主要是食品加工	具社团工作经验
严××	22	导购员	大专市营	导购促销员	具超市工作经验

4.3 部门/岗位职责

部门/岗位	负责人	职责
总经理	张××	组织制订公司经营方针、目标、计划，分解到各部门并组织实施；提出公司组织机构设置方案；负责审核公司经营费用支出；决定公司各部门人员的聘用任免；负责制订并落实公司各项规章制度、改革方案、改革措施
总经理助理	蒋××	在总经理领导下负责公司的全面工作，努力做好总经理的参谋助手，起到承上启下的作用，认真做到全方位服务；负责公司具体管理工作的布置、实施、检查、督促、落实执行情况；做好组会议记录
财务 部	王××	会计实务，纳税筹划，预算，成本控制，审计，并购重组
生产 部	崔××、王××	技术开发，生产流程，采购，品质监督，供应链
后勤 部	裴××	负责组织固定资产和各项物资的采购、保管、调配、供应、维修等项目管理工作
配送 部	王××	负责产品外送

5. 财务分析报告

5.1 固定资产

单位：元

项目	原值	月折旧率/%	月折旧金额	备注
生产工具和设备	3200	1.58	50.56	制作奶酪的烤箱 微波炉
办公家具	2017	1.58	32	
电子设备	250	1.58	3.95	电脑、打印机、复印机、传真机、电话机等
交通工具	150	1.58	2.37	自行车
合计	5617	1.58	89	

5.2 原材料/商品采购成本

单位：元

名称	数量	单价	金额
吸管	500根	4元/包（100根）	20
餐巾纸	50包	1元/包	50
一次性勺	1000个	4元/包（150个）	27
塑料袋	300个	7元/包（150个）	14
外带包装盒	750个	0.05元/个	38
牛奶	1800升	3.5元/升	6300
面粉	200斤	5元/斤	1000

续表

名称	数量	单价	金额
鸡蛋	500个	0.5元/个	250
糖	150斤	3元/斤	450
五谷	150斤	4元/斤	600
红枣	100斤	10元/斤	1000
合计			9749

5.3 销售与管理费用预测

类别	科目	金额
销售费用	宣传推广费用	1000元/月
管理费用	场地租金	4000元/月
	员工薪酬	1500元/月 奖金100元/月
	办公用品及耗材	280元/月
	水电费、交通差旅费	300元/月
	其他	300元/月
财务费用	利息	2000元/月

5.4 启动资金需求

类别/项目		金额/元	备注
	固定资产购置合计	5617	烤箱、微波炉等
开办费	工商注册、税务登记费	50	
	市场调查费、差旅费、咨询费	500	市场问卷调查
	各种许可证审批费用	2000	
	支付连锁加盟费用	0	
	其他费用	5000	培训费、资料费、宣传费、购无形资产费用
	合计	7550	
流动资金	原材料/商品采购	9749	牛奶、五谷、包装盒、塑料袋
	场地租金	4000	4000元/月
	员工薪酬	11200	1500元/月，奖金100元/月
	办公用品及耗材	280	280元/月
	水、电、交通差旅费	300	300元/月
	其他费用	300	300元/月
	合计	25829	
启动资金总计		38996	

5.5 启动资金来源

单位：元

筹资渠道	资金提供方	金额	占投资总额比例
自有资金	股东（5000元/人）	35000	77.78%
私人拆借	亲属、朋友	0	0%
银行贷款	银行	0	0%
政府小额贷款	政府相关部门	10000	22.22%
总计	—	45000	100%

6. 利润预测

单位：元

项目		本期金额
一、主营业务收入		25000元/月
加：其他收入		8000元/月
减：主营业务成本	生产/采购成本	5000元/月
营业税金及附加（按0计算）		0元/月
变动销售费用	销售提成	1000元/月
固定销售费用	宣传推广费	1000元/月
管理费用	场地租金	4000元/月
	员工薪酬	11200元/月
	办公用品及耗材	280元/月
	水电费、交通差旅费	300元/月
	固定资产折旧	89元/月
	其他管理费用	1000元/月
财务费用	利息支出	0
二、利润总额		9131元/月
三、净利润		9131元/月
备注：员工薪酬包括企业主薪酬和职工薪酬，本计划书所提到的员工薪酬都符合该条件		

7. 风险分析与对策

创业风险	分析	对策
行业风险	甜品店淘汰得很快，人们追求新鲜感	汲取先进的生产技术与经验开发出有自己特色的食品
政策风险	地区发展政策或行业制度发生变化，导致市场价格波动而产生风险	随时注意相关的城市规划变化、周边消费市场趋势、地区人口数量与质量变化等
市场风险	市场需求量、市场接受时间、市场价格、市场战略等	认识食品市场周期，不固步自封，积极开发更新食品
技术风险	甜品制作的技术和添加原料的种类及安全性	项目开发阶段进行严格的项目规划，减少项目风险
资金风险	资金风险主要有两类，一是缺少创业资金风险，二是融资成本风险	（1）采用合伙经营形式 （2）大学生自主创业优惠政策，减免部分费用，对创业贷款给予一定的优惠利率扶持
管理风险	主要决策风险、组织活动风险、人才培训风险	严格管理，定期培训人员，建立顾客服务报告
环境风险	周围店面的竞争，顾客的口味、习惯	根据多种综合因素和市场实际调查确定合适的经营点
其他风险	原料来源	与原材料供应商建立并保持长期的合作关系，保证原料资源的稳定供给

注：只需要填写本企业涉及的风险。

8. 企业愿景

> 愿望：
> 共创一流食品企业，以便捷的方式，提供健康、美味的优质产品和令人满意的服务，传递爱心，共享快乐，让生活更精彩！
> 核心价值观：
> 　　客户至上，服务创造价值；
> 　　坚韧不拔，竞争攀登巅峰；
> 　　人本创新，团队成就事业；
> 　　质量为先，打造安全健康食品；
> 　　持续改进，最大化满足客户需求

课后思考与训练

1. 创业计划书的内容有哪些？
2. 如何制作合格的计划书？

经典推荐

智慧职教慕课：创业就业指导—创业计划，务实研制

第三节 / 做好防控 防患未然——大学生创业的风险及其对策

 学习目标

1. 了解大学生创业的风险。
2. 掌握防范风险的措施。

 案例

小平在校学习的是机械类的专业，步入社会的第一份工作却是从事医药销售，面对跨专业的不适应和对医药知识的生疏，他没有放弃，因为他认为自己的性格适合从事销售，于是毅然决然地来到了某医药公司工作。经过三年的努力他已经成为公司在本地区的销售负责人，后来由于工作出色提升为本省销售副总经理。在这个岗位工作两年后，集团销售总监有意向将他提拔为销售总经理，但却迟迟没有执行，最后小平选择离开这家企业。他回到老家面试了一家外企并且成功，在外企也是从事医疗器械工作。两年后他有了创业的想法。创业过程并不是很难，因为他有工作经验并且掌握了企业的运营模式。可是由于他管理自己公司的时间并不多，公司缺少管理制度等，导致有一段时间公司业绩下滑。但工作多年积累的经验让他快速制订出了一套解决方案，形成了自己的独有模式，使得公司快速转危为安，步入正轨。

小平成功的原因是他有多年的工作经历，即便如此，他在自己创业的过程中也遇到了瓶颈。如果是刚刚毕业的大学生一出校门就去创业，相信会有更多的风险存在。因此，刚刚毕业的大学生要在创业前了解创业风险，学会合理规避创业风险，才能保证创业的成功。

一、大学生创业风险

1. 大学生具有急于求成的心态

刚刚走出校门的毕业生，对社会充满着无限向往，他们有激情、有想法、思路活、敢于拼搏的特点是优势，但是急于求成，过分注重经济效益是他们的短板。由于创业过程是一个复杂多变的过程，创业者要有耐心做好长远规划，寻找正确的出路，不要注重眼前的一点利益而失去创业的初衷和方向。

2. 大学生在选择创业项目上具有盲目性

盲目选择创业项目会使创业者在创业中途前功尽弃，创业项目的选择不是心血来潮想干什么就干什么，要进行行业分析、市场调研，有详细的计划和资金的筹措渠道等。选择创业项目更不能盲目从众，很多大学生认为微商、带货等都是来钱比较快的行业就冲动尝试，这样可能会使创业者因缺乏经验、缺乏高品质货源、缺少团队配合等失利，因此高校毕业生在项目选择上一定要慎重，经过深思熟虑后再大胆前行。

3. 大学生对创业政策风险认知较少

国家和地方政府出台了很多有关大学生创新创业的有利政策，但是大学生往往不能静下心来认真学习和分析，从而造成对政策理解的一知半解，同时对政策具体执行部门咨询得较少、沟通得较少，导致学生没能很好地利用政府相关政策而使项目进度相对较慢。还有一部分学生与毕业院校也是缺少沟通，学校的创新创业服务中心也会发布一些对毕业生有利的政策，毕业生与其沟通少可能就无法享受到政府和高校的有利政策。

4. 创业管理的风险

大学生作为创业者在管理方面是缺乏经验的，在组织机构、管理模式、管理制度等方面欠缺知识是导致风险存在的主要因素。大学生往往会意气用事，好朋友一起创业不分那么清楚，但是无规矩不成方圆，企业无制度也是造成风险的主要因素。作为一个管理者还要提升自身的抗压能力和财务管理能力，如果一个创业者没有良好的抗压能力和财务管理能力也将是企业管理的风险所在。

二、大学生创业风险防范对策

1. 树立正确的创业心态，做好预案是关键

创业者既然有了创业的想法就要做好长期的准备，因为哪个创业者也不想短期就失败，因此创业者要树立正确的创业心态，面对突发事件、资金紧张、竞争失利、产品问题等都需要有预案，这样才会使突发事件能够得到及时快速的处理。创业的风险无处不在，创业者只有知己知彼、时刻防患于未然才能有效抵御风险。

2. 科学选择创业的项目

高职生创业所选择的项目多数都是含金量较低、可快速复制的项目，这些项目虽然可能短期效益还可以，但是经过一段时间和市场竞争后，很快就会被规模大的公司吞噬掉，因此大家在选择创业项目时一定要进行科学分析和规划。高职生可以尝试在与自己专业相关的领域创业，毕竟有一定的专业基础作为支撑，同时可以融合新的元素和模式，这样带有专业性的创业模式被完全复制的可能性要低很多，因此创业项目的选择要科学。

3. 加强对学生的创业政策解读和支持

针对大学生的创业政策，政府和高校要做好政策的解读和宣传工作，让创业者在政府和高校公众号中第一时间掌握和学习创业政策，同时公布高校毕业生创业流程图，让学生一目了然地了解手续流程。加大对毕业生创业的支持力度，加大对大学生创业者的多元化支持，真正扶持有能力、有方案、有目标的创业者，以此来鼓励大学生创业。

4.加强企业多元管理,提升企业战略执行力

创业者在创业初期就应该确立企业的制度,好的制度才能促使企业发展得更加长久,这里需要创业者在组织机构、企业文化、财务制度、风险防控、经营渠道、人事管理等方面做好部署,不管是从基础做起还是加盟模式,一定要有属于自己的管理体系,只有这样才能提升企业的执行力,创业者才能减少风险所带来的不确定因素。

课后思考与训练

1.大学生创业风险有哪些?
2.大学生如何降低创业风险?

经典推荐

智慧职教慕课:创业就业指导—创业风险,预防控制

第七章

毕业生权益保护

学习要点　了解劳动权益与权益保护的内容可以帮助高职毕业生了解如何签订劳动协议，了解自己在工作中的权利和义务，有效防止上当受骗。

第一节　熟悉政策　保护权益——就业协议签订

学习目标

1. 了解就业协议与劳动合同的关系。
2. 了解如何签订和解除高校毕业生就业协议。

 案例

某职业学院2017届毕业生田甜不愿在单位与学校间来回奔波，便一再要求学校就业指导中心的老师先在她的空白就业协议书上盖章，老师提醒她如果学院事先签字盖章可能会对她产生不利影响，但是田甜充耳不闻，还是再三要求老师先盖章。老师经

> 不起田甜的软磨硬泡，便在她写下责任承担书的情况下给她加盖了学院公章。结果用人单位拿到盖了章的协议书后，告诉田甜公司总经理外出，单位公章拿不到，要她第二天来拿就业协议书。第二天田甜一拿到协议书便傻眼了，公司曾许诺的待遇全部没有，还规定了5年内不得提出住房要求、10年内不能离开公司，工资也降了下来，违约金由1800元变成了8000元。田甜还未走出校门，就被用人单位"生动"地上了一堂不按程序签订就业协议的"教育课"。田甜的遭遇告诉我们，按程序签订就业协议是对我们自己的一种保护。

毕业生即将离开学校，步入社会。首要思考的是自己明辨是非的能力有多强、参加工作后抗风险的能力有多强。作为一名刚刚毕业的高职生，其与劳动合同相关的法律意识还很淡薄。因此，高职生需要熟悉相关的劳动法律常识，明确自己的权利和义务，了解就业中可能出现的侵权、违法行为，运用法律来保障自己的合法权益，以免在求职和工作中上当受骗或触犯法律。

一、劳动者的权利和义务

走向工作岗位的毕业生一定要清楚哪些事情应该做、哪些事情不应该做。也就是说，在从事劳动的过程中要十分清楚法律赋予劳动者哪些权利，劳动者又必须履行哪些义务。

1. 劳动者应享有的权利

（1）平等就业和选择职业的权利

（2）取得劳动报酬的权利　用人单位应当按月以货币形式支付给劳动者本人工资，不得无故拖欠或克扣工资。劳动者在法定节假日、婚丧假期间及社会活动期间也应当有权利取得工资。

《中华人民共和国劳动合同法》（以下简称《劳动合同法》）规定劳动者在劳动过程中享有同工同酬的权利。所谓同工同酬，是指在相同或相近的工作岗位上，付出相同的劳动，应当得到相同的劳动报酬。《劳动合同法》规定：用人单位与劳动者约定的劳动报酬不明确或者对劳动报酬约定有争议的，按照集体合同规定的标准执行；没有集体合同或者集体合同未规定的，实行同工同酬。被派遣劳动者享有与用工单位的劳动者同工同酬的权利；用工单位无同类岗位劳动者的，参照用工单位所在地相同或者相近岗位劳动者的劳动报酬确定。

及时获得足额劳动报酬的权利。及时获得足额劳动报酬是劳动者的一项基本权利。《劳动合同法》将"劳动报酬"作为劳动合同的必备条款之一，并规定：劳动合同中缺少"劳动报酬"条款的，由劳动行政部门责令改正；给劳动者造成损害的，由用人单位承担赔偿责任。

（3）休息、休假的权利

（4）获得劳动安全卫生保护的权利

（5）接受职业技能培训的权利

（6）提请劳动争议处理的权利

（7）享受社会保险和福利的权利

（8）拒绝用人单位强令冒险作业的权利　对强迫劳动、违章指挥、强令冒险作业等严重侵害劳动者权利的行为劳动者有权拒绝。为了保障劳动者拒绝强迫劳动、违章指挥、冒险作业的权利的实现，《劳动合同法》规定：劳动者拒绝用人单位管理人员违章指挥、强令冒险作业的，不视为违反劳动合同；用人单位以暴力、威胁或者非法限制人身自由的手段强迫劳动者劳动的，或者用人单位违规指挥、强令冒险作业危及劳动者人身安全的，劳动者可以立即解除劳动合同，不需事先告知用人单位。用人单位有强迫劳动者和违章指挥、冒险作业行为危及劳动者人身安全行为的，依法给予行政处罚；构成犯罪的，依法追究刑事责任；给劳动者造成损害的，应当承担赔偿责任。

（9）要求依法支付经济补偿的权利　经济补偿是用人单位承担的一种社会责任。我国失业保险制度不断建立健全，经济补偿可以有效减缓失业者的实际生活困难，维护社会稳定，形成社会互助的良好社会氛围。同时，经济补偿也是国家调节劳动关系的一种经济手段，可以引导用人单位进行利益权衡，谨慎行使解除劳动者的权利。《劳动合同法》赋予劳动者要求用人单位依法支付经济补偿的权利，并对应当给予经济补偿的情形和补偿标准进一步作了具体规定。

2. 劳动者应履行的义务

（1）劳动者应完成劳动任务

（2）提高职业技能

（3）执行劳动安全卫生规程

（4）遵守劳动纪律和职业道德

3. 劳动者权利和义务的统一

《劳动合同法》规定，劳动者享有一定的权利，同时还必须履行一定的义务。劳动者的权利和义务相互依存、不可分割，是统一的。

（1）权利和义务的一致性　权利和义务是共存的，任何一项权利都必然伴随着一个或几个保证其实现的义务。没有无义务的权利，也没有无权利的义务。

（2）权利与义务的平等性　劳动者享有《劳动合同法》规定的权利的同时，必须履行《劳动合同法》规定的义务。在我国，绝不允许只享有权利而不履行义务的特殊劳动者存在，也不允许只履行义务而不享有权利的现象存在。

（3）权利和义务是可以互相结合的　《劳动合同法》规定的一些权利同时也是一种义务，如劳动者有接受职业技能培训的权利，它既是劳动者的权利，同时又是劳动者的义务，不能随意放弃。

保障毕业生合法权益，是国家稳定就业工作的重要组成部分。2020年政府工作报告中指出"六保""六稳"，保就业稳就业成了民生之本，因此高校毕业生的就业协议对高校毕业生的就业保障至关重要。"高校毕业生就业协议书"是明确毕业生、用人单位和学校在毕业生就业工作中权利和义务的书面协议。"高校毕业生就业协议书"一般由教育部或各省、市、自治区就业主管部门统一制表。作为学校列入派遣计划依据的"全国普通高等院校毕业生就业协议书"，由学校发放，毕业生签字，用人单位盖章，毕业生本人保存一份作为办理报到、接转行政和户口关系的依据。

二、高校毕业生就业协议与劳动合同

就业协议与劳动合同是用人单位录用毕业生时所订立的书面协议，但两者分处两个相互联系的不同阶段，表现在以下几个方面。

（1）毕业生就业协议又称"三方协议"，是毕业生在校时，由学校参与见证的，与用人单位协商签订的协议，是编制毕业生就业计划方案和毕业生派遣的依据。

劳动合同是毕业生与用人单位双方明确劳动关系中权利义务关系的协议，学校不是劳动合同的主体，也不是劳动合同的见证方。劳动合同是约定上岗毕业生从事何种岗位、享受何种待遇等权利和义务的依据。

（2）毕业生就业协议的内容主要是毕业生如实介绍自身情况，并表示愿意到用人单位就业，用人单位表示愿意接收毕业生，学校同意推荐毕业生并将其列入就业计划进行派遣。

劳动合同的内容涉及劳动报酬、劳动保护、工作内容、劳动纪律等方方面面，内容更为具体，劳动权利义务更为明确。

（3）一般来说就业协议签订在前，劳动合同订立在后，如果毕业生与用人单位就工资待遇、住房等有事先约定，亦可在就业协议备注条款中予以注明，日后订立劳动合同时对此内容应予认可。

（4）就业协议是毕业生和用人单位关于将来就业意向的初步约定，对于双方的基本条件以及即将签订劳动合同的部分基本内容大体认可，并经用人单位的上级主管部门和高校就业部门同意和见证，一经毕业生、高校负责人、用人单位主管部门签字盖章，即具有一定的法律效力，是编制毕业生就业计划和将来可能发生违约情况时的判断依据。

三、如何签订和解除高校毕业生就业协议

1. 正确认识高校毕业生就业协议

（1）高校毕业生就业协议是由毕业生、用人单位和学校三方之间就学生就业方向签订的一种协议，由三方共同签署后生效，对签约的三方都有约束力。毕业生与用人单位经过双向选择达成就业意向后，必须签订学校统一发放的"高校毕业生就业协议书"。毕业生与用人单位签订的其他就业协议书无效。

（2）就业协议在毕业生到单位报到、用人单位正式接收后自行终止。就业协议是明确毕业生、用人单位、学校在毕业生就业工作中的权利和义务的书面协议。

（3）就业协议的主体合法原则。签订就业协议的当事人必须具备合法的主体资格。对毕业生而言，就是必须取得毕业资格，如果毕业生在派遣时未取得毕业资格，用人单位可以不予接收而无须承担法律责任。

（4）填写用人单位名称时，务必注意是否与单位的有效印鉴上的名称一致，如不一致

协议无效。

（5）学生填写自己的专业名称时，要与毕业证上的专业名称一致，不能简写。

（6）试用期与见习期的时间约定。外企、合资企业、私企一般有试用期，根据合同期的长短，可以约定1～6个月不等，通常试用期为3个月，不得超过6个月。国家机关、高校、研究所一般约定见习期，通常为一年。试用期和见习期只可约定其中一项。

（7）违约金，由学生和用人单位双方协定。不少单位为了"留住"学生，以高额违约金约束学生。学生应该在协商中力争将违约金降到最低，通常违约金不得超过5000元。

（8）现行的毕业生就业协议属"格式合同"，但"备注"部分允许三方另行约定各自的权利义务。为了防止用人单位说一套、做一套，毕业生可将签约前达成的住房、保险等福利待遇在备注栏中说明，如发生纠纷，可以及时向法庭举证，维护自己的合法权利。

（9）学生在签订协议时，必须严格按照规定的步骤。等用人单位填写完毕、盖章后再到学校就业指导中心签字盖章。有的学生偷懒，自己填写完毕后就直接到学校毕业生就业指导中心要求盖章。后果是，单位在填写时，工资待遇等可能会与过去承诺的大相径庭，但因为自己和学校都已经签字盖章，也不能修改，结果只能是接受或者被迫违约，赔偿用人单位。

2. "高校毕业生就业协议书"的签订程序

毕业生与用人单位达成一致后，签约程序如下。

① 毕业生认真如实填写基本情况及应聘意见，并签名。
② 用人单位、主管部门及人事调配部门签订意见。
③ 用人单位将档案详细转递地址填好。
④ 各院系签订意见。
⑤ 学校就业指导中心签订意见。
⑥ 各省就业指导中心签证。

需要说明的是，按程序最后到学校签章，由学校最后把关，更有利于维护毕业生合法利益。有些毕业生图方便，要求学校先签章，再交用人单位，容易写上有损毕业生权益的条款，产生不利后果。学校把关的意义还在于确认签约手续是否完备，否则由于手续不齐等原因，导致报方案时通不过，或派走后到用人单位无法报到，会加大毕业生心理负担。

3. 毕业生违约如何处理

（1）违约责任及毕业生违约的后果 "高校毕业生就业协议书"一经毕业生、用人单位、学校签署即具有法律效力，任何一方不得擅自解除，否则违约方应向权利受损方支付协议条款所规定的违约金。从实际情况来看，就业违约多为毕业生违约。学校不支持毕业生违约，这里主要还涉及毕业生的诚信问题，自古以来诚信是衡量一个人的重要标准，在当今的雇主关系方面也体现得尤为重要，因此毕业生要在签订协议后履行自己的承诺，这样才会形成有效的三方协议法律效力。

×××省普通高等学校毕业生就业协议（正面）

毕 业 生：_____
用人单位：_____
学　　校：_____

签 约 须 知

一、就业协议书是普通高等学校毕业生和用人单位在正式确立劳动人事关系前，经双向选择，在规定期限内就确立就业关系、明确双方权利和义务而达成的书面协议；是用人单位确认毕业生相关信息真实可靠以及接收毕业生的重要凭据；是高校进行毕业生就业管理、编制就业方案以及毕业生办理就业落户手续等有关事项的重要依据。

二、毕业生应如实向用人单位介绍自己的情况；详细了解单位的使用意向，表明自己的就业意见；在规定时间内到用人单位报到，若遇到特殊情况不能按时报到，须征得用人单位同意。

三、用人单位应如实介绍本单位基本情况，明确录用标准和岗位安排，做好相关接收工作。

四、学校应如实向用人单位介绍毕业生情况，做好推荐工作。用人单位同意录用后，学校审核列入建议就业方案，报×××省教育厅审查批准，学校负责办理毕业生就业报到证签发手续。

五、学校应在学生毕业前安排体检，不合格者不予办理就业报到证签发手续，学校有义务通知用人单位（如用人单位对毕业生身体条件有特殊要求，原则上应在签订协议前进行体检，否则，以学校体检结果为准），本协议自行取消。

六、用人单位应按以下分类仔细甄别并填写用人单位的单位性质、单位行业和工作职位类别代码。

单位性质：党政机关（10），科研单位（20），高等教育单位（21），中等初等教育（22），医疗卫生单位（23），其他基层事业（25），科研助理（27），事业单位聘用（28），其他事业单位（29），国有企业（31），外资企业（32），私营企业（33），个体工商户（34），艰苦行业企业（35），部队（40），国家基层项目（50），地方基层项目（51），农村建制村（55），城镇社区（56）；

单位行业：农、林、牧、渔业（11），采矿业（21），制造业（22），电力、热力、燃气及水生产和供应业（23），建筑业（24），批发和零售业（31），交通运输、仓储和邮政业（32），住宿和餐饮业（33），信息传输、软件和信息技术服务业（34），金融业（35），房地产业（36），租赁和商务服务业（37），科学研究和技术服务业（38），水利、环境和公共设施管理业（39），居民服务、修理和其他服务业（41），教育（42），卫生和社会工作（43），文化、体育和娱乐业（44），公共管理、社会保障和社会组织（45），国际组织（46），军队（80）；

工作职位类别：公务员（10），科学研究人员（11），工程技术人员（13），农林牧渔业技术人员（17），卫生专业技术人员（19），经济业务人员（21），金融业务人员（22），法律专业人员（23），教学人员（24），文学艺术工作人员（25），体育工作人员（26），新闻出版和文化工作人员（27），其他专业技术人员（29），办事人员和有关人员（30），商业和服务业人员（40），生产和运输设备操作人员（60），军人（80），其他人员（90）。

七、毕业生、用人单位两方如有其他约定，应在"具体约定事项"栏中逐条明确。约定的有关内容可包括：工作地点及工作岗位、违约责任、协议自动失效条款、协议终止条款及双方约定的其他事宜等。约定事项不得违反国家法律、法规的有关规定，不得损害毕业生、用人单位、学校的合法权益。本协议未明确的其他事项，按有关规定执行或双方协商解决。

八、本协议经各方签字、盖章后生效。三方都应严格履行本协议，用人单位不得以学习成绩为由提出违约，若有一方提出变更协议，须征得另两方同意，并承担相应的违约责任。如毕业生未取得毕业资格，本协议无效。

九、本协议的使用范围：国家计划内统一招生的毕业生（含高职高专毕业生、本科毕业生、毕业研究生）；定向生、委培生按定向委培协议就业，不使用本就业协议书（解除定向或委托协议的除外）。

十、本协议一式四份，毕业生、用人单位、学校、省毕业生就业主管部门各执一份，复印无效。

×××省教育厅制订

编号：（背面）

毕业生基本情况及意见	姓　　名		性　别		民　族		政治面貌	
	培养方式		学　历		学　制		毕业时间	
	专　　业				身份证号			
	生源地				联系方式		/	
	家庭地址				QQ或邮箱			
	特长及其他							
	毕业生签字：　　　　　　　　　年　月　日							

用人单位情况及意见	单位名称			单位性质代码	
	联系人		联系电话	邮政编码	
	组织机构代码		单位行业代码	工作职位类别代码	
	通讯地址			户口迁移地址	
	组织关系接收单位				
	档案转寄详细地址				
	（如无具体约定请填写"无"）					

用人单位意见：　　　　　　　　　　　主管部门意见：

　　　　　　　　　　签章　　　　　　　　　　　　　　　　签章
　　　　　　　　　年　月　日　　　　　　　　　　　　年　月　日

学校意见	学校联系人		联系电话		邮政编码	
	协议书邮寄地址					

院（系、所）意见：　　　　　　　　　学校毕业生就业主管部门意见：

　　　　　　　　　　签章　　　　　　　　　　　　　　　　签章
　　　　　　　　　年　月　日　　　　　　　　　　　　年　月　日

毕业生违约，除本人应承担违约责任、支付违约金外，往往还会造成其他不良的后果，主要表现在如下几个方面。

① 用人单位花人力、物力、财力参加人才交流会等，做了大量工作，录用人员的后期工作可能已考虑、安排好，一旦违约，一切工作付之东流，全得另起炉灶，造成工作被动。

② 用人单位往往将毕业生违约归咎于学校管理不严，这会影响学校和用人单位的长期合作，以后可能不会再到该学校挑选毕业生。现在就业竞争激烈，没有需求，也就没有毕业生的就业岗位。随着高校扩招，毕业生将成倍增加，学校作为签字方之一不会为极个别人的原因影响到明年乃至今后毕业生的就业工作。

③ 对其他毕业生有影响。一个岗位你不去，别人可以去，用人单位不录用你，完全可录用别人，录用你就不能录用其他毕业生。你若违约，当初想去的毕业生也不一定能补缺，这会造成资源浪费。高职生应是讲诚信、守法律的人，因此学校强调毕业生在签约过程中要做到慎重选择，认真履约。

（2）对违约毕业生的处理规定　"违约"这里特指违反"三方签约"的协议，学校强调毕业生要讲诚信、守法律、认真履约。但毕业生一旦违约必须承担违约责任，在征得用人单位同意并交纳违约金后才可重新签约。毕业生违约时，必须办理与原签约单位的解约手续（有原签约单位的书面退函，交纳违约金），然后将原协议书交还招生就业工作处，并换取新的协议书。

4. 签订就业协议时的注意事项

很多学生在进单位后实际拿到的工资与协议书上写好的工资数额相比大大缩水，原因是公司依法代扣了有关费用。有的学生大呼上当，一气之下想跳槽，但又迫于就业协议或劳动合同上的违约金压力而犹豫不决。其实在签就业协议前与用人单位充分地沟通协商，完全可以避免这样的烦恼。不妨提前问清以下几个问题。

（1）确认工资是税前工资还是税后工资　税前工资是包含了劳动者依法应当承担的个人所得税，劳动者实际拿到的工资还要扣除个人所得税金额。如果用人单位答应支付劳动者税后工资，则建议要求用人单位在就业协议中予以明确，否则发生争议时将被认定为税前工资。

（2）明确用人单位缴纳的社会保险　社会保险的主要项目包括养老保险、医疗保险、失业保险、工伤保险、生育保险。劳动者要与用人单位明确工资当中是否包含社会保险金的个人承担部分。

如果用人单位答应为劳动者承担社会保险金的个人承担部分，则建议要求用人单位在就业协议中予以明确。

（3）确认工资中是否包括住房公积金　如果没有住房公积金，劳动者在签订劳动合同的时候是可以进行要求的。如果有，可以把有公积金这一条款写在劳动合同里。因此，签订就业合同之前要与用人单位协商。

课后思考与训练

1. "高校毕业生就业协议书"的签订程序有哪些？
2. 签订就业协议应该注意什么？

> **经典推荐**
>
> 智慧职教慕课：创业就业指导——就业协议，协商签订

第二节 熟悉政策 保护权益——劳动合同介绍

> **学习目标**
>
> 1. 了解签订劳动合同的注意事项。
> 2. 了解如何解除劳动合同。

一、签订劳动合同的注意事项

劳动合同是用人单位同劳动者依法确立劳动关系、明确双方权利和义务的协议。根据《中华人民共和国劳动合同法》等法律、法规依法订立的劳动合同受国家法律的保护，对订立合同的双方当事人产生约束力，是处理劳动争议的直接证据和依据。劳动合同由当地人力资源和社会保障局负责审查。

1. 试用期

试用期是用人单位和劳动者建立劳动关系后为相互了解、选择而约定的考核期，适用于初次就业或再次就业时改变劳动岗位或工种的劳动者。在试用期内，劳动者可提前三日通知用人单位解除劳动合同。

试用期是劳动合同期限的一部分，如果用人单位以试用期为由拒绝签订劳动合同或者承担义务，是违法的。劳动合同约定的试用期包括在合同期限内，最长不得超过六个月。同时，试用期的延长或缩短和对劳动合同其他条款的变更，都应经双方协商一致，如任何一方不能接受，则应按原约定继续履行合同，法律法规另有规定的除外。用人单位与同一劳动者只能约定一次试用期。根据《劳动合同法》规定，劳动合同期限三个月以上不满一年的，试用期不得超过一个月；劳动合同期限一年以上不满三年的，试用期不得超过二个月；三年以上固定期限和无固定期限的劳动合同，试用期不得超过六个月。

2. 见习期

见习期是我国针对应届毕业生进行业务适应及考核的一种制度，适用于用人单位招收应届毕业生的情况。见习期满如果合格，则为职工办理转正手续，为其评定专业职称；如果达不到见习要求，可延长见习期半年到一年或者降低工资标准；表现特别不好的，用人单位可予以辞退。

3. 学徒期

学徒期实际上类似于见习期，只是针对的人群不一样，主要是指工厂在招收工人时进行岗前培训这个阶段。根据原劳动部1996年制订的有关规定，学徒期是对进入某些工作岗位的新招工人熟悉业务、提高工作技能的一种培训方式，在实行劳动合同制度后，这一培训方式仍应继续采用，并按照技术等级标准规定的期限执行。

试用期和学徒期包含在劳动合同期限内，试用期和学徒期可以同时约定，但试用期不得超过半年。

4. 劳动报酬

劳动报酬包括试用期工资，由用人单位和劳动者协商一致确定，但不应低于法定标准，即当地最低工资标准。

5. 培训费

试用期内单位出资提供了各类技术培训，若劳动者在试用期内辞职，单位不得要求其支付该项培训费用；在试用期满后辞职的，则应按约定承担违约责任。

6. 去外企怎样签合同

根据我国现行法律，外企招聘中国雇员，须通过国家特许的外事服务机构办理。就是说，法定雇主只能是国内的外事服务机构，雇员只能先跟这些机构签订劳动合同，再由他们"派"到外企去工作。如果中国公民绕过外事服务机构，直接与外企签订劳动合同，一旦发生纠纷，中国的劳动争议仲裁委员会及人民法院将不予受理。理由是《中华人民共和国劳动法》及《中华人民共和国劳动争议处理条例》只适用于中华人民共和国境内的企业和与之建立劳动关系的劳动者，而外企不在此列。

7. 辞职与解聘

辞职与解聘的区别在于是谁提出解除劳动合同。劳动者一方主动提出解除劳动合同的，是辞职；用人单位一方主动提出解除劳动合同的，是解聘。根据《劳动法》及有关规定，用人单位依法定程序解除劳动合同的，应当向劳动者支付经济补偿金。如果是劳动者个人主动辞职的，用人单位可以不支付经济补偿金。

8. 发生劳动争议时应该怎么办

发生劳动争议后，提起劳动仲裁的一方应当在劳动争议发生之日起60日内向劳动者工作关系所在地劳动争议仲裁委员会提起仲裁申请。对劳动仲裁裁决不服的，应在收到劳动仲裁裁决之日起15日内，向人民法院提起诉讼。劳动争议发生之日，是指当事人知道或应当知道权利被侵害日。超过仲裁时效的，当事人将丧失胜诉权。换言之，除非对方愿意承担责任，否则，当事人的权利将无法实现。

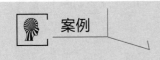

这四类劳动合同应避免签订

1."双面"合同

有的单位为了应付检查，准备了两份不一样的合同，一份是合法规范的假合同，由用人单位保管，应付检查，实际并不执行。

另一份是不规范、不合法的真合同，则由双方持有，实际执行。大家要注意，这类合同是不允许的。

2."生死"合同

个别用人单位为了逃避责任，在合同中对劳动者提出"出现伤病自理，如有意外企业概不负责"等要求。

这种用人单位大多数出现在建筑、化工、采矿等高危行业。求职者一定不可以抱有侥幸心理，或者不认真阅读合同条款，一旦发生事故将面临巨大的费用压力。

当然，即使签订了此类合同，只要是用人单位原因造成的工伤，劳动者仍然可以向劳动保障及法律部门提出仲裁或诉讼。

3."暗箱"合同

"暗箱"合同也可以称为"一边倒"合同，这类合同内容往往明显偏向用人单位一方，多数是单位事先根据自身利益拟定，抱着"你不干总有人干"的心态，只强调用人单位的权利和劳动者义务，对劳动者的利益涉及很少。

4."霸王"合同

这种合同只从单位角度出发，求职者处于被动地位。刚进公司，如果不小心签署了"霸王"劳动合同，劳动者可以反馈到公司所在地的人社局，申请认定劳动合同无效或者部分无效。

如果劳动合同被确认无效，劳动者已付出了劳动，用人单位还需要向劳动者支付劳动报酬。

二、如何解除劳动合同

1.用人单位解除劳动合同，而无须争得劳动者意见，也不必履行特别的程序，更不存在经济补偿问题的情形如下。

（1）在试用期间被证明不符合录用条件的；

（2）严重违反劳动纪律或者用人单位规章制度的；

（3）严重失职，营私舞弊，给用人单位利益造成重大损害的；

（4）劳动者同时与其他用人单位建立劳动关系，对完成本单位的工作任务造成严重影响，或者经用人单位提出，拒不改正的；

（5）以欺诈、胁迫的手段或者乘人之危，使双方在违背真实意思的情况下订立或者变更劳动合同的；

（6）被依法追究刑事责任的。

2.用人单位应当提前三十日以书面形式通知劳动者本人，或者额外支付劳动者一个月工资后，可以解除劳动合同的情形如下。

（1）劳动者患病或者非因公负伤，在规定的医疗期满后，不能从事原工作，也不能从事由用人单位另行安排的工作的；

（2）劳动者不能胜任工作，经过培训或者调整工作岗位，仍不能胜任工作的；

（3）劳动合同订立之时所依据的客观情况发生重大变化，致使原劳动合同无法履行，经用人单位当事人协商，未能就变更劳动合同内容达成协议的。

属于上述情况被解除劳动合同的，用人单位必须按照法律、法规规定，给劳动者经济补偿。

3.劳动者在符合下述几种情形下也可以单方面解除劳动合同。

（1）劳动者与用人单位协商一致的；

（2）劳动者提前30日以书面形式通知用人单位的；

（3）劳动者在试用期内提前3日通知用人单位的；

（4）用人单位未按照劳动合同约定提供劳动保护或者劳动条件的；

（5）用人单位未及时足额支付劳动报酬的；

（6）用人单位未依法为劳动者缴纳社会保险费的；

（7）用人单位的规章制度违反法律、法规的规定，损害劳动者权益的；

（8）用人单位以欺诈、胁迫的手段或者乘人之危，使劳动者在违背真实意思的情况下订立或者变更劳动合同的；

（9）用人单位在劳动合同中免除自己的法定责任、排除劳动者权利的；

（10）用人单位违反法律、行政法规强制性规定的；

（11）用人单位以暴力、威胁或者非法限制人身自由的手段强迫劳动者劳动的；

（12）用人单位违章指挥、强令冒险作业危及劳动者人身安全的；

（13）法律、行政法规规定劳动者可以解除劳动合同的其他情形。

也就是说，当出现以上情形之一时，劳动者即可单方解除劳动合同，无须经过用人单位的同意，也无须向用人单位支付违约金。

若用人单位因此克扣工资、拖欠工资，或者不协助办理离职手续，劳动者可以依法向当地的有关部门投诉，仍未解决的可以向劳动仲裁委员会申请仲裁，或者向人民法院提起诉讼。

劳动合同书样本

根据《中华人民共和国劳动法》（简称《劳动法》，下同）和国家以及省有关劳动管理规定，_____单位（简称甲方）招用_____（简称乙方）为本单位职工。经双方协商一致签订本合同，确立劳动关系，明确双方的权利、义务，并共同遵守本合同所列条款。

一、合同期限

甲乙双方选择以下第_____项为确定本合同期限

（一）固定期限：从____年____月____日起至____年____月____日止，合同期限为____年。

（二）无固定期限：从____年____月____日起。

（三）以完成一定工作为期限：从____年__月____日起至_____工作完成时止。
本合同试用期限为____个月。

新招收、调入、统一分配人员，自劳动合同生效之日起_____个月内为试用期。

二、工作任务

（一）乙方生产（管理）工种（岗位）：_____

（二）乙方应完成甲方正常安排的生产（工作）任务和规定的数量、质量指标。

三、工作时间

甲方实行国家规定的工时制度。甲方因生产（工作）经营需要经与工会和乙方协商后可以延长工作时间，一般每日不得超过一小时；因特殊原因需要延长工作时间的，在保障劳动者身体健康的条件下延长工作时间每日不得超过三小时，但是每月累计不得超过三十六小时。

四、休息、休假

甲方应当保证乙方每周至少休息一日。

乙方在合同期内享受按国家规定的法定休假日、公休假日、年休假、探亲假、婚丧假、产假等。

五、劳动报酬

（一）乙方享受劳动报酬的形式、标准：甲方按照国家有关企业职工工资政策和当地最低工资标准的规定，以及本单位工资分配制度，确定乙方按下列第_____种工资形式执行。

（1）计时工资。乙方试用期月工资_____元；试用期满根据乙方岗位确定为_____元。以后按单位工资分配方案调整工资。

（2）计件工资。按乙方岗位的计件单价及完成情况计发计件工资。

（二）甲方以法定的货币形式按月支付给乙方本人工资，定于每月_____日发放。

（三）甲方安排乙方在法定标准工作时间以外工作的：安排延长工作日时间的，支付不低于工资的百分之一百五十的工资报酬；休息日安排乙方工作又不能安排补休的，支付不低于工资的百分之二百的工资报酬；法定休假日安排乙方工作的，支付不低于工资的百分之三百的工资报酬。

（四）甲方无故拖欠工资的，以及拒不支付延长乙方的工作时间工资报酬的，除支付乙方工资报酬外，还需按国家有关规定支付乙方经济补偿金。

六、保险福利待遇

甲方应按照《劳动法》和国家的法律、法规及省、市社会保险及职工福利的有关规定执行。

七、劳动保护

（一）甲方应执行国家有关劳动保护规定，包括有关女职工、未成年工（16周岁至未满18周岁的职工）的劳动保护规定和《××省劳动安全卫生条例》，切实保护乙方在生产、工作中的安全和健康。

（二）甲方按国家规定对乙方进行安全生产知识、法规教育和操作规程培训以及其他的业务技术培训。乙方应参加上述培训并严格遵守其岗位有关的安全卫生法规、规章、制度和操作规程。

（三）甲方根据乙方从事的工作岗位，发给乙方必要的劳动保护用品＿＿＿＿＿＿＿，按劳动保护规定定期免费安排乙方进行体检。

（四）乙方有权拒绝甲方违章指挥，对甲方及其管理人员漠视乙方安全健康的行为，有权提出批评并向有关部门检举、控告。

八、乙方应严格遵守国家的各项法律、法规，遵守甲方依法制定的各项管理制度和纪律，服从甲方的管理。甲方有权对乙方履行制度的情况进行检查、督促、考核和奖惩。

九、终止、解除、变更劳动合同

（一）本合同期限届满即自然失效，双方必须终止执行。如经双方协商同意继续招用，应重新签订合同。

（二）甲方因生产经营（工作）情况变化，调整生产（工作）任务，或者乙方因个人原因要求变更本合同条款，经合同双方协商同意，可以变更劳动合同的相关内容，并由双方签字（盖章）。

（三）有下列情况之一的，劳动合同即告终止：

1.乙方已达到法定退休年龄的；

2.乙方死亡；

3.甲方被依法撤销、解散、歇业，宣告破产；

4.劳动合同约定的终止条件（事件）已经出现；

5.乙方被批准自费出国留学或出境定居的。

（四）有下列情况之一的，甲方可解除劳动合同：

1.乙方在试用期内，经发现不符合录用条件的；

2.严重违反劳动纪律或者用人单位规章制度的；

3.严重失职，营私舞弊，对用人单位利益造成重大损害的；

4.被依法追究刑事责任的；

5.乙方不能胜任工作，经过培训或者调整工作岗位仍不能胜任工作；

6.劳动合同订立时所依据的客观情况发生重大变化，致使原劳动合同无法履行，经当事人协商不能就变更劳动合同达成协议；

7.乙方患病或非因工负伤，医疗期届满后不能从事原工作，也不能从事甲方另行安排的工作的；

8.其他符合国家和省有关规定可以解除劳动合同的。

（五）有下列情况之一的，乙方可解除劳动合同：

1.试用期内，认为不适应在甲方工作的；

2.经国家有关部门确认，甲方劳动安全卫生条件恶劣，没有相应保护措施，严重危害乙方身体健康的；

3.甲方不能按劳动合同规定支付劳动报酬的；

4.甲方不按规定为乙方办理社会保险的；
　　5.经甲方同意，乙方自费考入中专以上学校脱产学习的；
　　6.甲方不履行劳动合同，严重违反劳动法律、法规，侵害乙方合法权益的。
　（六）有下列情况之一，甲方不得解除劳动合同：
　　1.劳动合同期未满，又不符合甲方可以解除劳动合同或双方约定的其他可以解除劳动合同条件的；
　　2.乙方患职业病或因工负伤，医疗终结期内，或医疗终结后经劳动鉴定委员会确认属大部分丧失劳动能力的；
　　3.乙方患病或非因工负伤，在规定的医疗期内或医疗期虽满但仍住院治疗的；
　　4.女职工在孕期、产假期、哺乳期内的；
　　5.乙方经批准享受法定假期，在规定期限内的；
　　6.符合国家和省有关其他不得解除劳动合同规定的。
　（七）有下列情况之一，乙方不得解除劳动合同：
　　1.劳动合同期限未满，又不符合乙方可以解除劳动合同或双方约定的其他可以解除劳动合同条件的；
　　2.由甲方出资培训（包括上大学、中专、技工学校学习等）没有达到培训合同或本劳动合同规定服务期限的；
　　3.担任国家重点科研项目尚未完成的。
　（八）本合同经甲乙双方协商同意，可以解除。并应当以书面的形式确认。
　（九）除本条第（三）款、第（四）款的1、2、3、4项等情况外，甲乙双方解除本合同，必须提前三十日书面通知对方，方可办理有关手续。任何一方要求变更本合同有关内容，应以书面形式通知对方，被通知方接到通知后，应在十五日内做出答复，愈期不答复，视为同意变更劳动合同。
　（十）甲方应按规定为终止、解除劳动合同的职工办理有关手续，为乙方办理失业登记、领取失业救济金提供方便。
　（十一）甲方租赁、出售给乙方居住的房屋、宿舍，双方应签订住房合同。甲乙双方因各种原因解除或终止本劳动合同时，有关住房问题按住房合同规定办理。
　（十二）若本合同终止或解除，乙方应将合同履行期内甲方交给乙方无偿使用、保管的物品、工具、技术资料等，如数交还给甲方，如有遗失应予赔偿。
　（十三）乙方符合国家规定的退休（含提前退休）条件，甲方应按规定为其办理退休手续，并按有关规定管理。
　（十四）由甲方解除劳动合同[属本条第（四）款的1、2、3、4项除外]时，甲方应根据有关规定，按乙方在本企业工作年限，每满一年计发一个月经济补偿金，但本条第（四）款的第5项、第（八）款计发经济补偿金，最高不超过十二个月。
　　经济补偿金计算标准是乙方离岗前十二个月的月平均工资收入。乙方患病或非因工负伤，经劳动鉴定委员会确认不能从事原工作或另行安排的工作，因医疗期满解除劳动合同，除发给经济补偿金外，还应按规定发给不低于六个月工资的医疗补助费。

十、违反合同承担的责任

（一）一方违反合同，承担违约责任。给对方造成直接经济损失的，应当根据其后果或责任大小，予以适当赔偿。

（二）乙方经甲方出资培训，双方应签订培训合同。培训合同是本合同的附件，一方无故不履行培训合同，应按合同规定赔偿对方的损失。

（三）甲方违反本合同第九条第（六）款的规定而解除合同，乙方违反本合同第九条第（七）款的规定而解除合同，由此给对方造成损失的应按规定向对方作出赔偿。

十一、双方履行本合同发生的争议，应协商解决；协商无效，可在争议发生十五日内向甲方劳动争议调解委员会申请调解；或在争议发生六十日内向甲方所在地的劳动争议仲裁委员会申请仲裁。

十二、乙方原为本企业固定工或临时工改（招）为合同制职工的，原符合规定的连续工龄，视为本企业工作年限。

十三、本合同的条款与国家和省新颁布的有关法律、法规、规章不符的，按新的法律、法规、规章执行。

十四、双方需要明确的其他事项：

甲方（盖章）：		乙方（签名或盖章）：	
法定代表人（或委托代理人）：			
年　月　日		年　月　日	
鉴证机构（盖章）：			
鉴证人：			
鉴证日期：　　年　月　日			
变更合同记录	甲方（盖章） 年　月　日	乙方（盖章） 年　月　日	鉴证部门意见 鉴证人： 年　月　日
解除合同记录	甲方（盖章） 年　月　日	乙方（盖章） 年　月　日	鉴证部门意见 鉴证人： 年　月　日

 知识链接

违反劳动合同的法律责任

违反劳动合同的法律责任可以分为两种类型：第一种是用人单位订立的无效合同，第二种是不履行劳动合同的情形。在第二种类型中，若是不可抗力导致一方无法履行劳动合同，则可依法根据其责任的大小及补救情况，部分或全部免于承担违约责任。

1.用人单位违反劳动合同所承担的法律责任

（1）用人单位订立的无效合同，对劳动者造成损害的，应当承担赔偿责任。第一，造成劳动者工资收入损失的，除按劳动者本人应得工资收入支付给劳动者外，还应加付应得工资收入25%的赔偿费用；第二，造成劳动者劳动保护待遇损失的，应按国家规定补足劳动者的劳动保护津贴和用品；第三，造成劳动者工伤、医疗待遇损失的，除按国家规定为劳动者提供工伤、医疗待遇外，还应支付劳动者相当于医疗费用25%的赔偿费用；第四，造成女职工和未成年职工身体健康损害的，除按国家规定提供治疗期间的医疗待遇外，还应支付相当于其医疗费用25%的赔偿费用；第五，劳动合同约定的其他赔偿费用。

（2）对严重违反劳动合同造成事故使劳动者生命、财产受到损失的，还应依法追究用人单位责任人的行政责任；触犯刑法的，由司法机关依法追究其刑事责任。

（3）用人单位聘用尚未解除劳动合同的劳动者，给原用人单位造成经济损失的，该用人单位应当依法承担连带赔偿责任。

2.劳动者违反劳动合同所承担的法律责任

（1）劳动者违反《劳动法》规定或劳动合同约定解除劳动合同，对用人单位造成经济损失的，劳动者应当依法承担赔偿责任。第一，用人单位招收录用其所支付的费用；第二，用人单位为其支付的培训费用，双方另有约定的按约定办理；第三，对生产、经营和工作造成的直接经济损失；第四，劳动合同约定的其他赔偿费用。

（2）劳动者违反劳动合同，给用人单位造成经济损失的，应承担相应的赔偿责任。

（3）劳动者违反劳动合同中约定的保密事项，对用人单位造成经济损失的，按《中华人民共和国反不正当竞争法》的有关规定支付用人单位赔偿费用。

课后思考与训练

1.签订劳动合同时应注意哪些事项？
2.怎样解除劳动合同？

经典推荐

智慧职教慕课：创业就业指导—劳动合同，法律护航

第三节　科学防范　提高警惕——警惕求职陷阱

> **学习目标**
>
> 1. 了解就业陷阱的防范方法。
> 2. 了解毕业生择业时的防骗技巧。

对于刚刚毕业的高职生来说，由于最近几年就业压力的增大，高职生在求职择业的过程中存在着盲目性，加之学生刚刚从校门走向社会，对社会上的种种骗局不十分清楚，所以在择业过程中往往会掉入求职陷阱，因此高职生在毕业季要树立良好的职业理想、掌握基础的求职法律知识和树立良好的择业价值观，提高解决问题的能力，相信做好充足的准备一定能有效避开就业陷阱，寻找到真正适合自己的工作。

一、常见的就业陷阱及防范方法

陷阱一　拒绝与学生签订协议书

有些公司高价招聘临时促销员，但未提及要签订书面协议，如果活动结束后，公司耍赖走人，劳动者的劳务费将无处可讨。

防范方法：签订权责明确的协议书。

高职生就业一定要与用人单位签订书面协议。有的单位在协议里为自己规定的权利很多，而给学生的权利很少，这样的协议要谨慎对待。签协议书要明确对象，有的用人单位可能耍花招，营业执照上写的是甲公司，协议书上写的却是乙公司。

陷阱二　交押金、保证金以及扣押证件

一些用人单位会要求学生支付押金，承诺交了押金后就可以上班，但之后又以人员已满等各种借口要求学生等消息，而且拒绝返还押金，最后就没有音讯了。有的单位收取保证金，称只要学生按要求上班，工作结束后会归还，可是到结算工资的时候，保证金却不见踪影。这种情况多见于临时促销工作中。

防范方法：不付押金或是协议里写明押金理由。

一般情况下单位是不应该收押金、保证金的，如果确实要收，要问清理由，并将费用的性质，以及什么时间、什么情况下归还等都写进协议中。切记，如果数额太大则宁可放弃打工。因为真被骗了，去诉讼会花更多的钱，没多少经济能力的学生只能吃哑巴亏了。不要押任何证件！证件一旦丢失，不法分子可能利用它来买手机等贵重物品进行诈骗或者伪造证件等进行不法活动。

陷阱三　非法传销

2016年7月初，读大学的李同学本打算利用暑假打工赚取学费，没想到被高中同学以打工为名骗到外省，钱和手机也被人拿走，被不法分子限制人身自由2天后，警方将李同学解救出来。

传销是我国法律明令禁止的行为。常见手段如下。

① 抓住学生急于找工作的心理，以高回报和"参与创业"为诱饵进行欺骗。
② 人身自由受到限制，以上课、谈心、感情交流等方式进行思想控制。
③ 洗脑后，学生被传销组织提出的平等、互爱等虚拟的东西所迷惑，对传销暴富神话产生浓厚兴趣，急于想改变自身现状。
④ 以要好的同学、亲友为发展对象，诱使其参与非法传销活动。
⑤ 要求交纳高额传销费用，金额大都在5000元左右。

防范方法：坚决不参与。

首先要明确传销活动是非法活动，了解非法传销的欺诈本质，增强抵制各种诱惑的自觉性。其次不要将个人信息资料轻易告诉他人，以防被人以招聘、社会实践等活动为名拉入传销活动。另外要到正规的人才招聘市场找工作，不要轻信同学、朋友给予优厚待遇的许诺。如发现不法分子在进行非法传销活动，应及时报警或向学校保卫部门报告。

陷阱四　性骚扰、误入歧途

女生王某到一家医药销售公司上班，整个公司加上老板只有3个人。刚到公司，老板何某对她和另一位新招入的女员工很好，早上会给两人准备牛奶，午饭还有水果。没多久，何某开始对她动手动脚，常常假借关心工作对她做出摸手、摸头的举动。在一次拒绝与何某独处后，何某将她开除，并拖欠工资不给。

防范方法：女学生要加强防范意识。

女生着装应尽量职业化；警惕老板的过分亲热和近距离接触；不要轻易答应别人送你回家，晚回家最好让朋友、父母来接或者走人多的地方；尽量不要跟着别人去人少的地方或者鱼龙混杂的场所；在外尽量不要喝酒。

陷阱五　不明身份者的打工邀请

庄同学曾在寝室接到过一个电话，对方自称是某保健产品公司的工作人员，正在各高校找暑期电话咨询宣传工，并保证该保健产品安全不会给消费者带来不良影响。工资待遇按工作量和工作效益支付，可以给庄同学几天时间考虑。庄同学考虑再三，决定拒绝。

防范方法：做虚假宣传工应当回绝。

遇到这种情况首先要提高警惕，比如做电话咨询的产品是否属实、是否是正规宣传；如果是虚假宣传、欺骗消费者，属于违反消费者权益保护法的行为，遇到这样的邀请应坚决回绝。

二、毕业生择业时如何防止受骗

求职尽可能通过正规渠道，到人才市场、高职生供需见面会上双向选择。这是主渠道，不要轻率自找门路，学校都希望自己的学生人尽其才、才尽其用，把他们推上最适宜、最需要的岗位。

不要轻易相信别人，遇有疑问可多方了解。诸如单位的状况、将要从事工作的性质等，可通过学校有关部门或有在那里工作的学长了解，也可以登录官网查询企业资质等，有条件的也可以亲自登门，实地考察、了解。这样除了防止受骗外，还便于在和用人单位签订合同时，使自己更加主动，防止以后发生一些民事纠纷。

一旦遇到麻烦，立即向学校学生管理部门、工商部门、地方公安机关反映，并注意保留证据，提供有关线索，协助调查，这样才能使自己的损失减少到最小，这里就需要毕业生掌握相应的法律法规和相关政策文件，只有多读书、多思考，才能在真正遇到问题时快速寻找到解决的方案。

案例

抵制待遇诱惑，谨防受骗

2017年3月某高校五名同学同时到保卫处报案：他们都是大三的学生，前两日，他们中的李某在校门外遇到一男子，向他询问找工作的情况，并自称是某银行的，今年想在该校通过暗访招五名优秀大学毕业生。通过交谈，该男子说觉得李某不错，让他再找几个素质好的毕业生，一起到其住的宾馆面试，合格后就往学校发函，再签协议书。李某回校后，就找到了四名比较要好的同学到某宾馆"面试"。该男子和另一自称是人事处处长的男子说五个人都不错，同意录用，让他们每人先交1000元的"保证金"后回去等通知，他们和学校联系后就签协议，并给李某等五人留了名片。过了两天，李某等人按那两名男子留的名片上的联系方式打电话，准备向这两人询问事情进展的情况时，固定电话说打错了，手机均关机。他们于是报案。

大多数毕业生都想找一个待遇优厚的工作，犯罪嫌疑人正是利用了这一点，轻易地骗走了李某等人的5000元钱。李某等人如果稍微有一些警惕性，或许就不会被骗。同时还有一些不法分子谎称自己是某高干家属或和某单位领导认识等，以帮助同学联系工作为由收取活动费进行诈骗的案件时有发生，同学们在择业时一定要提高警惕，以免被骗。

课后思考与训练

1. 针对就业陷阱应该怎样防范？
2. 遇到就业陷阱时我们应怎么做？

经典推荐

智慧职教慕课：大学生就业指导

本章数字资源

第八章

如何处理工作中的关系

学习要点

工作中各种关系处理得好坏,直接决定你的工作成绩。在工作中,我们应该学会处理好个人与工作的关系、个人与领导的关系、个人与同事的关系。

第一节 / 学以致用 体现价值——与工作的关系

学习目标

1. 了解工作的意义。
2. 了解工作的分类。

 案例

小强是某医药公司的业务员。一年前,他从学校毕业后进入公司销售部工作。一年里,他每个月的业绩都在公司里名列前茅。对于他在公司里的突出表现,公司领导数次在大会上给予了表扬。

小强平时为人低调,经常帮助身边的同事完成工作,工作中有热情、有责任心,深受同事们的喜爱。

新年酒会上，作为新员工的小强被安排到新员工一桌。在酒桌上，他频频向各位同事敬酒，感谢他们在平时给自己的支持。酒会进行了一会儿，他又端着酒杯来到公司领导和老员工中间，一边逐个向他们敬酒，一边说："在过去的一年中，各位前辈给了我不少帮助，这里我向前辈们表示衷心的感谢，我的每一次进步都与你们的悉心支持分不开。我还年轻，许多地方还需要改进。在以后的工作中，希望前辈们能像从前那样继续给我指点，谢谢你们了！"

小强热情洋溢的一席话说得各位同事心花怒放，公司领导对他频频点头。此后，小强在公司的口碑和声望与日俱增。

每个人都有自己的工作技巧，工作中各种关系处理得好坏，直接决定你的工作成绩。在工作中，我们应该学会处理好个人与工作的关系、个人与领导的关系、个人与同事的关系。

人是一种社会动物，要在社会中生存，能否处理好各个方面的关系，是人生能否成功的关键。对于每个即将步入社会的毕业生来说，首先要找到一份理想的工作。毕业生是否能顺利地融入社会，能否顺利地从学生转化成社会人，关键的一步就是在第一份工作中完成的。无论个人能力有多大，面试就是展现能力的第一步。人生目标是靠能力来实现的，而能力的施展是要有舞台的，这个舞台就是我们的工作单位，而且在台上的表演是要有其他人配合合作的，配合的人就是我们的同事。因此，良好的人际关系是你施展才华和实现目标的前提。所以，正确处理好与工作的关系、与单位的关系、与领导和同事的关系，将会使我们的人生舞台更加亮丽多彩。

一、工作的意义

我们为什么而工作？不同的人有不同的回答，但归根到一点，都是为了满足我们生存的需求而工作。

第一，工作是满足我们基本生理需要的手段，对于刚刚从学校走向社会的大学毕业生更是如此。我们生活在这个世界上，离不开衣、食、住、行、用等方面的物质需要，而这些物质的取得，要靠我们的工作收入来支付。

第二，工作是满足我们安全需要的途径，当我们的基本生理需要得到满足后，就需要一个安全稳定的生存环境，这需要工作上的成功来实现。工作的质量往往决定生活的质量。

第三，工作能满足我们社交的需要。作为一个自然人来说，我们都有社交的需要，与他人分享兴趣、爱好等。一个人每天三分之一以上的时间都是在工作中度过的，剩下的时间当中还有绝大部分时间是在考虑如何处理工作中遇到的或是将要面临的问题。也就是说，人的一生中有绝大部分的时间要把精力集中到工作上去，在工作中接触和认识的人也是最多的。工作的好坏决定了人的心情、决定了人的生活质量，在工作当中可以忘却喜怒哀乐，工作是肉体和灵魂的归宿。

第四，工作能满足我们获得尊重的需要。我们能否获得尊重往往取决于我们是否拥有属于自己的工作，以及工作中是否尽我们所能。我们受尊敬的程度也是通过自身工作的出色程度来实现的。

第五，工作能满足我们充分发挥能力、自我实现的需要。工作是一个施展自己才能的舞台。我们通过学习获得的知识、我们的应变力、我们的决断力、我们的适应能力、我们的协调能力都将在这样的一个舞台上得到展示。除了工作，没有哪项活动能提供一个如此充实自我、表达自我的机会，以及让人有使命感的平台。

二、怎样理解工作

 案例

有这样一个故事，一位记者在一项研究中，为了实地了解人们对于同一个工作在心理上所反映出来的个体差异，于是来到一所正在建造的大礼堂，对现场忙碌的敲石工人进行访问。

记者问他遇到的第一位工人："请问您在做什么？"

工人没好气地回答："在做什么？你没看到吗？我正在用这个重得要命的铁锤敲碎这些该死的石头。而这些石头又特别的硬，害得我的手酸麻不已，这真不是人干的工作。"

记者又找到第二位工人："请问您在做什么？"

第二位工人无奈地答道："为了每天500元的工资，我才会做这件工作，若不是为了一家人的温饱，谁愿意干这份敲石头的粗活？"

记者问第三位工人："请问您在做什么？"

第三位工人眼光中闪烁着喜悦的神采："我正参与兴建这座雄伟华丽的大礼堂。落成之后，这里可以容纳许多人。虽然敲石头的工作并不轻松，但当我想到，将来会有无数的人来到这儿，在这里接受文化熏陶，心中就会激动不已，也就不感到劳累了。"

社会上的人几乎每天都在工作，做同一种工作的很多人，其工作效果是不一样的；就是做一样工作的同一个人，其不同时期的工作效果也是不一样的。因为人们对工作的理解不一样，对工作的态度不一样，工作时的心境不一样。有的人为工作而工作，把工作当作不得不做的苦役，敷衍了事；有的人则只是为了获得工作背后那一点薪水，而不愿意做超出薪水之外的任何一点工作；而有的人，则不仅清楚地知道自己该做什么、不该做什么、怎样做好、做到什么标准，而且能把自己的工作放到公司以及社会的大局中去看，知道自己的工作对单位的意义，乃至对社会的意义，从而把一种精神注入到工作之中去。前国家足球队主教练米卢常引用一句话"态度决定一切。"我们能取得什么样的工作成绩，往往取决于我们有什么样的工作态度。

许多刚参加工作的人都会思考这样一个问题：我在为谁工作？这样的思考会产生两个结果，一个是觉得自己在为公司工作，或者说是在为老板工作；另一个就是认为自己是在为自己工作，而且无论是在什么单位。很明显，这是两种截然不同的工作态度，也必然产生不同的结果。

对于前一种人来说，这似乎是个再简单不过的问题。他们的逻辑大致是这样的：我在企业工作，而企业是属于老板的，所以很明显，我在为企业、为老板工作。至于通过工作学到的知识、积累的经验，他们都把这些简单地用薪酬加以衡量，他们只关心薪酬的多少，这也是他们工作最大、最原始的动力。

对于后一种人来说，虽然身处企业，企业也属于老板，这一从属关系同样存在，但他们更看重的是通过工作自己从中的收获。薪酬当然也是其中不可缺少的部分，但他们更关注在工作中学到的知识和积累的经验。因为他们清楚这些才是自己事业大厦最不可缺少的基石，而薪酬就如同这座大厦漂亮、悦人的装潢一样，随时都可以更换。

刚参加工作的人对于薪酬常常缺乏更深入的认识和理解。其实，薪酬只是工作的一种报酬，刚刚踏入社会的年轻人更应该珍惜工作本身带给自己的报酬。譬如，困难的任务能锻炼我们的意志，新的工作能拓展我们的才能，与同事的合作能培养我们的人格，与客户的交流能训练我们的品性。公司是我们生活中的另一所学校，工作能够丰富我们的思想、增进我们的智慧。与在工作中获得的技能与经验相比，微薄的薪酬对于年轻人来说不应该被看得过分重要。公司支付给我们的是金钱，我们的努力赋予自己的是可以令我们终身受益的能力。

能力比金钱更重要，因为它不会遗失也不会被偷。许多成功人士的一生跌宕起伏，有攀上顶峰的风光，也有坠落谷底的失意，但最终却能重返事业的巅峰俯瞰人生，原因何在？是因为有一种东西永远伴随着他们，那就是能力。他们所拥有的能力，无论是创造能力、决策能力还是敏锐的洞察力，既非一开始就拥有，也不是一蹴而就，而是在长期工作中积累和学习到的。这样比较就可以看出，工作是为了自己，是在为自己一点点地积累财富，一点点地垒高事业的大厦。

三、怎样去工作

有位编辑曾形象地概括了一个员工在理念、方法、行动上应有的态度。这句话就是："心中存大，眼里见小，手头出细。"所谓"心中存大"，就是心中要有大的志向。从企业层面来说，就是心中要装着以企业价值观为核心的公司战略，把自己手头的工作时刻与公司的发展战略联系在一起，明确自己的工作对于公司实现战略的意义。

所谓"眼里见小"，通俗地说，就是眼里要有活儿。一些年轻人很少在工作中投入自己的热情和智慧，而是被动地应付工作。他们遵守纪律、循规蹈矩，却缺乏责任感，只是机械地完成任务，而没有创造性地、主动地工作。

在现代社会，虽然听命行事的能力相当重要，但个人的主动进取更应受到重视。许多公司都努力把自己的员工培养成主动工作的人。所谓主动，就是没有人要求你、强迫你，却能自觉而且出色地做好需要做的事情。看似简单的主动，却需要你融入更多的文化和知识,将传统文化中的仁、义、礼、智、信、忠、孝、廉、耻、勇融入工作中,这样一个人的成长会更加快速。

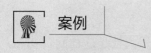

美国标准石油公司曾经有一位小职员叫阿基勃特。他在出差住旅馆的时候,总是在自己签名的下方,写上"每桶4美元的标准石油"字样,在书信及收据上也不例外,签了名,就一定写上那几个字。他因此被同事叫作"每桶4美元",而他的真名倒没有人叫了。公司董事长洛克菲勒知道这件事后说:"竟有职员如此努力宣传公司,我要见见他。"于是邀请阿基勃特共进晚餐。后来,洛克菲勒卸任,阿基勃特成了第二任董事长。

"眼里见小"从操作的层面来说,即在战术上要重视每一件具体的事情,做事不计小。绝大多数初入职场的年轻人,不管在哪个领域,从事什么样的工作,都会经历一段或长或短的做小事的"蘑菇"期。在那段时间里,年轻人就像蘑菇一样被置于阴暗的角落(在不受重视的部门,做着打杂跑腿的工作),时常有"大粪"临头(无端的批评、指责、代人受过),处于自生自灭的状态(得不到必要的指导和提携)。无论多么优秀的人才,在工作初期都有可能被派去做一些琐碎的小事。在这种情况下,有一句重要的忠告需要年轻人铭记在心:与其浑浑噩噩浪费时间,不如从经手的每一件琐事、每一件小事中得到成长。大事是由众多的小事积累而成的,忽略了小事就难成大事。从小事开始,逐渐锻炼意志,增长智慧,日后才能做大事,而眼高手低者,是永远干不成大事的。通过小事,可以折射出一个人的综合素质,以及他区别于他人的特点。从干小事中见精神、得认可,"以小见大""见微知著",赢得了人们的信任,才能得到干大事的机会。

所谓"手头出细",就是认真对待自己手上的任何工作,自己干出来的活儿,样样都是精品。对于一件工作,你可以60分完成,也可以80分完成;你可以投入50%的精力去做,也可以投入100%的精力去做。但投入的精力不同,所取得的效果自然不同。一个人所完成的工作,是他亲手制成的"雕像",是美丽还是丑恶、是可爱还是可憎,都是由他决定的。而一个人在工作中做的每一件小事,无论是写一封信、出售一件货物,或者打一个电话,都在说明雕像或美或丑、或可爱或可憎。老板只要通过观看"雕像",就能对其人做出评判。所以,不管劳动者正处于"蘑菇"时期,还是做的工作本身就包括许多小事,劳动者都应该全心全意做好,这样才会使自己得到成长,才会有加薪和晋升的机会。

四、工作的分类及指导意义

很多人都没有认真思考过工作态度这个问题。然而,从人们对待工作的态度上,就能看到差距。有人把工作当成是上班的过程,他们所关心的问题是工作地点离家近不近、工作的内容轻不轻松、薪酬待遇好不好;有人也把工作看作是上班的过程,但他们在选择工作之前会把自己的性格、气质、能力、价值观、爱好等个人的特质和将要从事的工作进行匹配，尽力求得个人特质和工作内容匹配；还有少数的人，他们把工作看作是人生的一部分，他们有明确的工作目标，并为达到这个目标而努力。我们可以把人类的工作划分成三类。

1. 创造性工作

创造性工作的特点是每天都会面对新的情况和新的挑战，每个情况都需要劳动者运用自己的知识和能力创造性地思考和处理。无论是直接还是间接的利润创造者，劳动者的每个行动都是在创造利润。从事创造性工作的工作时间越长，创造性越大，收入越多，劳动者对生活方式的选择性也就越大。

2. 半创造性工作

半创造性工作的特点是当开展创造性工作时，它是起协同作用的。在别人的总体创造性工作中，劳动者是负责针对别人创造出来的工作去开展局部性创造工作的。也就是说，这一类劳动者能否有工作可干，取决于从事创造性工作的人是否会为他们创造出工作。从事半创造性工作的劳动者工作时间越长，专业性一般越强，收入越多，但生活方式的选择不会有大的改变。

3. 跟随性工作

跟随性工作的最大特点是自己不会创造工作，这一类劳动者是等别人创造出工作后，确定了工作的方向、规则、内容等才开始自己的工作。工作的内容是循规蹈矩的，在总体工作中，劳动者的工作质量的提高与结果关系不大，这一类劳动者的工作离开创造性的工作便不会存在。从事跟随性工作的劳动者工作时间越长，思维容易趋于定势。

对于刚参加工作的年轻人来说，最大的财富是时间，最需要的是工作能力的提高和工作经验的积累。所以选择工作的首要条件是要看这份工作对我们今后的帮助有多大，而不是收入的多少。最重要的就是要明白实践能力需要在工作岗位上提升，同时作为刚走出校门的毕业生，要学会学用结合、知行统一，这样才会在工作岗位中寻找到新的机会和发展空间。

课后思考与训练

1. 我们为什么要工作？
2. 我们应该怎样去工作？

经典推荐

智慧职教慕课：大学生就业指导

第二节 唇亡齿寒 荣辱与共——与单位的关系

> **学习目标**
>
> 1. 认识个人与工作单位之间的关系。
> 2. 学会处理好个人与单位之间的关系。

我们所说的单位，泛指我们毕业后工作的地方，可以是政府机关，也可以是企事业单位；可能是国营的，也可能是私有的。

当代大学毕业生对于自己与单位关系定位的问题上，很多理解得不够准确。大部分同学简单地把自己与单位的关系定义为雇佣和被雇佣的关系，所以在工作上很难把自己的主观能动性和主人翁精神发挥到极致。一个人若想在今后的生活当中发展、前进，就要准确定位自己与单位的关系，把单位当作自己的家，把单位的事当作自己的事来完成，这样你的单位才会给你提供更宽阔的舞台，你和你的单位才能互惠互利，达到双赢。

一、个人与工作单位之间的关系

1. 单位是我们生存和发展的基石

单位是我们的人生舞台，我们的很多活动在这里上演，也是我们学习的地方，在这里能学到很多书本上没有的东西。单位还是我们的精神和情感的归属地，是我们看世界的窗口，我们在这里成长。单位还为我们提供了一个竞技场，是我们向更高阶层攀登的基础。

2. 我们是单位的主人

任何一个单位都是由人组成的，组成这个单位的人的素质决定了这个单位的素质，而单位的发展离不开单位全体人员的努力。人是单位发展的决定因素。

3. 单位和个人是互相选择的

每个单位都可以选择自己需要的人员，我们每个人也可以选择自己希望工作的单位，个人和单位之间没有唯一性。

4. 员工和单位是唇齿相依的共生关系

单位就是一条船，员工是这条船上的船员。船能否航行取决于全体船员的共同努力，而这条船又决定了全体船员的安危。单位发展了，员工也可以得到发展；单位受到了损害，员工的个人利益也会受到损害。要把自己的利益和单位的利益紧紧结合在一起，与单位同舟共济，决不做有损单位利益的事。这也是检验大学生价值观的重要依据，以及检验良好职业道德的重要指标。

二、怎样处理好个人与单位之间的关系

1. 要真正融入到单位的文化氛围中去

任何一个单位在发展的过程中，都会形成自己的文化氛围。单位的价值取向是什么？用人原则有哪些？办事程序是什么？管理的方式怎样？如果对这些不了解，则不能很好地融入其中，影响我们未来的发展。

2. 对单位要有忠诚的心

单位在用人时不仅仅看重个人能力，更看重个人品质，而品质中最关键的就是忠诚度。在这个世界上，并不缺乏有能力的人，那种既有能力又忠诚的人才是每一个单位想要的理想人才。领导往往宁愿信任一个能力差一些却足够忠诚敬业的人，而不愿重用一个朝三暮四、视忠诚为无物的人，哪怕他能力非凡。

3. 对单位要有感恩的心

感恩已经成为一种普遍的社会道德。生而为人，要感谢父母的养育，感谢师长的教诲，感谢国家的培养，感谢大众的助益。若没有这些哺育和帮助，我们无法独自存活在这个社会中。所以，感恩不但是美德，而且是一个人之所以成为人的基本条件！

对单位心怀感恩是基于这样一种深刻的认识：单位为我们提供了广阔的发展空间和施展才华的平台，为我们提供了生活的保障。我们为单位给我们所带来的一切，都要心存感恩，并力图通过努力工作回报单位，来表达自己的感激之情。

一旦做好心理建设，拥有健康的心态之后，我们不论做任何事都能心甘情愿、全力以赴，工作才能做得更好，才能得到单位的认可，同时也是为自己寻找更好的发展机会。

三、单位的分类

各个国家都是依据行业来对单位进行划分的，有的还依据单位的所有者来进行划分。我们的职业选择是比较广泛的，我们看重的是我们的发展和更好的未来。因此，我们需要一种对自己更有意义的分类方法，方便去认识这些单位，使我们的选择更有意义。

① 依据组织的业务发展前景可分为：新兴企业、成熟企业、衰退企业。
② 依据组织的文化氛围可分为：青年型企业、中年型企业、老年型企业。
③ 依据组织经营理念和人际关系可分为：家族型企业、多元化企业。
④ 依据组织经营的地理范围可分为：地方性企业、全国性企业、国际性企业。

四、单位与个人未来的关系

作为一个员工，只有努力把自己的发展与单位的前景规划相结合，适应公司的发展需要，才能跟上单位的前进节拍，使自己的职业生涯趋于顺利。

一个员工在一家单位上班，就好比是坐在一辆高速前进的汽车上。有的人在单位上班，从来都不关心单位的事情，更别说关心单位的前途命运。他们就像一个粗心的乘客，这一

站有车就先坐着，下一站还不一定坐不坐这车呢。至于车开往何方、经过哪里，跟自己一概没关系。车到哪里会转弯，走到哪里会颠簸，他更是毫不放在心上。因此，这种人在单位轻则不停碰壁、重则会被抛弃。

另一种人在单位上班，就把单位当成了自己的一次车程，如果可能的话，他会选择一站坐到头。因此，他很关心这辆车前进中将开向哪里、沿途经过哪里、哪里颠簸、哪里转弯等问题。他们对这些问题都了如指掌并提前做好各种准备。所以即使遇到再难走的路，他们往往也会以最短的时间安全到达目的地。

每个人都应该像关心自己前途一样去关心你所在的单位的前途，这样会有利于你在单位中的成长，尤其作为刚刚毕业的大学生，更需要有敢为人先的拼劲、有初生牛犊不怕虎的猛劲、有时常感恩的心态，只有这样我们在就业的路上才会不断前行、不断进步。

 知识链接

1. 在单位要学会珍惜

一是珍惜工作。工作就是职责，职责就是担当，担当就是价值。感谢那些让自己独当一面的人，感谢那些给自己压担子的人，感谢给自己平台的人。因为那是机会、是信任、是平台。

二是珍惜关系。单位中的各种关系一定要珍惜。能够处理好和自己工作有关的关系，是一种能力。

三是珍惜已有的。在单位一定要珍惜自己已经拥有的。也许时间久了，会感到麻木甚至厌烦，但要学会及时调整自己，使自己在熟悉的工作面前获得常新的感觉。

2. 在单位须忌讳三点

一是把工作推给别人。工作是自己的职责、自己的权力，也是自己的义务，更是立足单位的基础。把属于自己的工作推给别人，不是聪明，而是愚蠢，除非是能力有限，不能胜任。推诿工作是一种逃避，会让别人从内心深处瞧不起。

二是愚弄他人。愚弄别人是一种真正的愚蠢，是对自己的不负责任，尤其是对那些信任自己、依靠自己、倚重自己的人，万万不可耍小聪明，否则会得不偿失的。大家长期在一起共事，诚恳会令他人感动。

三是沉不下心来。沉不下心来是在单位工作的大忌。工作不是走马观花、不是住旅店、不是旅游。一个单位有可能是自己一生为之付出的地方，所以要沉下心慢慢干。有机会升迁了也不要得意忘形；没有机会或者错过了一个机会也不要患得患失。相信最后的赢家是那些慢慢走过来的人。

3. 在单位一定要注意三点

单位无论大小，一把手只有一个。那些能够在一把手面前推荐自己的人是生命中的贵人。单位的本质是按职务排序，对年龄较轻的领导也必须给予尊重。

在单位，老员工有老员工的优势，新员工有新员工的优势，万万不可以互相轻视。在单位能多干一点就多干一点，总有人会记得自己的好。在单位要尽量远离那些鼓动自己不工作、鼓动自己闹矛盾的人。

在单位永远不要说大话，没有人相信大话。要维护自己的单位，维护自己的工作，维护自己的职业。单位离开谁都能运转，但自己要努力证明，自己在单位的价值。

课后思考与训练

1. 单位的分类有哪些？
2. 单位与你未来有怎样的关系？

经典推荐

智慧树慕课：大学生就业21问

第三节　诚挚友谊　服从指挥——与领导的关系

学习目标

1. 了解领导的类型。
2. 掌握好与领导相处的分寸。

高职生毕业走向工作岗位，首先要接触一种全新的关系——与领导的关系。这种关系，既不同于我们与父母的关系，也不同于我们与老师的关系，更不同于我们与学生干部的关系。有很多刚刚参加工作的员工畏惧领导，见到领导绕着走，因而不能获得领导了解自己和展示自己的机会。还有些人过分地表示出对领导的热情，使领导对自己的人品和动机产生了怀疑，这些行为都会影响个人的发展。因此，要正确认识与领导的关系，以恰当的方式处理这种关系，培养自己的职业理想和职业道德，用情商和能力赢得同事和领导的信任。

一、领导对自己的意义

1. 领导影响自己在单位的前途和命运

同样作为管理者,与领导的关系和我们在学校时与老师、学生干部的关系有着本质的差别,因为领导影响我们在这个单位的前途和命运。我们常常听到某个人更换工作岗位的原因是和原单位的领导关系不好。如果自己的能力和风格得到领导的赏识,会得到提拔和重用,反之就没有很好的发展机会甚至离开单位。

2. 领导影响自己成长速度的快慢

同样的工作,领导可以安排不同的人去做。你能否得到工作的机会,使自己的能力得到锻炼,取决于领导的决定。如果单位领导能为你提供更多的发展锻炼机会,为你提供展示自己能力的平台,你就会得到更快的发展。

3. 领导为自己提供了学习的榜样

能够成为一个部门的领导,必然有他的过人之处。好的领导是一位好老师,他们有很多的实际工作经验和人生经验,以及与人相处的技巧。这些都是我们要学习借鉴的。

二、领导的分类

领导的来源是复杂的,人员是多样的。以恰当的方法对不同的领导进行分类,有助于我们了解不同类型的领导,以便更好地处理与领导的关系。

1. 按隶属关系可分为最高领导、直接领导和间接领导

(1) 最高领导　这个单位的一把手,他和单位的利益关系是联系最紧密的。和这样的领导相处要时时展示我们与单位的生死与共,同时,对于一个新参加工作的员工来说,不可能有太多的机会能接触到,因此要注意在细节上展示自己。

例如,有一个新参加工作的员工,在一次去洗手间时发现一个指示牌歪了,他随手正了正,而这件事情恰好被单位的最高领导看到。于是,在一个重要岗位需要人的时候,这个领导指名要他去,因为领导认为他对工作有责任心和主动性。

再比如,一个刚毕业的高职生参加某公司面试,被公司录用了。出来时他碰到几个没被录用的人发表着对公司的怨言,他随声附和了几句,恰巧被最高领导听到,结果该领导直接指示人事部门,不允许这样的人进入公司工作。

(2) 直接领导　与劳动者的利益关系联系最直接、最紧密的领导。与这样的领导相处,要时时注意不要有利益冲突。

(3) 间接领导　是其他部门的领导,虽然和劳动者的利益关系联系不紧密,但在提拔任用人员时也有一定的发言权,同时还可能为劳动者提供一定的机会,对他们要尊重和热情。

2. 按管理方式可分为指导型领导和指示型领导

(1) 指导型领导　一般事无巨细、面面俱到,对劳动者工作的每一个细节和步骤,都要做出明确的要求。面对这样的领导,要做到勤请示、勤汇报,以示尊敬。

(2) 指示型领导　一般只下达工作的命令和考核工作的业绩,面对这样的领导要充分

发挥自己的创造性,如果事事请示,反倒被怀疑工作能力。

3.按管理态度可分为严厉型领导和亲切型领导

对严厉型领导不要过分拘谨,对亲切型领导也不要过分随意。

三、把握与领导相处的分寸

1.要注意维护领导的权威

领导大多注重自己的权威不容冒犯。刚参加工作的员工,更是要在这方面加以注意。

2.要恰当地把握自己的原则

大多数单位更注重员工的能力,如一贯表现得唯唯诺诺,既不能展示自己的能力,也对单位的发展不利,因此要恰当地发表自己的意见,同时也要坚决地执行单位的决定。

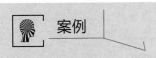

领导需要的是答案,不是问题

有些人在跟领导汇报工作的时候,特别容易犯的错误就是给领导出一道问答题,也就是直接问领导答案或解决办法。

这也许是因为自己的经验或知识的确有限,是真心不知道答案或该怎么办才去问的领导,但是这样做只能给领导留下一个很不成熟、能力欠佳的印象。

而给领导出选择题则完全不同,即在提出问题的同时,给出几种建议或方案,以及每种方案的优劣势,最后阐述自己认为合理的建议和相应的理由,以备领导选择和决定。

大多数领导都喜欢这样的汇报,因为劳动者被雇佣来,就是要做好基础调研工作,而领导则把精力放在如何有效做决策上。

我们设想这样一个简单场景,小明在财务部工作,跟领导一起去出差,关于确定酒店,小明来征求领导的意见。有如下几组对话方式。

对话1

小明:"领导,我们定哪家酒店?"

领导:"你问我,我问谁!"领导非常不满。

对话2

小明兴致冲冲地跑到领导办公室。

小明:"老板,我们定沙田丽豪、黄金海岸还是美丽华?"

领导:"都行"。

小明一脸疑惑。这不等于什么都没说吗?

正确的方式是这样的。

小明:"领导,初步定的酒店,同样面积的场地和使用时间,田丽豪报价3000元、黄金海岸3200元、美丽华2900元,其中田丽豪包括茶歇,其余不包括。美丽华房间有点紧张，可能不能容纳我们所有客户入住。评估下来，我推荐黄金海岸！"

领导："听你的！"领导很满意，露出一丝微笑。

当然实际工作中还会有更多细节需要注意，做综合对比，领导很有可能针对某些细节继续追问，但是只要我们能够将调研工作提前做好，将每个方案的优劣势罗列出来并提出自己的建议，在领导综合评估后，最优方案就会脱颖而出。

课后思考与训练

1. 如何得到领导的赏识？
2. 与领导的相处之道是什么？

经典推荐

智慧树慕课：魅力沟通

第四节　虚心学习　相互配合——与老员工的关系

学习目标

1. 了解与老员工的相处之道。
2. 如何能够得到老员工的欢迎。

走向工作岗位的我们每天都要和人打交道，不可避免地会和单位的老员工接触、共事。毫不夸张地说，老员工是刚刚步入社会的我们的财富，是我们的老师，我们可以从他们身上学到很多工作方法和做人的道理，所以正确处理好和老员工的关系是我们工作进步的基础。

一、老员工对自己的意义

① 当我们刚刚进入一个单位时，与我们有关的老员工相当于半个领导。
② 每个单位都有自己一套不成文的规则，老员工对此比较熟悉。
③ 每个行业都有自己的竞争规则，这些不是写在书面上的，理智的老员工比较了解。

④ 每份工作都有一套程序和操作技巧，老员工是知道的。特别是那些创造性的工作更是如此。

⑤ 领导的工作作风和领导的好恶不是写在纸上的，有心的老员工是知道的。

⑥ 有成绩的老员工都有一套自己的工作方法，而这些工作方法是他们自己付出代价得来的，是可以让新员工少走弯路并且快速成长的。

⑦ 老员工进入社会早，社会经验比较多，理论知识必须在积累了社会经验后才能很好地发挥。

⑧ 如果你是外地员工，那么当地的风土人情也是要向老员工学的。

二、老员工的分类

领导和别人对老员工的看法与我们无关，我们要依据老员工对我们的未来的影响来对他们进行分类，以便处理好与他们的关系，并且能够有利于自己的发展。

1. 有益的老员工

这类老员工有着积极的进取心，他们努力工作，有着坚忍不拔的工作精神，对任何困难都有着积极的态度。他们还有着许多好的工作经验。这样的人在任何单位都是受欢迎的。

2. 一般的老员工

一般老员工，他们的敬业精神不够，他们的业绩平平，缺乏有效的工作技巧，只是为了每月的工资而工作。

3. 无益的老员工

有些老员工，工作中懒散，做事拖沓，并教你如何应付工作、投机取巧，他们会对新员工起到不好的影响。

在同事中可能会有说自己坏话的老员工，这时千万不要因为一时气不过就怒气冲冲找对方理论。最好先稳定好自己的情绪，然后一步步地化解难题。首先要检讨自己，应该想想自己是不是做了什么事、说过哪些话，让对方对自己有意见。如果不明就里地去找对方兴师问罪，只会让对方更为烦感。然后可以问清楚原因，可以问："我不知道发生了什么事，是否可以告诉我是什么问题？"

三、老员工与你的未来

我们可以从积极的老员工那里学到业务能力和技巧，学到积极的工作态度和做人的准则，这会是我们一生的财富。

我们可以从一般的老员工那里获得晋升时的人气支持。我们更会了解到他们成为优秀员工的障碍，而这正是我们将来晋升的必备知识。因为要带领大多数的人去工作，只有使我们的部下中优秀的员工越来越多，我们的业绩才会越来越好。而优秀的员工正是来源于一般员工。

我们可以从老员工那里学到处事的方法技巧，可以学会怎样处理事情能更让别人接受。

因为正确的工作方法会少走弯路，而且会提高工作效率。

四、如何让老员工接受你

通过前面我们知道，从老员工身上我们可以学到很多东西，这些东西恰恰是我们工作中所要了解的知识，那么如何才能和老员工处好关系呢？这就需要我们大家虚心向老员工求教，不要管老员工的学历比你高还是低，之所以称他们为老员工，就说明他们身上有很多值得借鉴的地方，这就是所谓的实力胜于学历。要做一个懂得合作与分享的员工，要善解人意，不搞小圈子和每一位同事保持友好关系；做事情要讲究原则但不要固执，应该以诚待人，虚伪的面具迟早会被人识破的。只有时时刻刻都把我们优良的道德品质体现出来，才会得到老员工的青睐，老员工才会教给你很多实用的知识，让你少走很多弯路。

> **课后思考与训练**
>
>
>
> **怎样做个受同事欢迎的好员工？**
>
> 处于职场中的我们，如果能够处理好人际关系，学会与人共事，得到大家的尊重，无疑对自己的生存和发展有着极大的帮助。如何能够做一个受同事欢迎的员工呢？
>
> **做法一　直言进谏**
>
> 在工作过程中，如果对领导的一些决定有看法，在心里有意见，甚至变为满腔的牢骚时，千万不可到处宣泄，否则经过几个人的传话，即使你说的是事实也会变调变味，待领导听到了，便成了让他生气和难堪的话了，难免会对你产生不好的看法，这会对你的发展产生极为不利的影响。所以要根据领导的性格和脾气用其能接受的语言，在恰当的时候直接向其表达自己的意见。作为领导，他感受到你的尊重和信任，对你也会多些信任，这比你处处发牢骚好多了。
>
> **做法二　善于取经**
>
> 单位里的老员工，相对来说会比你积累了更多的经验，有机会时我们不妨多听听他们的见解，从他们的成败得失里寻找可以借鉴的地方，这样不仅可以帮助我们自己少走弯路，更会让他们感到我们对他们的尊重，尤其是那些比你资历深的同事，会有更多的感动，而那些能力强的同事，则会认为你善于进取，便会乐于关照并提携你。
>
> **做法三　善意关怀**
>
> 新员工对手头的工作还不熟悉，很想得到大家的指点，但是心有怯意、不好意思向人请教，这时我们最好主动去关心帮助他们，在他们最需要得到帮助之时伸出援助之手，这往往会让他们铭记终生，打心底里深深地感激你，并且会在今后的工作中更主动地配合和帮助你。切不可

自以为是，不把新同事放在眼里，在工作中不尊重他们的意见，甚至斥责，这些态度都会伤害对方，从而对你产生厌恶感。

做法四　放眼将来

你的同事中难免会有过于计较自己的利益、总是争求种种"好处"的人。针对这些人你应该多一些谦让，对那些细小的、不大影响自己前程的事情，多一些宽容。像一些荣誉称号多让给即将退休的老同事，或与其他人共同分享一笔奖金或是一项殊荣等。这种豁达的处世态度无疑会赢得人们的好感，也会增添你的人气。

做法五　乐观幽默

如果我们从事的是单调乏味或是较为艰苦的工作，千万不要让自己变得灰心丧气，更不可与其他同事在一起唉声叹气，而要保持乐观的心态，让自己变得幽默起来。如果是在条件好的单位里，那更应该如此。因为乐观和幽默可以消除彼此之间的敌意，更能营造一种亲近的人际关系，并且有助于你自己和他人变得轻松，消除工作中的劳累，那么，在大家的眼里你的形象就会变得可爱，容易让人亲近。当然，我们要注意把握分寸，分清场合，否则会讨人嫌。

经典推荐

智慧职教慕课：员工与培训开发

第九章

走向成功

学习要点

高职生步入社会时要善于在实践中运用所学的理论知识，把理论和实践有机地结合到一起，注重社会经验的积累，全面提升个人的能力，加快个人的发展。

离校前办理离校手续是高职毕业生结束学业、离开学校、走向职场、步入社会最后的一个重要环节。初入职场的毕业生，要尽快缩短适应期、培养职业兴趣、适应社会、走向成功。

第一节 / 运用理论 总结经验——理论知识与能力和社会经验的关系

学习目标

1. 了解怎样掌握理论知识。
2. 了解理论知识与社会经验的关系。

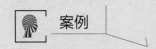

案例

　　小雪今年大三，所学专业是药品经营与管理。大三下学期就要实习了，可小雪认为自己的实践能力不足，就想利用寒假找个药店进行社会实践，但问了好几家药店，它们都不接收实践学生，小雪很失落。在正要离开最后一家药店时，她和一个老奶奶撞了个满怀，老奶奶直接晕倒了，这让小雪很惊慌，但她连忙把老奶奶放平，并查看老奶奶的状况，翻看老奶奶的衣兜，在一个衣兜内发现速效救心丸，她急忙让店员一次倒出15粒给老奶奶含服。过了一会儿，老奶奶苏醒过来了。她的一连串没有半点犹豫的动作让店长看在眼里，决定让她来实践，并给予每月800元的午餐补助。

　　事后，店长问她怎么知道心脏患者急性发作时需要含服15粒速效救心丸的，小雪说："这都是我们药学服务课上老师讲的，我很注意理论知识的学习，现在我就想把自己所掌握的理论知识落实到实际应用中来。"

　　五年后小雪考取了"执业药师资格证书"，开了自己的第一家药店，而她的目标不仅仅是一家。

　　通过此案例我们知道了理论知识的重要性，但单靠理论是远远不够的，必须应用到实践中来，在社会实践中磨砺才能获得成功。

　　作为就业大军中的一个群体，高职生有激情、有干劲，同时又因涉世未深而具有一定的盲目性和不稳定性。因此高职毕业生如何在实践中运用所学到的理论知识发挥技术特长，对于在就业过程中走好每一步显得尤为重要。

　　人生就像一个大的舞台，每个人都在舞台上扮演自己的角色。人的生命是有限的，能在多大程度上实现人生的价值，能为社会做多大的贡献，取决于三个重要的因素：第一，需要具备一定的理论知识和专业技能；第二，是个人的综合素质和能力；第三，取决于外界的客观环境。如果说具备良好的专业素质是做好"演员"的基础，那么综合素质和能力就是这个演员的最好的"伴侣"。演出效果的好坏还取决于舞台设置，也就是"演员"演出所需要的外界环境。

　　作为高职生，我们在学校中能够学到很多理论知识和丰富的专业技能，提高了生存的基本能力。但总有一天我们将走出学校，我们会发现生活的喧嚣与躁动，遇到诱惑与困难，看到学校与社会的差距。那一刻，我们将深深地体会到学校的学习环境相对于复杂的社会和人生而言是多么的简单和纯粹。在学校的课堂上，我们学到了知识，却少有机会锻炼自己的能力。人的一生是一次旅程，一次没有彩排也不能重复的旅程。我们需要在这一过程中培养能力、总结经验、体会甘苦，在人生的舞台上演出自己的精彩。

一、运用理论知识发挥个人能力

　　读万卷书，行万里路。对于高职生来说也是一样的，在学校所学的书本知识只是对事物的详细解释与归纳，而在实践中遇到的问题是深刻的，情况也是较为复杂的。通过实践对事物的理解会比在书本上对事物的了解更深刻，因此如何运用我们所学的理论知识联系工作上的实际来积累社会经验，是高职生必须思考的问题。

1. 理论知识是指概括性强、抽象度高的知识体系

理论知识不是分散的、零星的知识，不是个别性的、具体性的知识，而是系统的、有普通意义的知识。理论知识中往往包含了一般知识和专业知识。

其中，专业知识是指一定范围内相对稳定的系统化的知识。比如，对于从事专业写作的人来说，自然需要熟悉和掌握本专业的知识体系。学术论文、科研报告、学科专著，都属于专业写作。当然，专业写作还需要学习相关的专业知识。

我们学习的理论知识主要分两大类，一类是自然科学理论知识，一类是社会科学理论知识。自然科学理论知识包括物理学、化学、生物学、植物学、矿物学、生理学等理论知识，社会科学理论知识包括政治学、经济学、军事学、法学、教育学、文艺学、历史学、民族学、宗教学、社会学、语言学等理论知识。在科学理论发展过程中，社会科学理论和自然科学理论相互交叉，相互渗透的趋势日益加强。社会科学理论的研究越来越多地运用自然科学理论的方法，吸收自然科学发展的成果。而社会科学理论的进步，对于自然科学的理论发展也起到推动作用。这两大类科学理论相互依存，自然科学理论离不开社会科学理论，社会科学理论更离不开自然科学理论。

学习理论知识可以增加人们的知识储备，使其成为某一方面的专才，我国要全面建成小康社会，需要数以千万计的专门人才和大批创新人才，因此，掌握专业知识是非常重要的。从稍微长远和宽广一点的视角看问题便不难发现，人的一生中较为系统地学习理论知识的时间，主要集中在上学时。而其成熟的技能或能力的真正形成是在进入社会后，是在年复一年的实践过程中累积的。相比较而言，学生在学校时对理论知识的学习是非常宝贵的。理论知识掌握得多少、深浅将在很大程度上影响到自己未来的创造和创新能力。因此，学生应特别重视在三年高职学习期间对必要理论知识的学习。

随着科技时代的到来，高等职业教育在适应职业结构和产业结构的变化、使毕业生就业与国际接轨、促进社会经济的发展等方面的作用越来越明显。社会经济发展迫切需要一大批实用型和技能型高级人才，对职业教育的发展既是一种机遇，又是前所未有的挑战。

面对这样的机遇和挑战，我国的高职教育要体现理论与实践的结合，在对学生进行专业理论教育的同时传授专业技能，以体现高职教育的特点。在高等职业教育的整个过程，将理论知识与专业技能有机地结合起来，实践学习需要贯穿学习的全过程中。

先学习和掌握理论知识再运用到实践当中去，这是一个重要的过程。每个高职生在大学学习期间都学到了许多专业理论知识。从理论上我们学习了许多相关知识，基本上掌握了它的内容和范畴；从实践上我们还学习了如何操作和运用。有了这些比较系统的知识，到工作岗位上就不会盲目地实践，而是能用学到的理论知识去指导实践。即使在实践中遇到了具体问题，也会有一个比较明确的思路，知道用什么样的理论知识去解决这个问题。同时作为高职生，要不断提升技能水平，追求"工匠精神"，真正用自己的双手支撑属于自己的事业，真正在本职岗位树立良好的形象。

2.运用理论知识应该注意的问题

（1）对理论知识要有一个正确的认识　理论知识无论在自然科学领域还是在社会科学领域都十分重要，一个理论的出现往往会改变整个世界。就像中国的孔子、孟子提出的理论，虽然经历了两千多年的历史变迁，至今仍是中国乃至世界许多国家在实际中运用的理论；哥白尼日心说的成立，改变了人们对地球和太阳的认识；牛顿、爱迪生和爱因斯坦对科学理论的贡献改变了人们的生活方式，为科学的发展奠定了理论基础并起着巨大的推动作用。每个人的人生观和价值观不一样，对理论的认识和选择也不一样，所以我们对理论要有一个正确的认识，要选择推动历史发展、对人民有益的理论。有相当一部分高职生相信"实践出真知，理论无大用"的错误观点，持这种观点的人只能说明自己的肤浅和无知。我们已经进入知识经济时代，理论知识对实践指导的积极作用已经成为人们的共识。

（2）要正确选择与自己相应的理论知识　高职毕业生初到就业岗位，一般都会感到学的理论知识能用得不多，或者专业不对口，学的专业知识有些用不上。在这种情况下要想适应工作岗位，就要边干边学，也就是在实践中再学习，在学习过程中选择与岗位相关的理论知识来指导新的实践。因为边干边学、学习目的明确、学习目的强，同时高职生有较强的理论基础，所以就能比较快地破解难题，突破困难后就会产生新的成就感。把解决困难的经验教训总结一下，就会深刻感到理论知识和实践密切结合的良好效果，也会激发自己学习理论的主动性和解决实际问题的积极性。

（3）防止生搬硬套地运用理论知识　理论知识的灵魂是具体问题具体分析，把这个"魂"抽掉，就会变成没有灵魂的死理论、死知识。"生搬硬套"就是不顾时间、地点、条件的不同，也不顾具体事实不同，把解决某一个问题的理论强加到解决另一个问题身上，这样做必然会导致失败。怎么样防止生搬硬套呢？我们应该知道"生搬硬套"的内涵。"生"是相对于"熟"而言的，要熟悉和掌握所学的理论知识，不要单纯背熟理论的条条框框，要深刻分析它的内在含义和应用的范围和方式；要了解自己要处理解决事情的情况，包括它的现状、特点、趋向等；根据自己所了解的对象的情况，思考得出应该运用的方法和理论知识，恰如其分地进行处理。

（4）不要用经验主义对待理论知识　经验和经验主义不同，经验主义者只重视经验，片面夸大经验的作用，遇事往往从狭隘的经验出发，把局部、片面的经验到处套用。他们轻视理论对实践的作用，满足于一孔之见和一得之功，主要是凭自己的经验去工作。在知识经济时代，新理论、新经验层出不穷，单凭自己的局部、片面的经验是干不成事业的。

（5）理论要创新　我们国家从改革开放以来，在政治、经济等各个领域都提倡创新，创新必须先从理论上创新。创新就是旧的事物已经不合乎发展的要求，需要有一种新的理论和方法来代替它，高职毕业生只有做到不断发现问题、不断分析问题，找出解决问题的办法，我们的理论就能够创新，这样才能更有利于事物的发展。

3.洞察能力

相信看过《福尔摩斯探案全集》的人都知道这样一个场景：在福尔摩斯第一次与华生见面时，就立刻辨别出华生是一名去过阿富汗的军医。福尔摩斯为什么能够那么快地辨别出来面前的这个人就是一名军医呢？是敏锐的洞察力！敏锐的洞察力使得福尔摩斯能够迅速地辨别出一个人的职业、经历。福尔摩斯之所以能够很快地破那么多案子，敏锐的洞察力是其中的决定因素之一。

洞察力是指深入探索事物或问题的能力。从字面上来看，洞察是指对于山洞的观察，山洞除了洞口的地方可以被阳光照射外，其他地方越深入就越是黑暗。在这样的情况下都能观察到事物是一种很强的能力。

其实洞察力是掺杂了分析和判断的能力，可以说洞察力是一种综合能力。

现代社会要想谋求发展，必须要有极强的发现新兴事物、发现现有事物发展方向的个人能力，否则只能跟在别人之后，很难有大的发展。洞察力是人的智力的一个重要组成部分，具有良好的观察力对智力发展有着非常重要的帮助和促进作用。

 案例

珠宝大王郑裕彤少年时代在澳门度过，后迁居香港。15岁时，他到周大福珠宝行当学徒，因勤奋好学能干，深得老板赏识、信赖。

当时，在香港有一则广为流传的故事，说郑裕彤在周大福当学徒时，有段时间经常外出，甚至上班迟到。有人告诉老板说他不安心工作。老板批评了他。他说，"我是出去观察别的珠宝行做生意的诀窍去了。"老板好奇地让他谈谈，他一五一十地列出了别人的长处，并对照指出了本店的短处。老板听了很高兴，反而奖赏重用了他。

在那一段时间里，他的确是经常跑到同业的商行细心观察，努力学习别人的长处。与老板的女儿结婚后，他开始加入周大福的经营。20世纪50年代中期，他已掌管起周大福珠宝行的全部账项，并负责黄金交易及钻石珠宝生意。

认真观察一下那些成功人士，可以发现，他们往往善于关注和分析小事，并且在细节上提高自己的能力。中国有句古话"处处留心皆学习"。确实，就在我们习以为常的生活中，处处都可以锻炼我们的能力，把学到的知识转化为能力，并且积累经验。

4. 自我决策能力

自我决策能力是一个人能否独立思考、果断处事和独立完成某项工作的能力。对于即将毕业走向社会的大学生来说，面临求职择业时别人的意见和忠告各种各样，最终要靠自己决定，这就是对自我决策能力的一次检验。在未来的工作中，每一件事情每一个问题以及它们的变化进展都不可能像在学校那样有老师给你指导，而必须靠自己迅速决定，及时予以处理。具备自我决策能力是发挥才能的前提之一，因此，良好的自我决策能力对大学生就业是十分重要的。

5. 社会适应能力

大学生的社会适应能力是大学生在大学校园生活中为达到与所处环境的和谐状态而必须具备的一种综合能力。适应社会和改造社会是对立统一的两个方面。现实生活常常不尽如人意，五彩纷呈的现实生活使刚刚步入社会的大学毕业生眼花缭乱、很不适应。大学毕业生面对现实生活中的消极现象常常产生不安、不满的情绪。常常以改造社会为己任的大学生容易忽视适应社会这个前提。人类文明总是在继承与创新的矛盾运动中发展的。适应社会，正是为了担当社会赋予我们的职责和使命。适者生存，生存正是为了发展。对社会、对环境的适应，是主动的、积极的适应，不是消极的等待和对困难的抱怨，更不是对消极现象的认同。大学生只有具备较强的社会适应能力，走向社会后才能尽可能地缩短自己的适应期，充分地发挥自己的聪明才智。

大学生迈向社会，究竟如何去适应这个社会呢？大学毕业生必须从自身的实际出发，注意以下几个方面。

（1）人生一定要有目标，处理好当下和长远的关系　曾有这样一个故事，有一位瘦子和一位胖子比赛走枕木，看谁能走得更远。瘦子心想："我的耐力比胖子好得多，这场比赛我一定会赢。"开始也确实如此，瘦子走得很快，渐渐将胖子落下了一大截。但走着走着，瘦子渐渐走不动了，眼睁睁地看着胖子稳健地向前，逐渐从后面追了上来，并超过了他，瘦子想继续加力，但终因精疲力竭而跌倒了。

最后，在极大的好奇心驱使下，瘦子想知道其中的秘诀。胖子说："你走枕木时只看着自己的脚，所以走不多远就跌倒了。而我太胖了，以至于看不到自己的脚，只能选择稍远处的一个目标，朝着目标走。当接近目标时，我又会选择另一个目标，然后再走向新目标。"

随后胖子颇有点哲学意味地说："如果你向下看自己的脚，你所能见到的只是脚下发出异味的植物而已；而当你看到一段距离之外的目标时，你就会有更大的动力。"

人生也是这样，你有目的或目标吗？你一定要有个目标，没有目标就像你无法从你从来没有去过的地方返回一样，没有目的地，你就永远无法到达。同时，目标能唤醒我们沉睡的状态，一个没有目标的人就像一艘没有舵的船，永远漂泊不定，只会到达失望、失败和沮丧的海滩。当然，目标的作用不仅是追求一个最终结果，它在整个人生旅途中都起着重要作用。可以说，目标是成功路上的指示牌，它还能使我们看清方向，少走弯路。一个组织要想进步，关键在于其中成员是否有上进心，毕业生不能随波逐流，要设立目标、设计未来，从现在开始努力。

（2）责任意识　常言道："能力不足，责任可补；责任不够，能力无法补；能力有限，责任无限。"

美国西点军校非常注重培养学生的责任意识。我们要注意所谓的蝴蝶效应——"巴西亚马逊丛林一个蝴蝶轻拍一下翅膀，可以导致一个月后得克萨斯州的一场龙卷风"，一个极小的事情如果得不到应有的重视，逐级放大，就会导致可怕的后果。要学会超前工作、到位工作、主动工作。决定一个国家整体生产水平的不是最好的一点，而是最差的一点。如果不能做好当下的工作，就永远不能得到提升。

（3）积极调整，选择对策　与社会现实生活保持良好的接触，不回避现实，主动面对现实生活中的各种挑战，当个人需要与社会现实矛盾时，能充分发挥主观能动性，积极妥善处理环境与自身的关系，创造条件使自己始终处于有利的环境中。在主观上要采取积极的态度而不是消极的等待；在选择对策上要审时度势，有条件的选择改造环境的条件，无条件的选择改造自身的办法，这样才能既不想入非非，又不自暴自弃，从而找到最佳方案。

6. 实践操作能力

实践操作能力是专业工作者必须具备的一种能力。实践操作能力一般是指从事某项工作的实际本领，它是理论的延伸和深化。强化学生的实践动手能力是学校教学的重要任务。

在现实生活中，尤其是教学、科研、生产第一线，大学生实践操作能力的强弱，将直接影响到其能力的发挥。比如，作为一名教师，只有丰富的知识是不够的，还要有把自己的知识传授给学生的能力。因此，大学生应注意克服只注重理论学习，而轻视实践操作的倾向。一个大学毕业生如果在实践操作上有过硬的本领，一定会受到用人单位的青睐。仍以教师这个职业为例，许多用人学校在挑选毕业生时，往往注重的是毕业生的讲课能力和讲课效果，而不只是他们的专业考试成绩。

7. 表达能力

表达能力是指运用语言阐明自己的观点、意见或抒发感情的能力，主要包括口头表达能力和书面表达能力。一个人要想让别人了解自己、重视自己，其前提就是要有表现自己的能力。要想表现自己，就离不开出色的表达能力。不仅在参加工作走向社会后会强烈地意识到这一点，而且在求职择业的时候就会有深切的感受。比如撰写求职信、自荐信、个人材料，回答招聘人员提问，接受用人单位的面试等，每一个环节都需要较强的表达能力。

8. 社交能力

社交能力实际上就是与他人相处的能力。人际交往也称人际关系，是人与人之间的信息沟通和物质交换。人际交往表现为人与人之间的心理距离，反映着人们寻求满足的心理状态。从动态讲，人际交往是指人与人之间一切直接或间接的相互作用，但都超不出信息沟通与物质交换的范围；从静态讲，是指人与人之间通过动态的相互作用形成的情感联系。交往分物质交往和心理交往，物质交往是指人与人之间的物质交换，精神交往是人与人之间思想感情的交流。

人是社会型动物，不能离开群体而单独生存。亚里士多德曾说："能独自生活的人，不是野兽，就是上帝。"在社会生活中，人们几乎每天都要和他人打交道。有人估计，一个人每天除8小时睡眠以外，其余16个小时中有70%的时间是在进行人际交往。可以说，人际交往构成了人生的主要内容，一个人是在复杂的人际交往中不断成长与发展的；事业成功、生活幸福也是以人际交往的成功为前提的。人际交往的成败对人的影响超出了人们的想象。

社会上的人际关系远不如学校中的同学、师生关系那么简单。大学生步入社会后，要与各种各样的人发生这样那样的关系。能否正确、有效地处理、协调好工作生活中人与人的各种关系，不仅影响一个人对环境的适应状况，而且影响着他的工作效率、心理健康等。因此，大学生自觉地培养良好的社交能力非常重要。

9. 创造能力

创造力是人类特有的一种综合性本领。一个人是否具有创造力，是衡量一个人能力强弱的因素。它是由知识、智力、能力及优良的个性品质等多种因素构成的。创造力是指产生新思想、发现和创造新事物的能力。它是成功地完成某种创造性活动所必需的心理品质。例如，创造新概念、新理论，更新技术，发明新设备，创造新方法，创作新作品都是创造力的表现。创造力是一系列连续、复杂、高水平的心理活动。一个富有创新能力的国家和民族的崛起，要依靠一大批具有创新精神和创新能力的人来支撑。创造力构成可归结为三个方面。

（1）创造力作为知识构成，包括吸收知识的能力、记忆知识的能力和理解知识的能力。任何创造都离不开知识，知识丰富有利于更多更好地提出创造性设想，对设想进行科学的分析、鉴别与简化、调整、修正；并有利于创造方案的实施与检验；而且有利于克服自卑心理，增强自信心，这是创造力的重要内容。

（2）创造力是以创造性思维能力为核心的智能。智能是智力和多种能力的综合，既包括敏锐、独特的观察力，高度集中的注意力，高效持久的记忆力和灵活自如的操作力，也包括创造性思维能力，还包括掌握和运用创造原理、技巧和方法的能力等，它们是构成创造力的重要部分。

（3）创造性品质，包括意志、情操等方面的内容。它是在一个人生理素质的基础上，在一定的社会历史条件下，通过社会实践活动形成和发展起来的，是创造活动中所表现出来的创造素质。优良素质对创造极为重要，是构成创造力的又一重要部分。

可以说，现在的人类社会已经步入创新时代，人类的创造力比以往任何时候都更快地发展着，全球经济一体化、信息化时代的到来，新的职业、新的技术以前所未有的速度不断产生，人类的思维方式、生活方式和工作方式也会随之变化。无论是我们个人还是一个团体在这个充满变化、日新月异的社会中都将面临生存的考验。创新思维，直接关系到我们的事业成败。因为只有创新才能激发自己的思维和才智，从而激活自身的能量，这就要求我们注入"创新因子"。

目前，我们面临的是一个创新的世纪，从观念创新、知识创新、技术创新、制度创新、体制创新、管理创新到国家创新体系的建立，都要求人民群众有创新精神，要培养创新思维。事实证明，一切创新活动都是以创新思维为先导，并且伴随着创新思维推动创新实践活动。

二、利用外界环境

社会为高职生创造了展示自身能力的舞台，为高职生运用所学知识提供了重要的途径。

1. 学校环境

学校是学生获得知识和提高能力的一个重要平台，这个平台发展的好坏，对于学生能力的培养起着至关重要的作用。其中，高职教育已经成为高等教育的一个重要组成部分。对于学生自己来说，如何利用好学校提供的硬件设施、软件条件对于提高实践操作能力并把所学知识转化为生产力起着关键的作用。

高职院校的重要特色，就是在系统学习理论知识之外，非常注重学生实践能力的培养，如学校为高职生提供了很好的硬件设备，很多学校开办了企业或工厂，为学生进行生产性实习提供了场所；更多的学校加大了对实验、实训条件改善的投入力度。这些条件的改善，都给学生创造了良好的外部环境。高职生要重视自身实践能力的培养，利用好学校的各方面条件提高自己的素质。

2. 社会环境

（1）国家政策的支持　我国的高职教育自改革开放以来发展至今，已经取得了很大的成就，政策环境越来越有利于高职教育的发展。

国家对高职毕业生在创业方面提供了很多有利的条件和政策支持。在创业的过程中，同样需要高职生具备专业知识和创业技能。如经济学知识、企业管理知识、法律知识等多方面的能力。创业对知识和技能的应用起着重要的促进作用。

（2）企业的广泛参与　首先，学校与企业之间的校企合作越来越被企业和单位认可。近年来，某学院顺应高职教育改革趋势与区域经济社会和谐发展的要求，积极探索"基地、招生、教学、科研、就业"紧密结合、系统化运行的"五位一体"办学模式，取得了明显成效。他们把紧密型"基地"作为校企联姻的基础，把"招生"环节作为校企互动的起点，把"教学"环节作为校企合作的核心，把"科研"环节作为校企融合的关键，而校企双赢的硕果则体现在"就业"环节。五个环节环环紧扣，构成一个有机整体，通过校企双方互惠互利、合作共赢的深度结合，解决校企合作"一头冷、一头热"、企业缺乏动力的难题，弥补了目前校企合作制度环境的不足，有效提高了人才培养的质量。

其次，社会已经转变了用人观念，由从前的只重视学历转变为如今的重视员工实践操作能力和综合素质。由于学历教育结构的失衡，现阶段有很多企业对高级技术工人的需求越来越大，高职生逐渐在就业大军中占据了有利地位。

面对高职人才的紧缺，高职生要利用社会提供的各方面条件努力锻炼自己，促进自己的理论知识在实际工作中的应用，促进自己实践操作能力的提高，以适应社会大环境的需要。

三、总结社会经验

1.什么是社会经验

经验就是由实践得到的知识和技能。哲学中的经验有两种，一种是来源于感官知觉的观念，一种是来源于反思即我们由内省而知道的那些观念。社会经验来自三个方面。

首先，从书本中学习，可以看有关的书籍。其次，从课堂上听有关的课程或听有经验的人讲授。最后，从实践中学习并掌握，在社会生活中经过摸爬滚打必然能够得到珍贵的社会经验。我们所说的社会经验是在社会实践生活中，经过反复实践，得到的社会知识和解决某个或多个问题的方法，如工作经验、营销经验、管理经验、教育经验等都属社会经验。在我们日常生活和工作中充满了很多经验，它介于感性知识和理性知识之间，对有些工作有直接的指导意义。用我们在学校学习的理论去指导实践，使实践有了目的性，避免了盲目实践，在新的实践中会得到解决问题的途径和方法，又获得了新的经验。

2.高职生如何积累社会经验

高职生要想积累社会经验就要投入到社会的实践中去，社会经验的获得不仅仅是只有在毕业参加工作后才能获得，学生在校期间可以通过参与各项活动，假期参与社会实践等手段来获取和积累社会经验。学生要想积累更多有利的社会经验应该从哪几个方面入手呢？

（1）勤学　所谓活到老、学到老。通过阅读大量书籍充实自己的理论知识，以理论指导今后的实践，这是不可缺少的。在实践基础上，由感性认识到理性认识，又由理性认识到实践的能动飞跃。广泛汲取知识养分，不仅要专业知识过关，个人素养也要过硬。除了在课堂上学习外，如果想比别人优秀、想在一个领域有所突破、想在某一方面独树一帜、想了解某个领域的最前沿的知识与研究，我们就必须勤学。在大学里面，我们需要广泛地摄取知识，课堂上的知识、书本上的知识远远不够，天文、地理、经济、人文、政治我们都需要知道。

（2）善思　在实际的工作中要善于观察和思考。比如在学习物理学这门课程的时候，它里面有很多解决问题的方法，其中观察和思考是找到解决问题的办法的前提。作为高职生，会经常面对三个问题：为什么？怎么解决？还有更好的办法吗？通过一次次解答这三个问题来不断增强自己的自信心。

（3）多干　要不断为自己创造机会，勇于实践。实践会告诉你什么时候是对的，什么时候是错的，实践可以带来智慧的反馈，知道所学的知识怎样运用以及如何更好地运用。许多高职生在择业的时候都希望到具有一定规模的大型国企、外资企业中去，认为那里可以拓宽眼界，纵向提升自己的技能，而小公司却很少有人问津。其实大公司和小公司各有利弊。在小公司，没有明确分工界限，比较需要人才，新人在企业中可以接受各方面的锻炼。但同时，由于小企业发展规模有限，一定程度上限制了员工的个人发展。而在那些大公司的不足之处是工作专业化过强，往往只能待在一个部门，接触面小。因此高职生不妨根据自己的情况，勇于实践、善于实践，不断充实自己。

（4）多问　借鉴前人的经验，他山之石，可以攻玉。人们常说机会总是倾向于有准备的人，怎样才能在实践中游刃有余呢？多向有智慧、有经验的人请教。比如在前面讲到老员工的问题，他们会在工作中积累很多经验，向他们请教是一条很好的途径。身边的人都可以是很好的交流对象。

（5）善于总结　社会经验总结，是从总结社会经验的角度出发，对社会实践中的收获、体会、成绩及应该吸取的教训等方面进行总结。通过把零散的体会和经验去粗取精、由此及彼、由表及里地总结出来，再经过认真思考，上升到理性认识或理论的高度，使这些有价值的经验成为以后工作的基础。

写个人社会经验总结，常常选取一个重点去写。写思想的是个人思想总结，写学习的是个人学习总结，写工作的是个人工作总结。也可以在一个比较长的时间内写综合性总结。高职毕业生刚进入社会经验不足，要注意总结社会经验来弥补这个弱项。自主创业的毕业生需随时总结经验和教训，这对自主创业学生的生存与发展尤其重要。

高职毕业生必须善于在干中学、在学中干，要学会经常总结经验，这会使社会经验较快地积累，使社会经验逐渐充实起来。

四、理论知识与社会经验的关系

马克思主义哲学认为实践是认识的基础，实践决定认识。"实践是检验真理的唯一标准"，中国革命的先行者孙中山先生也特别重视知与行的结合，他认为人类认识是在"以行而求知，因知以进行""行其所不知以致其所知""因其已知而更进于行"的过程中不断发展的。

理论和实践在本质上都反映了人对自然的能动关系，理论知识是人对自然能动关系的知识形态，属于间接生产力或一般生产力；实践则是人对自然能动关系的现实形态，是人对自然的实践关系，属于直接生产力。理论属于认识范畴，主要回答"是什么""为什么"的问题，并建立起相应的知识体系；而实践主要解决针对客观世界"做什么""如何做"的问题，并建立起相应的操作体系。

学习理论知识的目的是要把理论知识应用到实际的工作中去，用理论知识指导生产实践，实践反过来又促进原有理论的发展，这样理论才能进步、社会才能发展。高职生要在实际的工作中注意不断积累社会经验、总结社会经验，更好地用所积累的社会经验指导自己的实践，促进个人的发展。

课后思考与训练

1. 如何积累社会经验？
2. 如何运用理论知识发挥个人能力？

经典推荐

智慧树慕课：大学生职业生涯规划—不负卿春

第二节 / 扎实理论 提升技能——理论知识与技能的关系

学习目标

1. 了解知识的积累和个人发展的关系。
2. 了解理论知识与技能的关系。

一、知识的积累

《现代汉语词典》中对知识的定义是"人们在社会实践中所获得的认识和经验的总和"。和才能一样，知识也属于认识范畴，经验是知识的初级形态，系统的科学理论才是比较完备的知识形态。在自然科学和社会科学这两类知识基础上形成的人们对世界总的观点或总看法即世界观就是哲学。马克思主义哲学认为从实践的社会性中了解社会知识的本质，把知识看成是人类认识的结晶。无论什么知识，只有经过实践的检验，证明是科学地反映了客观的事物的，才是正确可靠的知识。由于社会实践的世代延续，知识在继承中不断得到积累和发展，人类的知识已越来越成为认识世界、改造世界的必备条件。17世纪的英国哲学家弗朗西斯·培根在他的《新工具》一书中第一次提出了"知识就是力量"的口号。

"从本质上来说，知识是人对事物属性与联系的动能反映，它是通过人与客观事物的相互作用形成的。"在人与外界的联系中，在人的实践活动中，我们仍会获得来自客体的各种信息，并且会用一定的方式对这些信息进行加工组织，形成对事物的理解。这些知识一方面会存储在个体的头脑中，成为个体知识、主观知识，同时又可以通过文字符号表达出来成为客观知识，而人通过学习和交流活动，借助于客观知识来发展自己的个体知识。心理学所关心的主要是个体知识的获得、储存和应用问题。

对知识的认识，有站在社会学角度、心理学角度上的差别。把知识定义为"是人能在社会实践中所获得的认识和经验的总和"，这个定义比较简练、概括性强，容易理解其内涵。

知识的积累至关重要，华罗庚先生有句名言："知识在于积累，天才在于勤奋"。一个人要想在他所从事工作的领域中有所建树，必须以大量该领域的知识作为基础，正所谓万丈高楼平地起，对于掌握知识来说也一样，它需要一个积累过程，只有量的积累，才可能有质的飞跃。

知识是在不断发展的，知识的发展是和社会发展息息相关的。现在我国正创建学习型社会，为知识的学习和发展创造了良好的社会条件。我们要用发展的眼光来看待高职生，我们在校学习中对知识的掌握由少到多、由简单到复杂、由低级到高级，这就是发展。这种发展是远远不够的，我们提倡的是创新式发展，没有坚实的知识基础，就很难做到创新，创新是发展的高级阶段。在当今世界上知识更新的周期缩短，新知识不断出现，高职生必须树立终身学习的观念，不断更新自己所积累的知识才能与时俱进，促进个人的发展。

1. 毕业生应积累的知识

作为每一位新时代的高职毕业生，仅仅学会学校教给我们的专业知识是不能满足企业需要的，新时代的用人标准大家在第二章已经学习过了，需要的是复合型、创新型、富有团队精神的个性化人才。大家在知识的积累方面，专业知识是最基本的内容。对于一个学生来说，增强自身的社会竞争力最重要的是专业课程知识，一个人要是连最基础的东西都没有掌握，怎么能谈得上在社会上立足。好比是盖一幢房子，要是连最基本的地基都不重视，如何能将房子盖好？以书本学习而言，某职业生涯设计专家对大中专院校学生提出了学习的基本要求：每天读30页书，每月读3本书，而且要读与工作相关的书。不少成功人士，正是靠着刻苦学习，不断丰富自己，增强自己的实力，获得了事业成功。知识的不断更新变化是新时代的主要特征之一，不断学习已成为当代高职生的共同追求，学习不是为了一纸文凭，获取知识、提高能力才是学习的第一目标。

2. 积累知识的途径

积累知识必须要知道获得知识的途径，一个途径是从实践中获得，一个途径是从书本中获得。两种途径各有长短，它们相互依存、相互补充。

（1）从书本中积累知识　每个高职生都是从小学、中学到高职，这十四或十五年在校期间学的都是书本知识，是经过选择和验证的知识，是人类智慧的结晶，是人类经验的总结。学习掌握这些书本知识非常必要，在今后的社会工作、社会生活和继续学习中起着巨大的作用。

（2）在实践中积累知识　实践是生动、丰富多彩的，在现实生活中各种事物都存在着很多差别，是任何理论和书本知识都不能——描述和说明的。高职生在校学习了十几年，积累了一定的书本知识和有限的实践经验；如果实现了角色转变，直接面对工作，在运用知识解决实践中的具体问题时可能会感到自己所学的知识不足。当我们对问题进行全程调查后，再进行研究，在研究过程中可以把自己掌握的知识和别人解决问题的经验结合起来，形成解决问题的方法步骤，把具体问题解决了，这就使自己对原有的书本知识掌握水平产生了一个新的飞跃，对原来的知识进行了充实和深化。在实践中解决的问题越多，应用的相关知识就越多，就会加深对知识的理解，并产生新的经验，获得新知识。

作为高职生应该清醒地认识到，积累知识和堆谷子那种积累是不同的。积累知识不是知道、记住就完事的，积累知识最重要的是要思考，发现知识的规律、掌握知识的要点、运用知识的技巧，从而提高效率。同时不管通过哪种途径来获取知识，高职生都应该在积累的过程中注重自我学习和虚心向他人学习，并且做好总结。

二、知识积累和个人发展

在这个瞬息万变的时代，每个人都会感觉到自己艰辛积累的知识和经验随时都可能贬值，觉得自己在工作中的优势正在逐渐减弱，自身价值得到充分肯定的可能性越来越小。这足以看出知识的更新和积累对我们个人发展的重要程度，要想在工作中保持自己的优势，自身的价值得到充分的肯定，就要不断丰富自己的知识含量。

没有足够的知识储备，一个人难以在工作和事业中取得突破性进展，难以向更高水平发展。我们经常会看到许多天赋很高的人，却终生处在平庸的职位上，导致这一现状的原因往往是他不思进取、不注重个人知识的积累，宁可把业余时间消磨在娱乐场所或闲聊中，也不愿意看书。

高职生走向社会，要想取得成功，就要积蓄足够的力量。在这方面，托马斯·金曾受到加利福尼亚的一棵参天大树的启发："在它的身体里蕴藏着积蓄力量的精神，这使我久久不能平静。崇山峻岭赐予它丰富的养料，山丘为它提供了肥沃的土壤，云朵给它带来充足的雨水，而无数次的四季轮回在它巨大的根系周围积累了丰富的养分，所有这些都为它的成长提供了能量。"即使在商业领域也如此，那些学识渊博、经验丰富的人，比那些庸庸碌碌、不学无术的人，成功的机会更大。

有一句格言说："只因准备不足，导致失败。"有些人虽然肯努力、肯牺牲，但由于在知识和经验上准备不足，做事大费周折，始终达不到目的、实现不了成功的梦想。看看职业中介机构的待业者名录吧，多少身强力壮、受过高等教育的人在这里登记，其中大部分人因缺乏进一步发展的能力或被人超越或丢了饭碗。这些人本来就没有深厚的根基，工作期间又不注意积累经验、增加才能，当然会被淘汰。

每一个高职生要想做一个前途光明的人，就要随时随地注意提高自己的工作能力，任何事情都要尽可能比别人做得更好。对于一切接触到的事物，必须要细心地观察、研究，对重要的东西务必弄得一清二楚。随时随地把握机会来学习，珍惜与自己前途有关的一切学习机会。对高职生来说，积累知识比积累金钱更重要。要随时随地注意学习做事的方法和为人处世的技巧，有些极小的事情也有学好的必要。对于任何做事的方法都要仔细揣摩、探求其中的诀窍。如果把所有的事情都学会了，所获得的内在财富要比有限的薪水高出无数倍。在工作中积累的学识是我们将来成功的基础，是我们一生中最有价值的财富。

三、能力和技能

1. 能力

能力包括思维能力、行为能力和语言能力等。能力可以通过专门训练得到很大的提高。比如游泳、体操、绘画、武术等就是一种能力的专业训练，也是一种提高训练。同时，会绘画的模仿能力非常好，会音乐的听力非常好，会武功的灵敏度非常强，作主持人的语速可以控制得很好，练拳击的力量和耐力比常人要强很多。对能力的注重，可以大大地提高个体在现实社会中的各种表现力，从而达到表现自己价值的目的。

2. 技能

技能是通过练习获得的能够完成一定任务的能力。技能按其熟练程度可分为初级技能和技巧性技能。初级技能只表示"会做"某件事，而未达到熟练的程度。初级技能如果经过有目、有组织的反复练习，动作就会趋向自动化，而达到技巧性技能阶段。技能按其性质和表现特点，可区分为如书写、骑车等活动的动作技能，以及像演算、写作之类的智力技能两种。

四、理论知识与技能的关系

毕业生即将步入社会，在社会工作中不是只单纯具备了专业理论知识和专业技能就可以在社会上很好地生存和发展的，还要掌握一定的技能。为了适应这个要求，发挥能力的作用，要学会在不同的情况下运用不同的理论知识来指导行动。

1. 理论知识是技能的总结

劳动创造了知识，这就证明了理论知识是技能的总结。知识也可以反过来指导技能，在技能的继续实践中再发展，丰富知识。长期的发展形成了"技能—知识—技能—知识—技能"这种循环演变和发展的过程。每一项新的科学成果（新的知识）是由科学家经过辛勤的实践劳动和实际的调查研究所得来的，并由此把它总结为新知识传播。这说明了科学家先学习前人传授下来的知识，然后运用到实践活动中，并在实践活动中进行了创新创造，总结出新的知识，这就是知识与技能的循环演变和发展过程。

2. 理论知识促进技能发展

学生在校期间学习了很多系统的理论知识，但很多在就业后都有这样一种困惑：我所学过的知识在实际的工作中似乎用得很少。比如，一个新闻专业的毕业生，在某家大型企业从事文秘工作,表面上看,这一工作与他所学专业有很大差距,以前所学过的一些专业理论知识看上去也派不上什么用场了。但秘书这一职业不可避免地会有一些写作的工作,以前所学的新闻写作知识在无形中就起到了关键的作用,所以这个毕业生所掌握的新闻写作知识理论恰恰是他能够完成好文秘工作的前提条件。

3. 技能的发展又促进理论知识的提高

技能的提高需要有理论知识作为支撑。想要提高技能,那么跟它相关的理论知识也要有相应的提高,脱离了理论知识,技能是不可能提高的。假设一个高职生在实践中已经熟练掌握了某种技能,如果他想要在技能方面有质的提高,那么他就需要有关于这门技能的更高层次的理论知识。比如,一位机械加工类的老技师,他原来所使用的设备都是手动的,对于手动设备的使用技能可能无人能比,但随着科学技术的发展,加工设备已经变成自动化设备了,那么这位老技师如果想跟上时代的步伐,就要丰富自己的理论知识,学会自动化方面的理论知识。

由此可见,理论知识与技能具有相互作用的关系;知识是对技能的认识并可指导技能;技能是知识的运用并创造丰富认识。

对于某一个人的知识与技能评价,可以这样讲:一个人有知识不一定有技能,有技能一定有知识。因为,一个人学习了某项技能的知识,可能没能够进行实践技能操作;但有实践操作技能的人,一定对这项技能有认识才可以做得到,故有某项技能一定具有相应的知识。

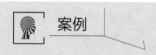
案例

自学,伴你一生的能力

据调查显示,近两年就业大学生专业不对口的比例超过50%,这就意味着一多半人要改行。专业对口也是相对的,大学不是职业培训班,有的毕业生在课堂上学到的知识用不上,需要的知识又没有学到。

某省有个知识青年,在省里选拔厅级干部考试中名列前茅。这个成绩并不在大家的意料之外,令人吃惊的是他所报考部门的应考者可谓精英荟萃,并且是业内资深人士,他干这一行才有一年的时间。工作中他听从组织分配,从不讨价还价,曾经调动过好多单位,行业间跨度很大,他都能很快进入角色,甚至成为专家。这其中的奥秘,不是聪明,而是他的勤奋和在工作中的不断学习。

从上面的案例可以看出在人的一生中,学习非常关键。校园生活再长,终有结束。进入社会后,全靠自学,独立阅读、独立思考、独立研究、独立动手操作。知识就是财富,知识就是力量。但是有比知识更珍贵的东西,就是获取知识的能力——自学。

绝大部分高职生在毕业前后的一段时间里,都会感觉到无事可做,或者不知道怎么去做,往往把这段时间荒废掉了。其实,这段时间对于我们来说是非常关键的。毕业前我们要办理好离校相关手续;就业初期我们要尽快适应新的环境、培养职业兴趣。如果这些事情都准备好了,那么我们在职场中就很容易会走向成功。

课后思考与训练

1. 作为毕业生应注意哪些方面的知识积累？
2. 说一说理论知识与技能的关系。

经典推荐

智慧树慕课：大学生职业生涯规划—不负卿春

第三节 夯实基础 厚积薄发——离校前的准备

学习目标

1. 了解毕业前需要准备的材料。
2. 了解离校需办理的相关手续。

高职毕业生经过三年的大学生活，面对即将要离开学习、生活三年的母校，离别老师、离别昔日的同窗，往往此时会心情比较复杂。同时这段时间又是毕业生频繁接触社会、社交活动最多的时段，往往会忽略离校前的各项准备。因此，学校就业部门、系部、辅导员要督促毕业生提前做好离校准备，用正确的心态面对离校，办好离校手续，文明离校。

一、完成学业

高职生求职择业的基本前提是能圆满完成学业，拿到毕业证书。用人单位决定录用雇员，也大多基于这样一个前提。如果不能顺利毕业，面试成功的工作单位，很可能也会因此无缘。正因为这一原因，有些用人单位会在所签的协议书上加上这样一句话："圆满完成学业，取得毕业证书或英语必须过四级。"因此，毕业生在找到工作单位的情况下，千万不要以为大功告成而将时间荒废，应该认真刻苦地学好自己最后的必修课和选修课，完成毕业论文或做好毕业设计，用最好的成绩给自己的高职生活画上一个圆满的句号。

二、修补缺陷

通过寻找工作单位和与社会的广泛接触，我们一定能感觉到自己在知识和技能上存在的不足与缺陷，既然发现了就要想办法尽早补上。在学校里面一定有不少老师可以给予我们必要的指导，并且有时间翻阅大量的资料，走上社会就不再会有这么宽裕的时间和良好的条件。当然面临毕业，有些东西也不是一下子就能补上的，但我们要知道，早补比晚补要好，补了比不补好。

三、研究用人单位资料

毕业生要抽出时间积极主动地向将要供职的单位索取有关资料，或通过有关领导及未来的同事对单位的现状及今后的发展前景做较为系统全面的研究。譬如企业的发展历史、发展前景、发展环境、发展机制等，以及与企业生存有关的大环境、大市场等，这些内容对我们今后快速进入角色有很大帮助，使我们在未来的工作岗位上能尽快地进入角色，以主人翁的面貌出现。

四、办全离校手续

毕业生在离校前要填好离校手续单，还清所借图书、体育器材、实验用品等；还清所欠学杂费、贷款，移交公共财物；领取毕业证书；领取报到证；提供可转移的党支部信息，办理党关系的转移，取走党关系档案；提供可接收团关系的团支部信息，并在智慧团建系统转移团关系，并取走档案；办理学校规定的其他手续。

课后思考与训练

1. 为什么要了解用人单位？
2. 离校前应办理哪些手续？

经典推荐

智慧职教慕课：大学生就业与创业指导

第四节 / 提前谋划 事半功倍——缩短适应期

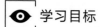
学习目标

1. 了解毕业生如何缩短适应期。
2. 了解如何走向成功。

一、报到注意事项

1. 按时报到

在规定的范围内报到，宜早不宜晚，应提前电话联系。若遇特殊情况不能按期报到者，要提前向用人单位的人事部门或主管领导请假，说明情况。

2. 准备好必需的报到材料

（1）报到证　报到证的全称是"全国普通高等学校本专科毕业生就业报到证"，是由教育部和毕业生调配部门共同签发的，是毕业生到工作单位报到的唯一凭证，证明持证者是国家统招的全日制毕业生；是学生完成学业走向工作岗位的依据；是工作变动、参加社会保险、退休时核定工作年限等的有力证据；是人事档案中不可缺少的材料，也是人事管理部门核定干部身份及参加工作时间的重要依据；而且一人一份。所以签就业协议书、领取就业报到证关系到毕业生的一生，是毕业生由学校走向社会必做的第一件大事。

（2）居民身份证　如身份证遗失，需持有户口所在地派出所出具的证明及身份证号码。报到证、户口登记卡、身份证上的姓名必须完全一致；有不一致者，须持有公安部门有关证明。

（3）党、团关系档案。

（4）个人一寸、两寸照片（备用）。

3. 其他约定的材料

二、缩短适应期

1. 不适应的主要原因

参加工作之初，毕业生离开熟悉的环境、离开老师的呵护，来到一个相对陌生的环境中。平时的人际交往、衣食住行的规律都可能有所改变，毕业生势必会存在一个适应期。适应期的长短因人而异，有的毕业生参加工作不久就能适应新的环境，有的毕业生则很长时间才能适应。毕业生如果想缩短工作适应期，就需要个人找出相关的原因，合理地调节。

有研究者通过对毕业生和用人单位调查了解发现，毕业生不适应工作单位的主要原因是：生理方面的原因、对新的复杂的人际关系不适应、不能胜任工作。

2. 适应期的三个阶段

① 陌生阶段或称不适应阶段。

② 思考阶段，即边工作边思考一些问题，摸索一些适应新环境方法的阶段。

③ 协调阶段，即对新的环境基本适应的阶段。

作为刚参加工作的毕业生来说，要尽快找到不适应的主要原因，熟悉适应期的几个阶段，针对不同原因、不同阶段，合理处理工作中的各种关系，才能尽快缩短适应期。

三、培养职业兴趣

兴趣是激发积极性的动力，是激发创造力的必要条件，是学习最好的老师。兴趣是一个人积极探究某种事物或进行活动的一种倾向,是行为的动力。刚参加工作的毕业生只有对自己的职业发生了兴趣才会启动思维,主动去寻找解决工作中存在问题的办法;才能充分发挥自身的聪明才智,有所成就。要培养职业兴趣,主要应注意以下几个方面:

① 根据职业重新确立自己的目标和追求,成才应立足于本职。

② 在每一次成功中培养自己的职业兴趣。

③ 不要轻易认输。

④ 在深入了解本职工作的基础上培养自己的职业兴趣。

毕业生要想在工作中走向成功,除了要做好以上几个方面外,还要能够正确对待冷遇和批评。在遭受冷遇的时候要谦虚好学、踏实肯干、豁达大度,所谓"路遥知马力、日久见人心"。面对批评的时候我们要坦然接受,即便是错误批评我们也不要急着辩解,要学会推迟作答、婉言拒绝。

四、走向成功

高职毕业生怎么做才能在职场中脱颖而出、走向成功呢?不妨先从以下几个方面做起。

1. 上好第一个班

(1) 遵守单位作息时间　每天提前一点上班。利用这些时间做一些力所能及的事情,比如扫地、烧水、浇花等一些服务性的劳动。千万不要呆坐不动,要尽量使自己忙碌,以展示你的工作热忱;办公桌上的文件、文具等要摆放得井井有条。

(2) 修饰仪容仪表　仪容仪表是对别人的尊重,要扬长避短,达到整洁、卫生、美观。

(3) 自我介绍　上班第一天,应大方地向周围的领导和同事作简单的自我介绍,好让同事把你当成这个集体中的一员;行为举止要得体,不卑不亢,不冒失鲁莽,也不木讷呆板;要端庄大方,态度诚恳,谦虚谨慎,不能傲慢无礼或低三下四。

做到这些,你会留给同事们一个良好的印象,缩短你和同事们之间的距离,为你今后的工作奠定坚实的基础。

2. 完成好第一个工作任务

完成领导交办的第一个工作任务对自己意义重大,因为这是领导观察你的工作态度、工作能力及合作精神的重要窗口。

要想完成好领导交给的第一个工作任务,不妨做到下几点:第一,明确工作的目标和要达到的效果。第二,了解完成工作任务所需要的条件并尽可能地创造条件。第三,尽可能详细地了解工作对象的情况和特点。第四,多设想几种实施方案和对策。最后,写一份总结报告。

3. 建立良好的人际关系

良好的人际关系是做好工作的基础，在单位中我们不但要处理好上下级的关系，还要处理好和同事之间等方方面面的关系。

（1）首先要处理好上下级关系　做好本职工作是基础。要想处理好上下级的关系，首要需做好本职工作。做好本职工作的前提是要喜爱你所做的工作，要有爱岗敬业精神，所以我们要勤奋工作、精通业务、积极进取，靠成绩赢得领导的重视和认可。领会领导意图，出色地完成工作。不要企图全盘否定领导的决策，而是另想替补方案。

必要的礼节是关键。与人相处时要时刻注意自身的礼节，尤其是和领导相处的时候，礼节格外关键。作为刚刚参加工作的高职毕业生，要注意避免以下情况发生：当众质问领导、反复陈述上级无法接受的意见、会议上领导没有明确表态时抢先发言、评论领导的不慎失误、交给领导的文稿字迹潦草难以辨认、进领导办公室不敲门或敲门后立即推门、对领导交给的额外工作讨价还价或以各种借口拒绝。

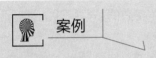

说话是一门学问

有个人家里办喜事，摆了几十桌酒菜，可是眼看时间过了，还有一大半的客人没来，于是心里很着急，便脱口而出："怎么搞的，该来的客人还不来？"一些敏感的客人听到了，心想："该来的没来，那我们是不该来的喽？"觉得如果再待下去的话，就会被主人说不要脸了，于是便悄悄地走了。

主人一看又走掉好几位客人，而那些没来的客人仍然没来，心里越发着急了，便说："怎么这些不该走的客人，反倒走了呢？"剩下的客人一听，又想："走了的是不该走的，那我们这些没走的倒是该走的了！"于是又都走了。

最后只剩下一个跟主人较接近的朋友，看了这种尴尬的场面，就劝他说："你说话前应该先考虑一下，否则说错了，就不容易收回来了。"主人大叫冤枉，急忙解释说："我并不是叫他们走哇！"朋友听了大为恼火，说："不是叫他们走，那就是叫我走了。"说完，头也不回地离开了。

说话是一门学问，同样更是一门技巧，如果你掌握不好的话，就很可能因为说错话而伤害到别人，甚至是最亲密的朋友，好好掌握这门学问吧。

（2）其次要处理好与同事的关系　处理好同事关系需要做到以下几点：工作上相互支持，当自己的事处理完后，看看周围的同事有没有要帮忙的事，或自己没事时帮同事倒杯水，收拾一下办公桌；节日时，同事之间互相问候，可发消息、打电话……我们对别人是否出自真诚的关心，迟早会被别人知道。其实，有时一句寒暄或关怀问候的话，也会令人难忘，并赢得同事的接纳与好感。当同事遭遇困难时，我们应尽一己之力，为其排忧解困，相信会获得对方的由衷感激与善意回报。美国思想家爱默生曾说："您能诚心地帮助别人，别人一定会帮助您，这是人生中最好的一种报酬。"这也正是说明助人是换取别人助自己的先决要件，同时也是建立良好人际关系的基础。当你遇到难题的时候，或者是心情不好的时候、遇到危机的时候、需要帮助的时候，也会得到同事的鼎力相助。与同事发生摩擦或争吵后要宽宏大度。无论是喜欢的同事或不喜欢的，我们见面都要打招呼，且面带笑容，要真诚。俗话说伸手不打笑脸人，而且你的笑容还可以给别人带来愉快的心情，给自己带来好的人缘关系。保持谦虚谨慎，有虚心的学习态度，特别是刚刚进入职场的毕业生更要有适当放低自己的态度和海纳百川的胸怀。要保持谦虚的态度，因为我们初来乍到，公司的一切对我们来说都是陌生的，何况"三人行，必有我师"。在平时工作中与同事相处，要相互欣赏、相互理解、相互信任，而不能相互瞧不起、相互抬杠，这些都不是好的表现。同样，有的人取得了一点小小的成绩，就已经把自己心中的门反锁上了，他无法走出自以为是和孤芳自赏的小天地，别人也无法打开这扇门。因此，打开心门，以谦虚谨慎、开放的心态对待所共事的人，将有助于自我的成长，也将会促进业绩的提高。要做到这一点就需要我们调整心态，不自吹自擂，不断自我反省，正如吉姆·柯林斯在《从优秀到卓越》一书中所说："第五级经理人（卓越的经理人）朝窗外看，把成功归于自身以外的因素；当业绩不佳时，他们看着镜子、责备自己、承担责任。"只有具备这样高尚的品质，才能提升自己的职业魅力和职业影响力，为自己的成功奠定坚实的基础。

4. 敬业守则

铭记遵纪守法、爱岗敬业、无私奉献、诚实守信、公道办事、开拓创新的职业守则。

课后思考与训练

1. 怎样建立良好的人际关系？
2. 如何培养职业兴趣？

经典推荐

智慧职教慕课：大学生就业指导

附 录

附录一 国家就业相关政策、文件、通知

1.国家职业资格目录（2019年版）

2.国务院关于推动创新创业高质量发展打造"双创"升级版的意见

3.国务院关于做好当前和今后一段时期就业创业工作的意见

4.教育部关于推动高校形成就业与招生计划人才培养联动机制的指导意见

5.教育部关于贯彻落实中央文件精神进一步引导和鼓励高校毕业生到基层工作的通知

附录二 / 大学生就业流程图

```
毕业生做好就业准备，接受就业指导教育
    ↓
在校毕业生就业主管部门领取省教育厅统一印制的就业推荐表和就业协议书
    ↓
就业推荐表由院系鉴定并由校毕业生就业主管部门盖章
    ↓
毕业生准备自荐材料，毕业生多渠道收集筛选就业信息
    ↓
毕业生参加各地举办的毕业生专场招聘会，进入人才市场参与竞争
    ↓
毕业生持就业推荐表 复印件及自荐材料与用人单位洽谈
    ↓
经双向选择后与用人单位签订就业协议
    ├─ 用人单位盖章
    ├─ 用人单位主管部门盖章
    ├─ 毕业生本人签字
    └─ 学校登记
    ↓
学校毕业生就业主管部门到省教育厅学生处办理报到证
    ↓
凭报到证到用人单位报到，办理人事代理的毕业生到当地人才中心登记报到
    ↓
档案关系转入报到的单位或各级人才交流中心
```

参考文献

[1] 吴余舟. 大学生职业生涯规划与就业创业指导[M]. 北京：机械工业出版社，2010.

[2] 吴芝仪. 我的生涯手册[M]. 北京：经济日报出版社，2008.

[3] 李国清，吴卫. 大学生就业指导[M]. 北京：北京邮电大学出版社，2018.

[4] 严怡. 大学生职业发展与就业指导课模块化教学设计研究[D]. 西南大学，2015.

[5] 由建勋. 大学生职业发展与就业指导[M]. 北京：高等教育出版社，2018.

[6] 李晓林，王耀光. 公司里的公式[M]. 北京：金城出版社，2008.

[7] 孙权，王滨有. 高职大学生就业指导[M]. 北京：北京邮电大学出版社，2008.

[8] 罗双平. 职业选择与事业导航[M]. 3版. 北京：机械工业出版社，2008.

[9] 钱建国. 大学生职业规划与就业指导[M]. 北京：人民出版社，2007.

[10] 项甜美，秦雪莲. 大学生职业发展与就业指导[M]. 2版. 北京：高等教育出版社，2010.

[11] 何玲霞，袁畅. 大学生职业发展与就业指导[M]. 北京：高等教育出版社，2020.